世界に通用するビジネス・スキルが身につく

仕事教科書

Textbooks useful for business

原田隆史
神田昌典
井上裕之
マツダミヒロ
中谷彰宏
赤羽雄二
岩田松雄
遠藤K.貴則
鳥原隆志
大森健巳
岸見一郎

徳間書店

contents

目次

世界に通用するビジネス・スキルが身につく

仕事の教科書

Textbooks useful for business

目次

contents

カバー・表紙デザイン　渋澤弾（株式会社弾デザイン事務所）
本文デザイン　斎藤　充（クロロス）
構成　藤吉　豊・小川真理子・柴山幸夫（クロロス）

世界に通用するビジネス・スキルが身につく

仕事の教科書

Textbooks
useful
for business

徳間書店

仕事の教科書

ゴールから設定する原田式目標達成法

原田隆史

公立中学の教師時代、陸上競技部の監督として７年間で13回の日本一を育てたカリスマ教師・原田隆史が、目標達成のために確立させた「原田メソッド」。成功とは「技術」であると説き、その実績から多くの財界人、教育者たちから注目されています。「原田式長期目的・目標設定用紙」の書き方など成功者の事例に学びながら、必ず成功する目標達成法を身につけます。

TAKASHI HARADA

目標達成メソッド「原田メソッド」開発者。1960年大阪生まれ。奈良教育大学卒業後、大阪市内の公立中学校に20年間勤務。独自の育成方法「原田メソッド」により、勤務３校目の陸上競技部を７年間で13回の日本一に導く。起業後は、武田薬品工業、三菱UFJ信託銀行、カネボウ化粧品、キリンビール、野村證券などの企業研修・人材教育を歴任。国内外で約460社、９万人以上のビジネスマンを指導した実績を持つ。

机上の「学び」を仕事に活かすポイントは、「実践の場をイメージ」しながら学ぶこと

原田教育研究所代表の原田隆史です。本章は、「ビジネス・仕事で成功するための目標達成方法」についてお話しします。

本題に入る前に、まずは「学びのポイント」について説明します。

皆さんは、学びの場でノートや手帳にメモをすると思います。

ここでは、自分自身が特に大切だと思うキーワードを**「付箋に書く」**「書いた付箋は紙やノートに貼って」いってください。この章が終わる頃には、オーダーメイドの素晴らしいテキストができあがることになります。

次に、学びには、**積極的に参加**してください。

実際の研修の場では、私はよく「ミーティング（お話）どうぞ」と言って、席の近い方とどんどん話をしてもらいます。場の空気を盛り上げるための**「拍手」も歓迎**しています。

「スマイル」、笑顔も大事です。人のマインドをポジティブでプラスにする一番いい方法が表情だといわれます。中でもスマイルはメンタルトレーニングの一つであり、スマイルを作ると気持ちが一気に解放されます。人間の脳の機能が高まって、パフォーマンスが向上するのです。受け身の姿勢ではなく、コミュニケーションをしっかり取りながら、学びの質を高めていきましょう。

最後に、机上の学びと、日々の目標・ゴールを達成したいと思っている皆さんの仕事の現場は同じではありません。ですから、**「実践の場をイメージして学ぶ」**ことが大事です。

常に、自分の仕事や活動の現場をイメージし、頭の中でブリッジング（橋渡し）しながら学んでください。

我々の学びは、暗記を中心とする知識のインプット重視の時代から、暗記と他から得た記憶や情報を編集・編纂（へんさん）しアウトプットする時代に変わりました。自分自身で考える、生み出すといった力が世の中で重要視されるようになっています。インプットも大事ですが、これからは**アウトプットが求められます。**ブリッジングするとインプットした内容を、自分に役に立つように付箋にアウトプットできるようになります。このようにこれからの未来の変化に対応した学びを、付箋によるアウトプット型の学びで身につけてください。

まず最初に、ビジネスで達成したい目標・ゴールを決める

付箋を1枚取り出してください。付箋は75×25㎜くらいのサイズがいいでしょう。

まず最初に、皆さんが今ビジネスで達成したい、手に入れたいと思っているゴール、目標を書いてください（左の図）。


メンタルトレーニングの世界では、**目標やゴールは4行で書きます。**


1行目、「私は」

2行目、「何年何月何日までに」

いきなり3年後、5年後と書くのはちょっと遠いでしょう。初めて書く場合は1カ月後とか、3カ月後くらいがいいと思います。

3行目、「〇〇〇〇を達成します」

ビジネスで達成したい目標・ゴール

[4 行で書く]

私は、
20〇〇年〇〇月〇〇日までに
□□□□□□を達成します。
ありがとう。

これは、〇〇円、〇〇人、〇〇%、単位、指標、数字などを付けてより**客観的な表現**にします。

最後の4行目、「ありがとう」感謝の気持ちです。

この4行で書くと、描いたゴールが達成されやすいことが統計的にわかっています。ですから、皆さんも夢やゴールを描くときにはこの4行で表現してください。

もう一度言います。

1行目、「私は」で覚悟が定まります。

2行目、「何年何月何日までに」日付を入れると、イメージが具体的に見えてきます。

3行目、「何円、何人、何%を達成しま

す」 客観的に判断できるので、周りの人からも励ましや支援をもらうことができるようになります。

4行目、「ありがとう」 感謝の気持ちが湧いてくると、ますます周りから助けてもらえるようになります。

書けましたか?

教師の私が生徒たちから教わったのは目標達成には法則があり、再現できること

ここで私自身の話をしましょう。

私は20年間、公立中学校の教師をしてきました。教師の仕事が大好きで、家庭と連携を取りながら必死に子どもたちを育てました。無事に社会に送り出すまで、そこまでが教師の仕事と思って邁進（まいしん）していましたが、次第に疑問を持つようになっていきました。たまに会う卒業生たちが「しんどい」と泣き言をもらすわけです。理由を聞くと、数字が出ないとか、パフォーマンスが上がらないという子もいましたが、ほとんどが、職場の人間関係で悩んでいました。日本の企業とか職場は一体どうなっているのか、気になって実際に自分の目で見て、学んで、はっきりとわかりました。

「家庭教育を頑張って、学校教育を頑張って、子どもたちを世の中に送り出すだけではあかん。送り込んだ若者が働く職場も教育しよう」

そう考えが変わりました。

家庭、学校、企業という三つの場での教育は、円環的につながっています。一部分だけを一生懸命にやっても結果はなかなか出ない。そこから、家庭に役立って、学校にも役立って、企業にも役立つ便利な教育方法はないかと開発したのが、**自立型学習「原田メソッド」**です。

面白いのは、この原田メソッドの学びをすると、ドンドンパフォーマンスが上がっていくことです。子ども、学生なら「勉強、スポーツ」、大人なら「仕事」、お母さんなら「地域の自分の仕事」、先生なら「マネジメント」など、年齢、性別、業種、国籍、言語などが違っても結果が出て、目標が達成されるのです。私の子どもの頃には、こんな便利な学びはありませんでした。それが実現できるのが、原田メソッドです。

自立には、3種類あります。仕事をしっかりやって、自分や家族を助ける**「経済的自立」**、他人に依存しない**「精神的自立」**、自分のことだけではなく社会にも貢献する**「社会的自立」**です。自立型人間とは、自分の人生、自分の未来を、自ら切り拓く勇気と実行力を持つ人間のことです。

子どもの自立を助けたい

私が大阪の公立中学校に勤務した頃、学校は問題を抱えていました。警察のお世話になることもたびたびありました。子どもはかわいいですが現実は厳しいです。

ある放課後、警察から電話がかかってきました。生徒が万引きした、迎えに来てくれというのです。普通は親の出番です。親が迎えに行って頭を下げる。ところが、その子の親は、「迎えに行くのは嫌や。先生行ってくれ」と言ってパチンコに行ってしまいました。

私が迎えに警察に行くと、馴染みの刑事課のお巡りさんが目を真っ赤にしています。「先生、今日は怒られへん。これ見てみい」と出された万引きの商品は、「やきそば、ハム、チーズ、燻製、よっちゃんいか」でした。

中学生の万引きといえば、雑貨とか、CDとか、別になくても困らないものばかりです。それが、この子は違った。本当にお腹が減って、食べたくて、の万引きでした。生徒に理由を聞いてみたらわかりました。ごはんを食べていない。養育放棄、いわゆるネグレクトです。当時、私は陸上部の顧問をやっていました。それで、ラーメンを食べさせながら、こう持ちかけたのです。

「ここは知り合いのラーメン屋やから、お腹が空いて万引きしたくなったらいつでもラーメンを食べに来ていい。大盛りでも、チャーシュー麺でもいい。その代わり、陸上部に入って頑張れ」

他の生徒も、彼が陸上部に入ったいきさつとラーメンの話を聞いて私のところに来ました。

「先生、ぼくらも食べていい？」

「ええよ」

「そんなら、陸上部入るわ」

陸上部の部員が一気に増えました。

でも、これらはいわば対症療法です。万引きはいけないからと、ものを買って与えているだけでは駄目です。そのうちに、依存するようになってしまう。キリがありません。

「貧しくても万引きはしない」と自ら考えられるように子どもの自立を助けたり、「困ったら周囲の大人や役所にかけ合って何とかする」といった、解決策に自分でアプローチできる子どもを育成しようと考えるようになりました。

生徒たちと約束した「陸上日本一」

私は子どもたちに、陸上で頑張って全国大会に出場できたら、高校にタダで行ける方法があることを教えました。私立の学校には奨学金があるので、全国大会で結果を出したら推薦入学で授業料も全額免除になるのだと。それを聞いた生徒たちは「おもろい、やる」と喜んだのです。そして「先生、僕らが結果を出しても、高校にタダで行けなかったらどうしてくれる？」

と言われたので、「よし、その時は教師を辞める」という一筆まで書きました。

私からの願いは自立すること。ケンカや犯罪行為をしないこと。暴力を振るわないこと。勉強することです。

子どもたちからの交換条件はただ一つ。高校にタダで行くことです。

「頼むで、先生」

これでスイッチが入りました。

教えるのではなく、子どもが考え、子どもが話すのを待つ

県で1位になるのも大変なのに、目標は日本一です。結果を何としてでも出すためには、私自身が新たな勝つための方法を勉強するしかありません。

取り組んだ勉強が次の三つです。これが後々役立つことになりました。

①心理学（交流分析、行動療法、認知行動療法、アドラー心理学）

心理学にはいろいろな種類がありますが、よりポジティブに結果を出せる心理学があるとわかり勉強しました。ゴールを決めて、それを達成するための考え方です。

②経営学（マネジメント）

企業の経営、マネジメントを学ぶため、月1回、大阪のホテルで開催される社長向けのトップ・マネジメント・セミナーに通いました。

③コーチング

コーチングとは、言葉による学習のことです。相手に効果的な質問を投げかけ、自分の中にある答に気づいてもらうのです。

私は子どもに「教える＝ティーチングする」ことが、「ティーチャー＝教師」の仕事だと思っていました。ところが、コーチングの先生から「教え過ぎ」と言われました。私が教え過ぎるから、子どもは自立しない。逆効果だというのです。

では、どうしたらいいか尋ねると、

「子どもに質問してみなさい。子ども自身に考えさせてしゃべらせなさい」

と言います。しかし、コーチングは主に1対1で行うものですが、私の相手は複数の生徒です。多い時には陸上部員が100人いましたから、100名に一対一で対面コーチングを私一人が行うことは不可能です。そこでたどり着いたのが生徒自らに書かせるコーチングであり、**「原田式長期目的・目標設定用紙」**です。

原田式長期目的・目標設定用紙

私はオリンピックの選手、偉人、成功者といわれる人たちを徹底的に分析しました。その結果、わかったことがあります。結果を出す人には共通の法則があるのです。

●結果を出す人の法則　その1　結果を先に「決めていた」

結果を出す前に、「シナリオを描いていた」ということです。

柔道の野村忠宏選手は、アトランタ、シドニー、アテネの三つのオリンピックで金メダルを取っています。彼は大会前に金メダルを取ると決めていました。最初に決めて、それから試合に臨んでいました。「決めていた」ので、結果はその通りになりました。

決めたら次にどうするか。

●結果を出す人の法則　その2　「分析する」

分析の要素は、四つあります。**「心」「技」「体」「生活」**です。パフォーマンスの要素は、この四つから構成されています。

「心」……メンタルの強さ、ポジティブ思考、感情コントロール、感謝の心など
「技」……スキルの向上、キャリア、自己分析、方法論など
「体」……体力づくり、健康、体調管理など

原田式長期目的・目標設定用紙

氏名		記入日(やると決めた日)	H12.7.25(火)	目標達成日	H12.8.22(火)
奉仕活動	(家庭)私は、毎日 皿洗い(晩後)風呂そうじ(入浴後)します。		(職場)私は、毎日 昼休み・練習後 砲丸サークルの手入れします		

達成目標	1.私はH12年8月22日に、18M00を投げて日本一になり、原田先生を日本一の指導者にします。 2.私はH12年8月22日に、18M00を投げて日本一になり、高校進学の奨学金を得て親の心配をへらします。 3.私はH12年8月22日に、18M00を投げて日本一になり、地域の皆さんに誇り・夢・自信を与えます。 4.私はH12年8月22日に18M00を投げて日本一になり、親に感謝を伝え恩返しします。

ゾーン	
最高の目標	私は19M00を投げ、中学新記録で日本一になります。W優勝・最優秀選手!
中間の目標	私は18M38を投げ大会記録を破り、日本一になります!! ド根性!!
絶対できる目標	私は17M50を投げ全国制覇、日本一になります!! 速攻確実!!
今回の目標	私は18M00を投げ、全国優勝、日本一・男女W優勝します!!

目的・目標の4観点

	社会・他者	私
有形	①原田先生が日本一の指導者になられる。 ②家族で記念写真をとり、家族の最高の記念になる。 ③高校進学でのお金の心配が減る。 ④原田先生・崎谷先生が「優勝記念指導者章」を手に入れる。 ⑤松虫陸上部の練習ムードが更に盛り上がり、練習の質が上がる。	①史上初・同一種目男女W優勝・日本一を達成できる。 ②歴史に名を残すことができる。③高校進学の条件が良くなる。④松虫の全中累計得点に貢献できる。 ⑤陸マガ・月陸に記事・写真がのる。 ⑥全員の喜ぶ顔を見ることができる。
無形	①原田先生が喜んでくださる。 ②お世話になった方々が喜んでくださる。③地域に夢・誇り・自信を与えることができる④松虫中学校が、陸上部の活躍によって元気になる。⑤チーム・後輩に「私もできる」という自信がつく。⑥砲丸投という種目が注目され、陸上競技の人気が高まる。⑦次の日の試合の女子が、ダブル優勝・日本一への勇気を得る。	①先生・親・仲間に喜んでいただける。 ②達成感を味わうことができる。③自立型人間になる。 ④自分の高校での活躍を期待できる。 ⑤大きな自信を手に入れる。⑥後輩の生きるモデルとなる。 ⑦JOで再び日本一の確信を得る。 ⑧親への恩返しができて自分自身がうれしい。

経過目標			
	8月8日 近畿大会 17M00優勝・祝総合V	➡ 8月11日 奈良記録会 中谷先生のご指導で技術確認。	➡ 8月18日 松虫グラウンド 軽量で19M50を投げ自信つける。

	成功の分析	失敗の分析
メンタル	①練習前・試合前から勝利意識が高まっていた。②全てをやりきり、自分を信じていた。 ③素直な心で感謝していた。④「絶対やったる」と考えていた。	①「絶対」という気持ちが弱かった。②コントロールできないもの(暑さ・天候・相手など)を理由にして自分に負けた。 ③中途半端な自己満足していた。
スキル	①顔を残してた。②左ひじブロック位置が高かった。 ③腰をはれていた。④最後まで突ききた。⑤地面の力がもらえた。	①顔を残さず体が開いた。②左ひじブロックができず、投てき角度が低かった。 ③砲丸をこねて突いてしまった。④グライドスピードが遅かった。
健康	①腰痛がなかった。②テーピングを巻いて、手首への負担をおさえた。 ③ウェイトトレーニングが充実していた。④風邪ひきなし。	①腰痛が出た。②テーピングせず手首を痛めた。 ③ウェイトを追い込めていなかった。④風邪で高熱を出した。
生活	①学校内外で落ちついて生活できた。②親と仲が良く奉仕活動を続けていた。 ③夜は外に出なかった。④学校で自分にできることは全て全力でやりきった。	①学校外でトラブルがあった。②奉仕活動がとんでしまった。 ③夜に出歩いた。④学校生活で手を抜いていた。

	予想される問題点	解決策
メンタル	①緊張にのまれるかもしれない。②プレッシャーにおしつぶされるかもしれない ③「絶対やったる」と思えず、自分に負けてしまう。	①前日からメンタルを使い自分をゾーンに持っていく。②目標を何のために達成したいのかを考え思い出す。 ③喜んでくださる方々の顔を思い浮かべサイキングアップする。
スキル	①体がひらく ②グライドで足のスピードが遅い。 ③下半身を使えていない。④投てき角度が出ない。	①足先を見て顔を最後まで残す。②グライドのリズムで1.2から3への動きを特に意識する。 ③腰を入れ地面の力をもらう。④左ひじブロックの角度を高くする。
健康	①腰痛が出る。②手首・指を痛める。 ③体を冷やし、風邪をひく。	①腰筋・背筋トレーニングを毎日やる。②週1回は必ず、整骨院に通院する。 ③テーピング・PNF・アイシングを必ずする④アイス・炭酸・クーラー厳禁
生活	①学校外でトラブルが起きる。②練習後、昼からの生活において甘えがでる。 ③夏休みの宿題をためてしまう。	①夜は外に出ない。②祭りに行かない。③トラブルの場面に出会ったら、相手にせず逃げる。④巻き込まれそうな友達には会わない。⑤宿題を計画的に終わらせる。

【ルーティン行動】※重要度が高い順に並べる	【期日目標】※発生期日順に並べる	
私は、毎日、心を整理し成功するために、日誌を書きます。	8月9日迄	近畿大会総合優勝し、士気を高める。
私は、毎日、感謝の気持ちを持って奉仕活動として皿洗い、風呂そうじをします。	8月13日迄	中谷先生のご指導を紙にまとめ整理する。
私は、毎日、家を出る時、帰宅した時、家の前の18Mラインで、その距離を確認します。	8月15日迄	試合5日前調整メニューの下書きを完成させる。
私は、毎日、寝る前に、全中のサイコフィジカルトレーニングを行います。	8月16日迄	5日前調整メニューを原田先生に提出する。
私は、毎日、朝一番と寝る前に「日本一は俺のもの」と6回言いセルフイメージを高めます。	8月18日迄	全中のチームの荷物を確認し、ミスゼロにする。
私は、毎日、練習の準備・片付けでは誰よりも率先して働きます。	8月19日迄	全中の自分の荷物を仕上げ、準備で勝つ。
私は、毎日、朝練習で先生のお迎えを行い、感謝の気持ちを行動に表します。	8月19日迄	今木整骨院に通院し、治療を受ける。
私は、毎日、練習以外で、腰痛防止の支持筋腹・背中を10秒×6セット行います。	8月20日迄	「行ってきます」と元気に言い、堂々と長崎入りする。
私は、毎日、練習後、手首・指のアイシングを20分間行います。	8月21日迄	競技場でサイコフィジカルを行い、勝者の態度で練習する。
私は、毎日、夜7時以降は家にいます。	8月22日迄	起床後4時からのメンタルトレーニングで最高のスタートダッシュをきる。

目標達成のための支援者	①原田先生 ②崎谷先生 ③中谷先生 ④松中 ⑤川阪・丸橋 ⑥チームの仲間 ⑦保護者会 ⑧家族
目標達成のための支援内容	①心技体生活全般のご指導 ②ご指導・サポート(心的、学校生活) ③技術指導 ④応援 ⑤サポート、最大限 ⑥応援、信じてほしい ⑦応援・バザー ⑧応援、食事、協力

「生活」……自分の会社、仕事、家族との過ごし方、交友関係など

この四つの要素でふるいにかけていくと、自分の足りないところが出てきます。それこそ自分が取り組むべき項目です。

●結果を出す人の法則　その3　「日付を入れる」

分析した結果出てきた各項目には、**達成する日付を必ず入れます。**いつまでに、という期日をしっかり落とし込むことで成功へのプロセスが見え、モチベーションが高まるからです。

●結果を出す人の法則　その4　「ルーティンを作る」

ルーティン化とは、無意識のうちにその行動を実行するようになる、習慣化させるということです。

右ページの図を見てください。

砲丸投げで日本一になると決めた生徒の「原田式長期目的・目標設定用紙（シナリオ）」を見ると、彼は砲丸を、毎日400本投げるというルーティンを作っています。砲丸の当時の重さは4キロ、人間の頭ぐらいの重さです。それを毎日400本投げる。実際、彼はやり続けて日本一になりました。**必ず繰り返すことを書く。書いて実行する。**これがルーティン行動です。

だから、まず「決める」。次に「分析する」「日付を入れる」。そして、毎日行う「ルーティンを作る」。最後にもう一つあります。

●結果を出す人の法則　その5　「支援者と支援内容をイメージする」

「誰に、どうやって助けてもらうか」についても、あらかじめ考えておくのです。

「目標を書く」ことで、自分の内なる答に気づく

私の生徒たちの話に戻ると、一生懸命頑張って予選を勝ち抜き、やっと全国大会出場が決まったのに、旅費がありませんでした。その年の本戦の開催地は北海道です。往復の飛行機代、新幹線代などの交通費、ホテル5泊6日の宿泊代、食事代。スパイクも必要です。ざっと計算しても、生徒1人につき参加料として10万円はかかります。せっかく全国大会が決まっても、その10万円のお金がない。頑張って日本一になろうという子どもに、「10万円足りないので大会には行けない。あきらめなさい」とは言えません。何とか行かせてやりたい。

私は保護者の方に率直に事実を言いました。そうしたら、皆さんでバザーを開いてお金を集めてくれました。仲間の教職員や地域の方からも1万円、5万円と募金が集まりました。それで全国大会に行くことができました。

お金がない子どもたちでも、全国大会に行けないことはありません。しかし、目標達成のために、**どんな人が応援してくれるか、また、どんな支援内容が欲しいかをあらかじめ想定**して

おくことも、結果を出す上の準備で大事な項目の一つだと考えるようになりました。

私たちは、常に明日のこと、未来のことを考えます。頭の中にイメージが浮かびます。人の未来は、その考えた、描いたイメージのようになりやすい。ということは、**よいイメージが浮かぶようなトレーニング**が必要です。

しゃべることでイメージする「コーチング」、絵でイメージする「ピクチャーで描く」などがありますが、私は**「文字で書く」ことが最適な教育方法**であるという思いに至りました。つまり、「原田式長期目的・目標設定用紙」が、そのままコーチングの用紙になるのです。

コーチングは、相手に効果的な質問を投げかけ、自分の中にある答に気づいてもらうことです。子どもだろうが大人であろうが、海外の人であろうが、オリンピックの金メダリストであろうが、あるいは何を目指すかは、どうでもいい。大切なのは、自分が目指すものにたどり着くための考え方なのです。そして成功と達成のために必要な重要な要素をこの一枚の用紙に落とし込んだのです。それを自分で書く。行動に移す。これが、自立型学習ということです。

では、先ほどの、砲丸投げの生徒がどうなったか。

結果を言えば、彼は中学校の陸上競技史上初の「予告宣言」優勝を達成したのです。

「成功の技術」を身につければ、誰でも「再現」できる

ごく普通の中学生が、テレビ、出版社などのマスコミを呼んで、「砲丸投げで優勝します」と予告宣言をして、実際に優勝しました。

次の日、今度は同級生の女子砲丸投げ選手が、「私も優勝します」「ダブル優勝は日本初ですね」と言って本当に優勝した。こちらも予告宣言優勝です。それが、私がいた中学校で実現しました。砲丸投げ同一校ダブル優勝は、いまだに陸上の世界では奇跡と言われています。

先の彼は、今、31歳になりました。選んだ職業は学校の先生。指導するクラブは陸上部、教える種目はもちろん砲丸投げです。今年、彼の教え子の女子選手が日本一になりました。日本一です。

ということは、私が育てて日本一になった教え子が、今度は教師になって、その教え子たちをさらに日本一に育てたわけです。それも1回ではありません。当時の教え子二人が、この二年間に合計7回もの日本一を達成しています。おそらく次も優勝し続けるでしょう。

原田メソッドを使って教師になった私の教え子が、次の時代の子どもたちを育てて、また日本一になっている。この成功をもたらしたものは何でしょうか。

それは**「技術」**です。

生まれ持った能力でも、資質でもありません。しかも、技術には**「再現性」**があります。私は自分の教え子が日本一を育てるのを待っていました。技術なら身につけることができるからです。

個人のパフォーマンスを高めて、自立型人間を目指す

自立型人間を目指すには、思い込みの殻を破ることから始まります。自分のあり方、考え方、姿勢を変えて結果を出そうとする**「主体変容（トランスフォーメーション）」が必要**です。

例えば、「敵は誰ですか」と問われたら、「自分です」と答えます。「一寸先は？」と聞かれたら、「光です」と答える。

いわゆるプラス思考、ポジティブシンキングの一種ですが、それほど難しいことではありません。「一寸先は、光です」と言うと、人はハッとする。理屈ではなく、そう受け止めてしまう。だから**言葉が大事**なのです。

コップは下向きに伏せたままでは一滴の水を汲むことも飲むこともできません。しかし、上向きにしておけば、何でも受け入れる状態ができあがっています。

人は**人格・心という土台の上に、能力を発揮します。**仕事力や成果といったＩＱ能力は、「ＥＱ能力＝人間力＝人格」の上に成り立っています。勉強、仕事、スポーツができて、さらに人

間的に魅力がある人になるためには、心のコップを上向きにする、自分にブレーキをかけないということです。そうすれば夢や目標を達成しやすくなるのです。

個人のパフォーマンスを高く出す人の特徴は、五つあります。

1 目標と目的を明確に定めている

目標と目的は少し違います。

先ほどの砲丸投げの生徒でいえば、彼は男の子3人の母子家庭で育ちました。お母さんが体を壊すくらい働いてきた苦労を間近で見ていましたから、彼の目的は、親孝行です。そのための目標が、「砲丸上げ日本一」なのです。

目的は「方向」です。彼が今いる場所と親孝行を線で結びます。間に階段を入れる。その階段が目標なのです。

砲丸投げで日本一になって（目標）、タダで高校に行く。向かっている方向は、親孝行（目的）です。目標と目的、この二つを持つと人は迷いません。

私は生徒から、目的と目標のどちらが大切かを学びました。**目的が一番、目標は二番**という感覚が、非常に健全なモチベーションの高め方だと思います。

日本のパフォーマンス型教育は、目標設定を主眼にして、その達成までの道のりをいかに短くするか、早く到達するかを子どもたちに教育しました。行くべき方向を定めないで目標ばかりを追いかけさせるから自分がわからなくなってしまう、つらい思いをすることも多かった。「何のために」という目的意識を見誤らないことです。

2　勝利意識が強い

勝利意識と言っても、相手は誰かが問題です。

敵は誰か？　「自分」です。

人と比べてイライラしない。自分のやるべきことをきっちりやる。これが重要なのです。

3　プラスの習慣を形成している

勉強ができる子ども、学力の高い子どもは、家で宿題をする習慣が身についています。自分で期日を決めた行動をルーティン化する習慣があるのは何よりの強みです。

4　毎日思考する

自分の目標・目的を上手に達成させる人、やり遂げる人は、毎日を振り返ったり、考える習慣があります。そして、考えたことを手帳や日誌に書いています。書く行為が大事なのです。

5　「心、技、体、生活」のバランス

生活と仕事（部活動）を分けて考えるのではなく、「心、技、体、生活」の四つがバランスよ

く調和した生活を送っています。

この五つの特徴を持っているのが、パフォーマンスが高い人なのです。

心のコップを上に向ける

問題を抱えている学校や組織と、落ち着いている学校や組織を比べてみると、大きな違いが三つありました。

1　時間厳守

2　場を清める、すさみがない

3　あいさつ、返事、ありがとう、感謝の気持ちを忘れない

この三つをしっかりやりだすとみんながイキイキと集中して活動するようになり、いじめもなくなります。組織、会社でも、万国共通で同様の傾向がありました。

私は、一つの団体の基準を清掃や奉仕活動で見ています。上司や親にコントロールされなくてもできるかどうか。自主的にやっているようなら、もう教えることはありません。

これは「ジョージ・ケリング博士のブロークン・ウィンドウ（割れ窓）理論」といいます。

ニューヨーク市でルドルフ・ジュリアーニ氏が市長になったとき、街の環境美化・浄化、軽犯罪の取り締まり強化のためにこの理論を採用しました。その結果、ニューヨークの犯罪発生率を57％軽減することができました。

時を守る、場を清める、礼を正す、清掃、奉仕活動。こうした行動を続けていくと、心のコップがどんどん上を向いてきて、ポジティブシンキング、プラス思考になっていくのです。

自信を育てる最強ツール「日誌」を書く

ある生徒が、私にこう言いました。「先生、陸上競技に自信が持てないのです」

卒業生も言います。「仕事に自信がありません」

自信をどうやって育てるのか。私は心理学の先生に聞きました。

「簡単や、原田くん。日本には便利な漢字4文字があるやないか。〝自画自賛〟やで」

自信は2種類から成り立っています。それは**「自己効力感」**と**「自己肯定感」**です。

自己効力感とは、「自分ならやれる、できる」という能力に対する自信、自己肯定感とはつらいときも自分の価値を見失わない。「自分大好き」ということです。目標を達成できると思っている人は効力感が高く、肯定感も強い。この二つがミックスして大きな自信となります。

私は悩みを打ち明けてくれた子どもに、**日誌**を書かせました。

書く内容はシンプルです。

①「今日の部活動（大人なら仕事）で、一番よかったことは何ですか？」

これは自己効力感の向上に当たります。

②「今日、相手から**『ありがとう』の言葉が返ってきた行動**はありますか？　その行動を書いてください」

こちらは肯定感の向上です。

この二つを書くだけ。**1個につき30秒、合わせて1分書くだけ**です。

それを続けていった**日誌の厚さが「自信」と同じ**になります。専門的には、心理学の「自己認識法」といいます。

日誌を始める前、心理学の先生から、「環境が悪いから、お金がないから生徒たちは自信がないと思ってるかもしれないが、それは違う。考え方の違いだけなので、トレーニングすれば自信は必ず持てるようになる」と教えてもらいました。まさに、その通りでした。

日誌を書くことは自分自身を見つめ直し、振り返ることにもなります。すると、前の日の「嫌だな」という気持ちが寝ている間にリフレッシュされ、翌日のよい結果につながります。

悩んでいた生徒も、毎日の日誌を続けることで自然に自信を持つようになっていきました。

プラスの習慣を積み重ねて、自分の「潜在意識」を開発する

花巻東高校から日本ハムファイターズ、アメリカ大リーグと、野球で夢を叶えた人といえば、大谷翔平選手です。彼が高校時代に書いた有名なオープンウィンドウ64（マンダラシート）をご存じでしょうか。彼は花巻東高校の1年生のときにこれを書きました（左の図）。

大谷選手の当時の目標は、

「ドラフト1位で8球団から指名されたい」

というものでした。

その目標を達成するために必要な要素が、周りの八つのマスに書いてあります。「コントロール、キレ、160キロのスピード、変化球、運、人間性、メンタル、体づくり」。この8本柱がしっかりしたものになればなるほど、パフォーマンスが出るということです。そのために、彼は自分で達成しなければならない項目をさらに細分化しています。

運を高めるためにはどうすればよいか？

項目を見ていくと、「ゴミ拾い、部屋掃除、審判さんへの態度（礼儀）、本を読む（文武両道）、応援される人間になる、プラス思考、道具を大切に使う、あいさつ」となっています。

大谷選手が高校1年生のときに書いた目標

体のケア	サプリメントをのむ	FSQ 90kg	インステップ改善	体幹強化	軸をぶらさない	角度をつける	上からボールをたたく	リストの強化
柔軟性	体づくり	RSQ 130kg	リリースポイントの安定	コントロール	不安をなくす	力まない	キレ	下半身手動
スタミナ	可動域	食事 夜7杯 朝3杯	下肢の強化	体を開かない	メンタルコントロールをする	ボールを前でリリース	回転数アップ	可動域
はっきりとした目標、目的をもつ	一喜一憂しない	頭は冷静に心は熱く	体づくり	コントロール	キレ	軸でまわる	下肢の強化	体重増加
ピンチに強い	メンタル	雰囲気に流されない	メンタル	ドラ1 8球団	スピード160km/h	体幹強化	スピード160km/h	肩周りの強化
波を作らない	勝利への執念	仲間を思いやる心	人間性	運	変化球	可動域	ライナーキャッチボール	ピッチングを増やす
感性	愛される人間	計画性	あいさつ	ゴミ拾い	部屋掃除	カウントボールを増やす	フォーク完成	スライダーのキレ
思いやり	人間性	感謝	道具を大切に使う	運	審判さんへの態度	遅く落差のあるカーブ	変化球	左打者への決め球
礼儀	信頼される人間	継続力	プラス思考	応援される人間になる	本を読む	ストレートと同じフォームで投げる	ストライクからボールに投げるコントロール	奥行をイメージ

つまり大谷選手は、ドラフト1位で8球団から指名されるために、運を高め、その運を高めるために、ゴミ拾い以下、八つの行動を行うと決めました。

これは「マンダラ思考」といいます。「マンダ＝曼荼」は真理、「ラ＝羅」は所有するという意味です。

一つ決めた未来に対して、64個の具体的なヒントや工夫や改善策を得たときに、一気に到達するという考え方です。これを現在に蘇(よみがえ)らせたのが「オープンウィンドウ64」です。

大谷選手は、運を高めるためのゴミ拾いについて、最初は**「ルーティンチェック表」**（左の図）に丸をつけて、毎日チェックしていました。しかし、その丸が2週間ずっと続いた頃には、点検しなくても自分でできるようになりました。行動が習慣に変わったからです。

人間の意識には、**「顕在意識」と「潜在意識」**の2種類があります。顕在意識とは自分で認識している思考のことですが、全体のわずか3％程度しかありません。残りの97％は潜在意識、つまり無意識、心の奥の深いところに隠れている意識です。

「行動が習慣化される＝無意識に行動できる」ということは、まだ**顕在化していない97％が開発される**ことになります。非常に厳しい、困難な状況の中でも、プラスの習慣を持っている人が乗り越えていけるのは、この無意識の力が大きく働いているからなのです。

ルーティンチェック表

ルーティンチェック表

ルーティン達成度	目標	90%	結果	%

			分類 NOW:N FUTURE:F	行動	手に入れたい成果	日付／曜日	9/1 月	2 火	3 水	4 木	5 金	6 土		12 金	13 土	14 日	目標	小計
帰宅後随時	奉仕活動	家庭	F	私は毎日帰宅後、玄関の靴を揃える	家族も靴を揃えるようになり、玄関が美しく家族の疲れが癒される		○	○	○	○	×	○					12	
7:30		職場	F	毎日7時30分に出社後、社内の窓ふきを10分行う	例外なく続けることで自信が高まる。部下が奉仕活動を始める		○	○	○	○	○	＼			＼	＼	14	
8:30	ルーティン（発生時間順に並べましょう）	①	F	通勤電車ではスマホを触らず、日経新聞を読む	デジタルデトックスで、活字から情報を読み解く力を養う		○	×	○	○	×	＼			＼	＼	10	
		②																
9:00		③	F	毎日9時から10時までの時間帯にお客様へ20本の営業電話をかける	9月30日までに、預かり資産が10%アップする		○	○	○	○	×	＼			＼	＼	10	
		⑱																
23:30		⑲	N	毎日○○○○○○○○○○○○○○○○○○○○○○	○○○○○○○○○○○○○○○○○○○○○		○	○	○									
		⑳																
	日計						20	19	22									

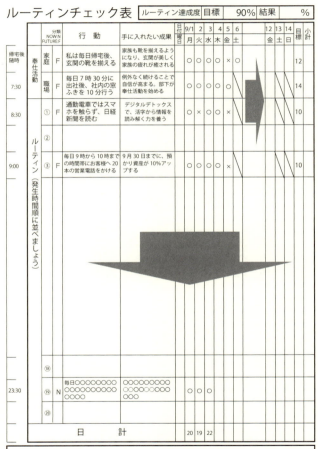

自動化されたルーティン
①挨拶は人よりも早く、元気よくする
②風呂上がりに資格取得の学習を20分間する
③弁当箱は自分で洗ってから妻にお礼を言って渡す

目標・目的を「自分と他者や社会」「有形と無形」の4観点から設定する、最新版「未来の描き方」

夢、目標、目的、理想、希望など、言い方はいろいろありますが、人の創造性の原点は、イメージすることにあります。

脳科学の発展とともにわかってきたのが、「脳は、現実と想像の世界を区別ができない」という事実です。脳はバーチャルとリアルの区別ができない。「より強烈な方」に従うのだそうです。

ということは、未来の夢、目標のイメージを強烈に描いて、それに元気、やる気のモチベーションを重ねていけば、**人間の脳は錯覚を起こして、現実にしてしまう**のです。

オリンピック選手が「金メダルを取りたい」という夢、目標を強くイメージし、達成時の感情が大きく感じられるようになると、脳の中では「取りたい」が「取った」に変換されてしまい、取るためにはまだ不足している部分を勝手に見つけて、勝手に底上げしてくれることもわかりました。

自分の未来のイメージを本当に本心から描くことで、目標に早く、確実に近づけるのです。

世界一に輝いた、なでしこジャパンの目標とは

2011年、ドイツで開催されたFIFA女子ワールドカップを覚えているでしょうか。澤穂希(ほまれ)選手を擁するなでしこジャパンが、決勝で強豪アメリカをPK戦で倒し、劇的な優勝を飾りました。あのとき、大会前のインタビューで澤選手は、

「ワールドカップで優勝する」

と言いました。当時のなでしこジャパンの下馬評は4位です。うまくいって銅メダルくらいのチームが、突然の金メダル宣言です。普通ならとんでもないプレッシャーがかかるところですが、発言には続きがありました。

「私たちはワールドカップで優勝し、東日本大震災の被災者の方々や、日本の皆さんに勇気、元気を与えます」そう言って、涙をぽろっと流しました。その瞬間、私はなでしこジャパンは優勝すると確信しました。

夢や目標と一口に言いますが、実は4種類あります。

「自分自身に関する目標」と「他者や社会に関する目標」です。それと「見える目標＝有形の目標」と「見えない、見えにくい目標＝無形の目標」でその組み合わせで合計4種類です。

この講義で一番最初に書いた4行の目標、「私は」から書き始めたあの目標は、「自分・有形」のものです。

有形と無形とは、次のように分けられます。

- 有形……成績、順位、表彰、地位、役割、お金、もの、人材、情報、時間など
- 無形……誇り、気持ち、感情、意欲、態度、姿勢、性格、理想像、資質など

また、他者や社会とは、自分以外の人というだけでなく、

- 他者……先祖、祖先、親、親戚、兄弟、職場の仲間、子、孫、友人、パートナー、配偶者、地域社会など。

会社を中心に考えたら、得意先、仕入れ先、借入先、従業員、公共、世の中、出資者、ステークホルダーなども含まれるでしょう。

つまり、なでしこジャパンの澤選手は、目標として、

「ワールドカップで世界一になる」＝「自分・有形」の目標
「東日本大震災の被災者の方や日本の皆さんに、勇気、元気を」＝「他者・無形」の目標
の二つの目標を立てたのです。

「自分」と「自分以外」のバランス感覚がいい

私は、縁あって月に1回、三重県の子どもたちにスポーツマネジメントの指導をしています。ある中学生に目標を聞いてみたところ、「県大会で砲丸投げで優勝する」と言いました。他には？と聞いていくと、「キャプテンになる」「自分に自信を持つ」「下級生から信頼される」「先生を優勝監督にする」「陸上部が地域の誇りになって、親も友達もわくわくする」……。そんなことまで考えていたのかと私は驚き、うれしくなりました。

どの子も自分のことだけを考えてはいないのです。自分が優勝したらどういう気持ちになるのか、周りの人の気持ちはどうなるか、地域の人はどう受け止めるのか、バランスよく考えることができるのです。

小学生の女の子にも聞きました。あなたの目標は何ですか。「スイミングで合格する」ことです。そうなれば、「パパとママに褒められてうれしい」「スイミングのコーチが『いいコーチ賞』

がもらえる」「弟もスイミングスクールを頑張る」「祖父母が喜ぶ」

自分の気持ちと、自分以外のこともみんなで喜ぶ気持ちがあります。

ビジネスマンにも聞きました。「10月の売上1000万達成」「給料上がる」「スキルが向上する」「誇りを感じる」「達成感を得る」「自信がつく」「会社の売上に貢献できる」「お客様へよりよい商品を提供できる」「仲間もスキルが向上する」。さらに聞くと、彼は単身赴任中でしたので、「家族が安心する」。自分だけの成功ではなく、「同僚もイキイキする」「業界が活気づく」とも言いました。素晴らしい若者です。このような優れた**人の頭の中にある未来は、やはりバランスがよい**のです。

目標設定では「気持ち＝感情」をセットで考える

冒頭（11ページ）に返って、「私は」から書き始めた4行の目標をもう一度見てください。それが手に入ったらどうなると思いますか。

自信、達成感、誇り、活き活き、わくわくといった、いろいろな感情を持つと思います。

私たちは、自分の見えるものを追いかけながら、そのときに得られる感情を欲しいと思っている生き物なのです。

なでしこジャパンの目的・目標

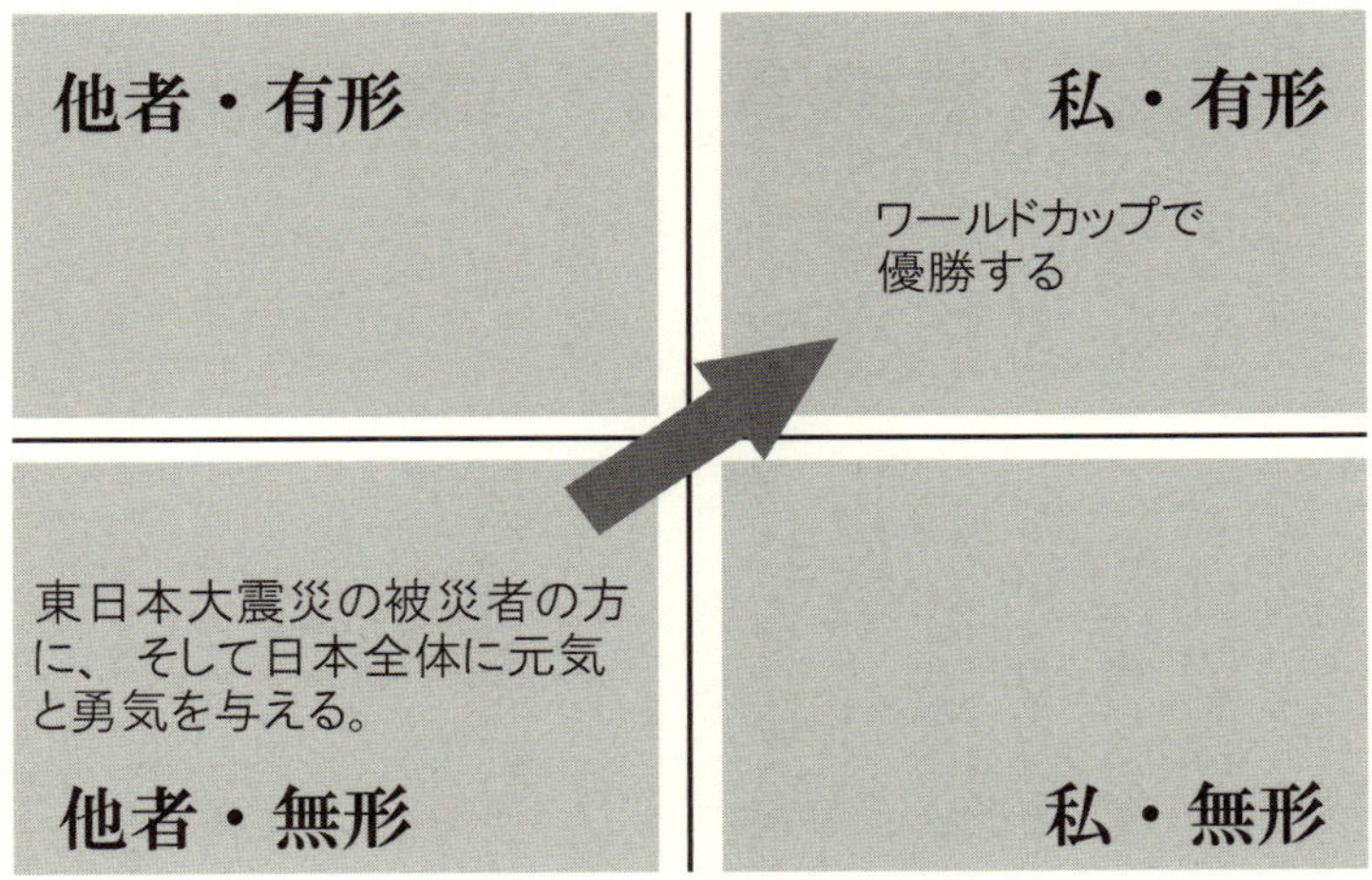
他者・有形
私・有形
ワールドカップで
優勝する
東日本大震災の被災者の方
に、そして日本全体に元気
と勇気を与える。
他者・無形
私・無形

ということは、これからの生活の中で、成功とか目標を達成しようと思ったら、目標だけでなく、**そのときの気持ちや感情はどういうものか、どのような気持ちを得たいかをセットにして描く**と、自分のモチベーション・やる気が高まります。

つまり、「自分・有形」「他者・無形」には、対になる概念があるのです。

自分・無形＝「自分自身の目に見えない夢や目標、目標を達成したときの気持ち・感情」

他者・有形＝「他者や社会に対する目に見える夢や目標」

なでしこジャパン優勝を図にしてみました（上図）。

文部科学省のホームページを見ると、3・

11以降、日本人のマインドの中で、自分のことだけではなく、他者のことを考える人がたくさん出てきたというデータが出ています。これがこの国の現実です。

頭の中を一度リセットして、この4観点が、これからの時代の正しい未来の設定の仕方だと考えてください。

達成目標は4観点を組み合わせて練り上げる。やり遂げた気持ちを書いて、夢を手に入れよう

では、なでしこジャパンの「4観点シート」を参考にしながら、実際に書いてみましょう。講義の最初に書いた、4行の達成目標を取り出してください。

これは「自分・有形」の目標ですから、4観点シートの右上に貼ります。

次に、その目標を達成したら、手に入る自分の気持ち、感情、マインドはどうなるかを付箋1枚に、一つずつ書いていきます。「やったー!」「充実感」「わくわく」「イキイキ」「自信がつく」など、いろいろあります。なるべく自分の表現で書くのがいいのですが、思いつかないようなら次ページにある「感情のアナウンスキーワード」を参考にしてください。

書いていて、「確かに、こういう気持ちになるな」と感じられる言葉がベストです。それが、「自分、無形」の未来ということになります。右下に貼ってください。

ここまでで、夢の2種類、「自分・有形」と「自分・無形」が完了しました。

次に、40ページで触れたビジネスマンのケースを例に考えてみましょう。

感情のアナウンスキーワード

・自信	・自己肯定	・うれしい
・自己実現	・前向き	・感激する
・達成感	・明るい気持ち	・感謝する
・満足感	・幸せを感じる	・おかげです
・充実感	・やる気が高まる	・自分を認める
・誇り	・元気になる	・確信を得る
・プライド	・イキイキする	・責任感が育つ
・あこがれ	・ワクワクする	・美しい
・喜び	・活気	・自分を好きになる
・自立する	・勇気が湧く	・自由になる
・期待できる	・感動する	・やり甲斐を持つ

「10月の売上1000万円を達成して、自分の仕事に誇りを感じたら、自分以外の何かにどんなプラスのものを生み出すか」を考えます。この場合、「会社の売上が増える」「お客様へよりよい商品を提供できる」「仲間のスキルが向上する」などが考えられます。皆さんも他者である家族や仲間、お客様、地域などに、どんなものを目に見える形で生み出すことができるかを考えて書きます。

これが、三つ目の夢、未来であり、「社会、他者の有形（左上）」です。

最後は左下の部分です。

「10月は売上1000万を達成して、自分の仕事に誇りを感じ、お客様へよりよい商品が提供できたら、自分以外の他者にどうなってほしいか」を考えます。先ほどのビジネスマンの例で言えば、「同僚がイキイキする」「業界が元気になる」などと書くでしょう。社会や他者、自分以外の無形のものにどう感じてほしいか、どうなってほしいか。四つ目の未来、夢を付箋に書いてください。

このとき、できれば四つの観点には偏りがないように埋めてください。例えば、有形10個、無形1個では、上下のバランスが悪いです。左右で自分の右が20個、他者の左が1個ではバランスが悪い。上下、左右のバランスよく書くようにしてください。

これで、四つの夢それぞれがセッティングできました。

四つすべてを書くことで、未来の感覚がわかると思います。

世の中には、今の若い人には夢がないと嘆く人がいますが、そうではありません。「わくわく」「自信」「ドキドキ」でも、家族を安心させるという目標、夢でもよいのです。

夢は広くとらえていい。そのために、夢、目標を「自分」「社会、他者」「有形」「無形」の四つの観点から考えながら、どんどん数を増やすと同時に、やる気、意欲、モチベーションが上がっていくのです。

4行の達成目標を、4観点で見直してみる

まとめとして、達成目標を作ります。
ベースは「私は」から始まる4行の目標です。
「私は、
２０１９年10月30日までに
売上１０００万円を達成します。
ありがとう」
これまで学んだことをベースとして、有形と無形で言葉を少し加えます。
新しい達成目標は、
「私は、２０１９年10月30日までに売上１０００万を達成し、
自分の仕事に誇りを感じています」

さらに、他者・社会・無形を合わせます。

「１０００万円を達成し、家族が安心し、従業員のやる気が高まり」

これで、高まり感が出てきました。まとめると、次のようになります。

「私は、
２０１９年10月30日に売上１０００万円を達成し、
会社の売上が増え、従業員のやる気が高まり、
自分の仕事に誇りを感じています。
ありがとう」

元の目標のように、「１０００万円達成」だけを考えている人と、「１０００万円を達成し、会社の売上が増えて、従業員のやる気が高まり、自分の仕事に誇りを感じている」人とでは仕事を一緒にやったら、どちらの方が結果が出やすいでしょうか。

後者で誰も異論はないでしょう。この作文に込められた思いがはっきりしているので、やる気と、意欲と、モチベーションを高めやすいからです。

適当に書いていては駄目です。自分の未来を描いて設定するときには、頭の中で、しっかりといい文章を作って、自分がまず腹落ちすることが大事です。次に、家族を安心させたいとか、仲間のやる気も高めたい、自分の仕事に誇りを感じたいという感情をしっかり持って、１０００万円の有形を達成しようとする。そのためにも、最初の作文が肝心なのです。

達成目標を作るときの、七つの視点がこれだ

では、最後の仕上げです。皆さんの、やる気、元気のモチベーションが高まるように、4観点も合体させて、いい達成目標を書いてください。

いい達成目標とは、

①主語を「私」にする
②達成期日を入れる
③目的、目標をいくつか選ぶ
④ポジティブな表現をする
⑤今起きていることのようにリアルに書く
⑥強い感情表現を含んでいる
⑦他人と比較しない
⑧感謝の気持ちを含んでいる

自分の言葉で、しっかりといい文章が書けましたか。

目標を「達成」するには「継続」しかない

最後に、冒頭でお話しした「学びのポイント」にもう一つ、「継続のコツ」を加えます。

まず、「最初から、力み過ぎない」でください。完璧な内容を目指すのではなく、「できた！」という感覚が得られるものを書いてみてください。「目標設定用紙、書けます」「4観点で考えています」といった自信の回路を作ることが先決です。

それと、人間は怠け者ですから、仲間づくりをお勧めします。直接会わなくても、メールやラインを通じての励まし合いがあるのは心強いものです。

ゴールはすでにあなたの中にあります。成功をすでに「手にしている」のです。自分の夢、目標の達成に向かって、続けていってください。

仕事の教科書

新しい時代の成功法則

神田昌典

私が考える「成功」とは、経済的な豊かさだけを意味するものではありません。たしかに「お金」は成功に不可欠な要素ですが、成功の「すべて」ではないからです。成功の本質とは、「周囲に応援されながら、富と幸福を得る」こと。そして、その成功を継続することです。本章では、「応援」と「幸福」と「富」を得るための「6つのエッセンス」を紹介します。

MASANORI KANDA

経営コンサルタント・作家。上智大学外国語学部卒。ニューヨーク大学経済学修士、ペンシルバニア大学ウォートンスクール経営学修士。外務省経済部、コンサルティング会社、米国家電メーカーを経て、経営コンサルタントとして独立。1998年に作家デビュー。2002年に発表した『非常識な成功法則』(フォレスト出版)はベストセラーとなり、今もって絶賛する読者が絶えない。

成功法則①「潜在意識」の力でなりたい自分に変わる

最初にお伝えしたいのは、「成功マインド」についてです。

かつての日本は学歴を偏重する社会であり、「学歴が高ければ、マインドセットが身についていなくても成功できる」という論調で語られていたと思います。私自身もそのことに疑いを持たず、勉強に身を入れてきたつもりです。

しかし、実際のビジネスの現場は、違っていました。がむしゃらに努力しても、学歴、資格を持っていても、それだけでは解決できない問題に直面して、私は何度も、何度も、打ちのめされました。そして、「努力しても、学歴や資格があっても、それだけでは通用しない」ことを学び、マインドの重要性に気づいたのです。

学生時代の私は、自分に自信が持てず、コンプレックスの塊でした。「コンプレックスを克服するには、人一倍努力をするしかない」と信じ、毎日、図書館にこもっては、気力と体力を振り絞って勉強を続けました。そして、大学3年次に外交官試験合格、4年次より外務省経済部に勤務することになったのです。

ところが、当時の外務省は学閥が強く、「東京大学を卒業していなければ、出世は望めない」と言われていたほどです。「東大卒や歴代外交官のご子息たちから、バカにされているのでは……」と引け目を感じた私は、省内に自分の居場所を見つけることができませんでした。

外務省を辞めた私が、「次に努力する道」として選んだのが、ＭＢＡの取得です。自費で渡米し、ＭＢＡを取得。しかし、意気揚々と帰国した私を待っていたのは、「バブル崩壊」でした。多くの企業が新規採用枠を大幅に減少。転職活動は遅々として進まず、ようやく採用されたコンサルティング会社も、３ヵ月でリストラされました。私が28歳のときです。

「学歴や資格さえあれば、順風満帆な未来が約束されている」と信じて努力をしてきたのに、世の中は、甘くありませんでした。

私の人生を変えた「マーフィー」との出会い

自信喪失、自暴自棄。頭が真っ白になった私は、銀座の旭屋書店にふらりと立ち寄りました。そこで吸い寄せられるように手に取った本が、『眠りながら成功する─自己暗示と潜在意識の活用』（ジョセフ・マーフィー著・大島淳一訳）でした。

「やれることは、なんでもやってみるしかない」。そう思い切って、大前研一先生の新刊の下にマーフィーを隠し、レジに持っていったときから、私の人生は変わりはじめたのです。

帰宅するなり、私はむさぼるように、ページをめくりました。そして、「潜在意識は、レコードのように言葉を刻み、自己暗示を繰り返しながら、その言葉を実現していく」というマーフィーの説に驚愕しました。なぜなら、私が仕事を失った理由が書かれてあったからです。

私は当時、不況の中で、「自分は役人出身だから営業経験がない。実務経験も乏しい。この会社で一番先にリストラされるのは自分だろう」と、同僚に愚痴を言い続けていました。その結果、私の潜在意識に「最初にリストラされる」という言葉が刻まれ、それが現実となって、私は失業したのです。

そこで、私は考えました。

「潜在意識の作用によって私が仕事を失ったのなら、同じ潜在意識の作用によって、私は、理想の仕事を得られるのではないか……」

私は、ノートの端をちぎって、おそるおそる「年収1000万円」と書き留めました。この金額は、リストラされる前の「2倍」近い年収です。

その日から、毎日、「年収1000万円」と書かれた紙を眺めるようになりました。すると驚くことに、2ヵ月も経たないうちに、外資系メーカーから、ちょうど年収1000万円のオフアーを受け取ったのです。

このことがあって以来、「マーフィーの法則」をはじめとした潜在意識の活用について、私は一切の疑いを持たなくなりました。

成功者ほど、潜在意識を活用している

私の就職決定のお祝いのために、当時の上司Sさんが、高層階にある一流ホテルのバーに誘ってくれました。彼は経営コンサルティング会社のパートナーで、その後も一流の外資系コンサルティング会社の代表を何社も務める人物です。

飲みなれないウィスキーに酔いはじめた私は、Sさんに打ち明けました。

「Sさん、私、マーフィーの法則を知ってから、突然、仕事が降ってきたのですが、こういうことって、あるのでしょうか？」

すると、Sさんの顔から笑顔がなくなりました。そして、私の目の奥を射抜くように見つめながらこう言ったのです。

「神田くん、それは本当なんだ。でも、潜在意識を活用している人は、とても限られている。だから、成功する人も限られているんだ」

Sさんの言葉は、私の耳奥で、今も鳴り響いています。以来、私は、潜在意識を仕事に活用するようになったのです。

潜在意識の存在は、脳科学でも立証済み

潜在意識というと、以前は、宗教のように扱われることもありました。しかし現在、潜在意識の存在は、脳科学でも立証されています。MRIで脳波を検証した結果、脳は私たちが物事を意識していない状態でも、活性化していることがわかったのです。

さらに最近では、マインド・フルネスの効用が認められ、「瞑想状態やリラックス状態のほうが学習効果は出やすく、直感がわきやすい」ことも明らかになっています。

学習効果を高める上で、潜在意識は重要な役割を持っているため、ビジネス界では積極的に研究が進んでいます。

人間の潜在意識は非常に強いので、「ダメだ、ダメだ、どうして自分はこんなにダメなのか！」と否定的な言葉を口にしているかぎり、「ダメな現実」を引き寄せてしまいます。

私が「年収1000万円」の仕事を得ることができたのは、潜在意識の存在を知り、そして潜在意識の力を信じて、「自分はすごい！　自分はできる！」とセルフイメージを転換させたか

らです。口癖や思考を変えたことで、「セルフイメージに合った現実」を生きられるようになったのです。

「やりたくないこと」を書き出すと、潜在意識が発揮される

潜在意識を活用するには、「セルフイメージ（理想の自分の姿）を書き出してみる」ことが大切です。「文字」には強いパワーがあるため、「書く」という行為は非常に有効です。

セルフイメージを書き出すときのポイントは、

「やりたくないこと」

から先に書き出していくことです。私の場合でいえば、「年収1000万円の仕事がしたい」ではなく、

「年収1000万円以下では、働きたくない」
「将来、リスペクトされるキャリア以外は積みたくない」
「英語を使えない環境では働きたくない」

と書きました。そして、「やりたくないこと」を書き出したあとで「やりたいこと」を書き出していきました。

「やりたいこと」を先に書くと、「自分の願望」ではなく、「世間の願望」（世間から高く評価されるための願望）から書き出してしまいがちです。たとえば、「フェラーリに乗りたい」「大きな家に住みたい」「美女（美男）と付き合いたい」といったように、「一般的に世間の人たちが『成功』と考えるイメージ」を思い描いてしまいます。

しかし、こうした願望は、世間に影響されてしまった願望であり、「自分の本当の願望」ではありません。「自分が本当に欲しいものは何か」を明らかにするためには、「やりたくないこと」から先に書き出していくことが大事です。

「やりたくないこと」を書いたら、次に、「やりたいこと」のリストをつくります。私の場合は、「やりたいこと」を「100個」書き出しました。

最初に「やりたくない」ことを書き出し、その上で、荒唐無稽でもかまわないので、「やりたいこと」「なりたいこと」を書き出します。リストアップした「やりたいこと」は、範囲が狭まったように感じますが、エネルギーのフォーカス・ポイントが明確になっているので、集中して取り組めるようになります。

「日付」「年収」「肩書き」を具体的に書き出す

「やりたいこと」のリストをつくるときは、「日付」「年収」「肩書き」の3つを具体的に明記します。

・日付

……「いつまでに達成したいのか」、目標を達成する日付を紙に書き出します。

・年収

……「いくら年収がほしいのか」を明確に書き出します。多くの人は、「年収は、会社のポジションによってすでに決められている」と思っていますが、それは違います。年収は自分で決めることができるものです。

・肩書き

……肩書きは、セルフイメージを改善していく上でとても大切です。肩書きといっても、「株式会社○×会社　部長」といった地位や役職を示す肩書きではなく、「自分自身の肩書き」を持ってください。

私がコンサルタントの仕事をはじめたころ、人前で話をすることに疲労感を覚えていた時期があります。

当時、私の話を聞きに来てくださった方々は、年長者ばかりでした。未熟な私の話が実業の世界で通用するのか確信が持てず、私は常に不安を覚え、その不安を隠すために虚勢を張っていました。私は毎日、疲れていました。

しかし、あるとき、「肩書きを変える」ことを思いつきました。肩書きを変えれば、自分自身のセルフイメージを変えることができるのではないか、と考えたからです。

そこで私は、「現場を充分に経験していない若造」「業界の知識が圧倒的に劣っている自分」というセルフイメージを変えるために、肩書きを次のように変えたのです。

「スーパー・エナジャイジング・ティーチャー　神田昌典」

- スーパー＝超
- エナジャイジング＝元気を与える
- ティーチャー＝教師

肩書きを変えた私は、「超元気を与える教師」として、どんな方にも情熱的に関わると決意し、経営者お一人おひとりと、真剣に、真摯に、真正面からぶつかっていくようにしたのです。

すると私自身も「超元気」になって、それまでの自分が嘘のように、まったく疲労感を覚えなくなりました。そして、たくさんの経営者から応援していただけるようになったのです。

成功するために必要な6つのエッセンスの中で、「潜在意識の活用法」を最初にお伝えしたのは、どんなテクニック、スキル、ロジックを持っていても、その土台には、「マインド」があるからです。

土台がなければ、もしくは、土台をないがしろにしていれば、どれほど立派なスキルを身につけても、すぐに崩れてしまうでしょう。マインドなきスキルは通用しない。私はそう確信しています。

成功法則②「お金」に対する罪悪感をなくす

次にお話しするのは、「お金」についてです。

あなたが「お金に対して、どのようなイメージを持っているか」によって、あなたが手にする「富」が決まります。

私はこれまで、1万人以上の経営者とお会いしてきました。どの経営者も、一様に実力があります。それなのに、

「10億円儲けられる人」と「1000万円しか儲けられない人」

「常に借金している人」と「常にお金が余っている人」

「何をやってもリターンのある人」と「何をやっても失敗する人」

にハッキリと分かれていたのです。

事業がうまくいっていないA社長は、いつも「悪い商品」「売れない商品」「価値の少ない商品」ばかり扱っています。私が、「この商品はここが悪いので、今度はこういった商品を探しま

しょう」とアドバイスしても、翌週には、「いい商品を見つけました！」と喜び勇んで、「前回よりひどい商品」を持ってくるのです。

一方で、事業がうまくいっている（儲かっている）B社長は、翌週には、前回以上に売れる商品を見つけ、大きなビジネスチャンスを引き寄せていました。

A社長もB社長も同じように実力があるのに、どうしてこれほど差がつくのでしょうか。

お金を持っている人（B社長）がさらにお金を稼ぐようになり、お金のない人（A社長）がさらに貧しくなる理由はどこにあるのかというと、「お金に対するイメージの違い」です。

「A社長」は、お金を稼ぐことに罪悪感を持っていて、反対にB社長は、お金を稼ぐことは「良いこと」だと思っていたのです。

お金に対する概念を変えないかぎり、お金は手に入らない

多くの日本人は、

- 「お金を稼いでいる人」＝「悪い人」（悪いことをしている人）
- 「清貧に甘んじる人」＝「良い人」

・「お金にこだわる」＝「卑しい」
・「お金にこだわらない」＝「心が清らか」

だと考えがちです。

日本では、お金を「悪しきもの」「卑しいもの」とする考えが浸透しています。

しかし、お金儲けに罪悪感を抱いているかぎり、自分を成長させることも、会社を成長させることも、収入を増やすこともできません。なぜなら、自分で自分にストップをかけてしまうからです。小さなお金で満足していると、小さな成功で終わってしまうでしょう。

富を得るには、「お金に対する概念」を変えなければいけません。お金に対する罪悪感を捨て、お金を好きになる必要があります。

考えてみてください。あなたが野球のコーチで、あるチームから「あなたのバッティング技術は素晴らしいので、ぜひ、コーチをお願いします」と依頼を受けたとします。

このとき、「お金儲けがしたいわけではない」「お金儲けをするのは罪悪である」という理由でコーチ料を受け取らなかったら、どうなると思いますか？　選手は真剣に学ぼうとしないでしょう。

「そんなことを言わず、受け取ってください」と、コーチ料として「１００円」差し出されたらどう思いますか？「100円ならいらない」と、やはり断ると思います。

では、「1000円」でも、「1万円」でも、「10万円」でもなく、「100万円」を受け取ることになったら、どうでしょうか。

100万円に見合うように、一所懸命、技術を教えようとするはずです。そして、コーチが真剣に教えるから、選手も真剣に学び、伸びていく。お金をキャッチボールするからこそ、コーチも選手も、お互いに力を出し合えるようになるわけです。

年収は会社が決めるのではなく、自分が決める

日本人の多くは、お金を稼ぐことに罪悪感や抵抗感を抱いています。そして、必要以上のお金を受け取ろうとしません。「罪」を背負いたくないからです。けれどその一方で、多くのビジネスパーソンが、

「うちの会社は、年収が上がらない。給料が低い！」

と自分の年収に不満を持ち、「お金を稼げていないこと」を嘆いています。

「お金を稼ぐことは、罪悪である。お金にこだわることは、卑しいことである」といった金銭的道徳観を持ちながら、「でも、もっと年収を上げてほしい」と欲するのは矛盾します。

報酬を正当に主張することは、とても重要なことです。給与に値する仕事をし、自分の才能を出し切る。そうすれば、会社は利益を上げ、あなたに「もっと多くの給料を支払おう」と考え、富の循環が生まれます。

しかし、多くのビジネスパーソンは、自分の才能を出し切ることはせずに、「会社に出社をしているのだから、その分のお金をください」と、自分の権利だけを主張しています。権利を主張するだけでは、年収は上がりません。

重要なのは権利収入ではなく、「実績」です。会社に出社したことに対して給料をもらうのではなく、成し遂げた実績や成果に対して、給料を支払ってもらうことが大切です。

あなたが会社に対して、どれだけの収入をもたらしたか。それがあなたの年収の50倍だとすれば、おそらくあなたの年収は、今の「20倍」までは上がるでしょう。もし上がらなくても、すぐに20倍の年収でヘッドハンティングされるはずです。

年収は、会社が決めるものではなく、自分（の才能）で決めるものです。「年収を引き上げない」ということは、「自分の才能を提供しない」ことと同じです。それは、「才能がありながら、開発しない」「才能があるのに、怠けている」ことです。それでは稼げるはずはありません。

「上司が悪い」「会社の待遇が悪い」と嘆く前に、自分の年収を自分で明確にする。そして、その年収を獲得するために、「会社にどれだけの利益をもたらさなければならないのか」をしっかり考えることが大切です。

自分に必要な年収を明確にし、「その年収を得るために、自分はこれだけの仕事をする」と決意し、実行する。そうすれば、圧倒的な実績を上げることが可能になります。

口癖を変えると、お金に対するイメージも変わる

お金に対する罪悪感をなくすために、具体的にどうすればいいのでしょうか。

もっとも簡単でもっとも効果的なのは、「口癖」を変えることです。お金に愛情を注がなければ、お金に愛される人にはなれませんから、今すぐに、

「お金大好き！　お金大好き！　お金大好き！」

と3回、声に出してみてください。

「お金が大好き！　稼ぐことが大好き！　儲けることが大好き！　お金のおかげで自分はこんなに幸せだ！」とお金への愛情を解き放つことで、潜在意識に「お金を稼ぐこと」に対するポジティブなイメージが刻まれるようになります。

成功法則③
マーケティングの考え方を知る

3番目に重要なのが、「マーケティング」です。会社員でも公務員でも、職種を問わず、マーケティングはすべての人に必要です。

はっきり言います。マーケティングを知らないと、「貧乏」になります。

マーケティングとは、

「あなたの才能を理解し、『価値がある』と評価してくれる人をまわりに集める活動」のことです。

企業における才能とは、自社の商品やサービスです。その才能（商品・サービス）に共感し、価値を見出してくれる人が集まれば、価格競争に巻き込まれることもないため、多くの利益が残ります。

では、「価値」とは何でしょうか。価値とは、「格」に値するものです。格が高ければ、価値も高くなります。

今、さまざまな情報が「無料化」の流れにあります。しかし、マーケティングを理解し、マーケティングの力を使えば、無料だった情報を200万円で売ることも可能です。

「MBA」を例に、情報の価値（価格）について考えてみましょう。たとえば、「MBAホルダー」と、「そうでない人」が同じ情報を提供したとすると、「MBAホルダー」のほうが高い価格で情報を提供することが可能です。なぜなら、MBAという大学が認めた資格を取得している人のほうが、信用に値する（価格が高いと認識される）からです。

マーケティングのピラミッド構造を理解する

マーケティングを単純化すると、71ページの「ピラミッド」に象徴されます。マーケティングは、「見込み客」「成約客」「上得意」の3段階に分かれます。

- **見込み客**……あなたの才能や商品・サービスに価値を見出してくれる人
- **成約客**………商品・サービス購入してくれる人
- **上得意**………購入した商品・サービスを気に入り、リピートしてくれる人私は多くの企業から、「顧客が集まらないのですが、どうしたらいいでしょうか」と相談をいただきますが、集客がままならないのは、見込み客を見つけるのではなく、「成約客から集めようとしている」からです。

初対面の人に商品を売りつけられたら、逃げるのは当たり前です。

見込み客、すなわち、あなたの商品・サービスに「興味を持ってくれる人」を集める。

そして、集まってきた人に商品説明をしっかりとして契約をしていただく。

その後、契約していただいた人をつなぎ止めておくために、彼らのニーズをしっかりと把握し、定期的なコンタクトを通じて、長い期間にわたる関係性を築いていく。

これがマーケティングの基礎中の基礎です。

定期的な収益が見込めるビジネスモデルをつくる

次は、「売れる仕組み」をつくるための鍵についてお話ししましょう。

まずは粗利です。粗利が「8割以上」ないと、ビジネスモデルを築くことはできません。良心的な経営者は「粗利を4割」程度に抑えようとしますが、4割では売れる仕組みはつくれません。4割で仕組みを築けるのは、住宅のような単価の高い商品に限ります。

ピラミッド構造

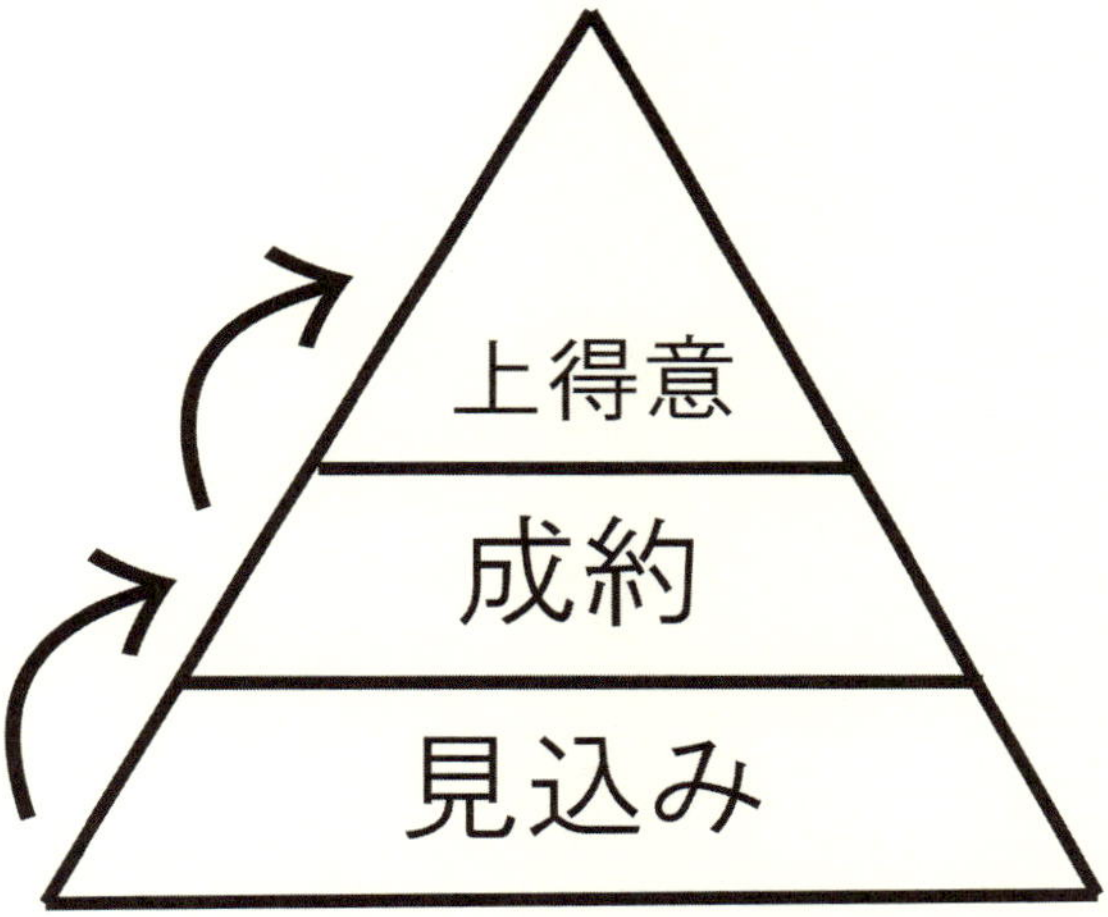

仮に、ひとりの成約客を獲得するために「20万」のコストがかかったとします。しかし、その成約客から得られる収入が３万円しかなければ、完全に赤字です。

「この商品はとても良い商品で、しかも値段も安い。だから売れる」と考えるのは早計です。通常、先端的なマーケティング（デジタル広告など）を実施するには、生涯価値（企業にとってあるひとりの顧客が生涯にわたって企業にもたらした価値の合計）が１００万円を超える必要がある、と考えられています。

売れる仕組みをつくるためには、ＡＲＲ（アニュアル・リカーリング・レベニュー）の概念を理解しておくことも重要です。ＡＲＲとは、定期契約など、繰り返し発生することが見込まれる「年間継続売上」のことです。年間継続売上は、「契約しているかぎり収益が上がる」という概念です。

健康食品、化粧品に代表されるように、多くの商品、サービスは、継続収入を前提にビジネスモデルが構築されています。

セキュリティーサービス会社（警備会社）が成功した要因は、一度契約したら契約を継続する積み重ね型のビジネスだからです。

税理士や会計士、弁護士といった士業が安定した職業だと言われているのは、顧問報酬が毎月発生するからです。

低成長と高齢化を前提とする日本経済の中で重要なのは、「ストック型の収入」です。「黙っていても、毎月お金が入ってくるビジネスモデル」に切り替えていかなければ、これからの時代、利益を残していくことは不可能です。

言葉の力は、お金の力

どんなビジネスであっても、「コンテンツ」がなければ成立しません。コンテンツとは、「私の商品は、こういう問題を解決できます」

「私の商品は、あなたが持っているこういう痛みを解消できます」ということを、わかりやすく説明できるものです。コンテンツこそ、あなたの共感者を集めるための「パワーの源泉」です。

たとえば、インターネット広告に「私は、こういう問題を解決できます」という言葉が使われていたとします。

この広告をクリックした結果、「自分と同じ問題を抱えていた人が、この広告で紹介されているサービスを使った結果、問題を解決できた」ことがわかると、その広告を見た人は、「自分もこのサービスを使ってみようかな」と興味を覚え、見込み客になります。

「私の商品は、こういう問題を解決できます」という言葉の力は、お金の力に変わります。言葉の力がお金を引き寄せるのです。

したがって、他の人の問題を解決できるような文章、役に立つ情報を発信していくことが大切です。

他人の痛みを和らげる言葉を発信する

言葉というのはいったい何かをいうと、

「他の人の痛みを和らげる解決策」

です。

では、その言葉を生み出したのは誰かというと、

「同じような痛みを持ち、解決したことがあるあなた自身」

です。あなた自身が自分の痛みに向き合い、そしてそれを解決するために、もがき、苦しみ、突破した体験を通して、はじめて言葉が生み出されるのです。

「商品のキャッチフレーズは会社で決められているので、自分の言葉ではない」と思うかもしれません。しかし、あなたが会社で決められた言葉を発するその瞬間も、あなたの体験が何らかの形で反映されています。

たとえばあなたが、会社や商品のキャッチフレーズに、心底、共感していれば、キャッチフレーズを口に出したその瞬間、あなたの言葉にはエネルギーが宿っているはずです。

あなたが、あなた自身の口からキャッチコピーを力強く語れば、その言葉に引き寄せられた人たちが集まり、結果として関係性が築かれ、お金の循環を生んでいくのです。

コピーライティングは、富を生み出す錬金術

マーケティングの起点にあるのは、言葉です。「はじめに言葉ありき」とはまさしくその通りで、富は、「言葉」から生まれます。

ですから、マーケティングとは突き詰めると、「あなたがどのように自分の才能を表現する言葉を使うか」ということになります。したがって、キャッチコピーやコピーライティングの勉強をしておくと、「錬金術」に近いくらい富を生むことができるのです。

成功法則④　未来の自分の「ストーリー」を描く

次に、「プランニング」についてお話しします。

夢を実現するという方法論は、数ほどあります。ですが、あなたの夢だけではなく、まわりの夢さえ実現しはじめるのが、「フューチャーマッピング」というメソッドです。

フューチャーマッピングとは、1枚のチャートを完成させながら、右脳と左脳を活性化させ、論理と感性を同時に満たすクオリティの高いアイデアを生み出す思考法です。

単にアイデアを生み出すだけでなく、望む結果を得るまでのシナリオを自らつくり上げるため、行動につながりやすく、結果につながりやすいのが特徴です。

フューチャーマッピングが導き出すのは、問題に対する対処療法的な解決策ではありません。目の前の問題のみならず、何層も深いところにある問題を浮かび上がらせるため、既存の延線上にある解決策ではなく、「新しいレベルの解決策」を導き出してくれます。

私がクライアントに提供していた事業コンセプトや、提案書、企画書の中で、「うまくいった

フューチャーマッピング

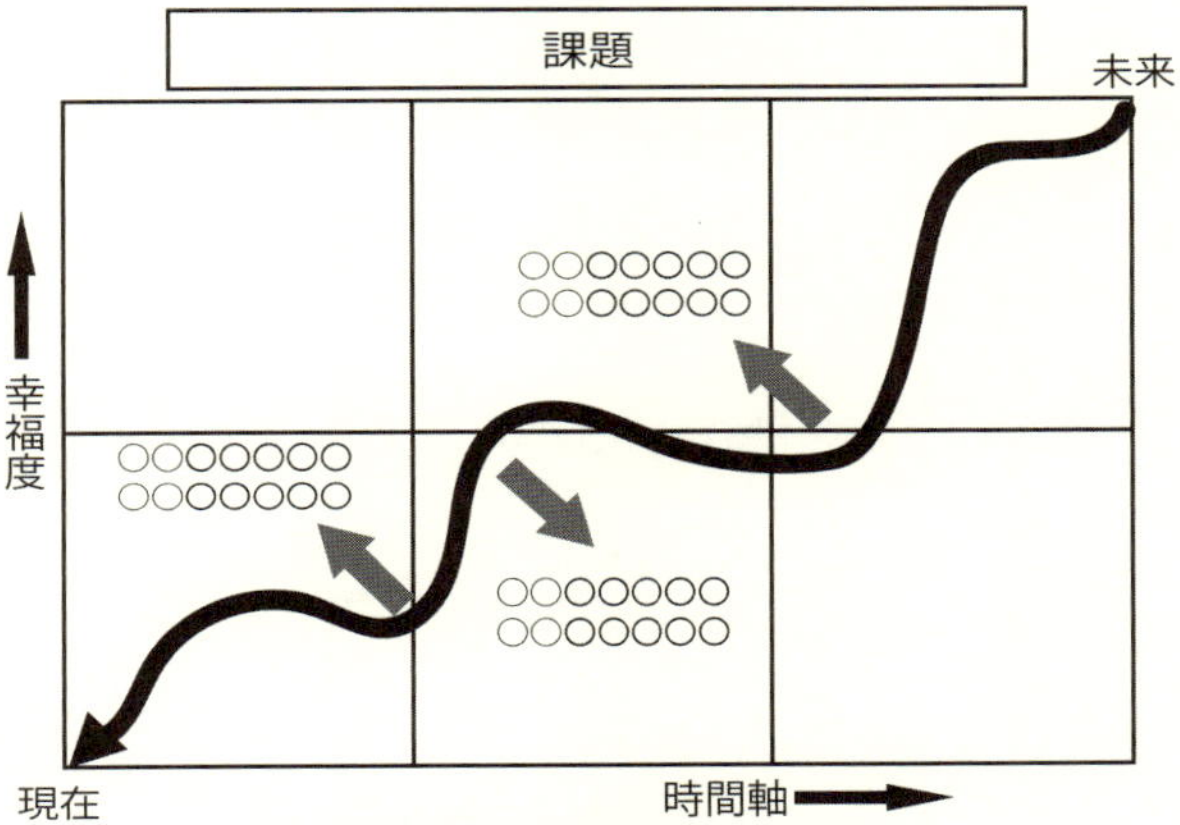

目標に向かうドラマを曲線で描いていく
主要なアクション項目を具体的に書き入れる

もの」だけをピックアップし、その背景にあった思考プロセスなどを検証して、再現性を持たせたチャートをつくりました。すると、このチャートを使った人たちの中から次から次へと、成功事例が生まれました。このチャートをフューチャーマッピングとして完成させ、現在はアメリカや中国など、全世界155カ国で展開しています。

成功は直線的ではなく、曲線的である

フューチャーマッピングの重要な原則についてご説明します。

チャートの横軸に、時間軸を設定します。

プロジェクトや課題について、「いつまでに達成したいのか」という期間を示します。3日後でも、1ヵ月後でも、3ヵ月後でも、1年後でも、3年後でも結構です。

課題とは、みなさんの目標です。たとえば、「年収を1000万円までにするという課題を3年間で達成する」「これから3週間以内に、自己最高の営業成績上げる」「これから1ヵ月以内に、今まで手をつけてこなかった仕事に取り掛かり、完成させる」といったように、できるだけ具体的に考えてください。

チャートの縦軸は、幸福度です。そして、幸福度の変化を時系列に沿って整理します。

フューチャーマッピングでは、まず、大きな紙の左下に「現在」を、そして、紙の右上にはその計画が到達する「未来」を定めます。

横軸は時間の経過、縦軸は成功実感を示す「ハッピー」の度合いです。左下の「現在」から右上の「未来」まで、山あり谷ありの曲線を描いていきます。山と谷の部分は、その時期に起こりそうなエピソードと、それを乗り越えていくイメージを想像しながら書き込んでいきます。

そして、最終的には、満足度と幸福度の高い状態にたどり着くという、成長のストーリーを完成させます。

直線ではなく、曲線を描くのは、「人生は一直線では進まず、必ずアップダウンがある」からです。ほとんどの人は、成功までのイメージを「直線的」に考えます。しかし、実際の現場、現実において、直線的に物事が進むことはありえません。

とくに、クリエイティブな発想は、「自分自身の内面」に触れないかぎり、形にはなりません。「自分自身の内面に触れる」ためには、挫折や失敗を経験し、人と関わることによって学ぶプロセスがどうしても必要です。人は、自分以外の人と関わることでしか、自分の内面を見つめることができないからです。

「他人を幸せにする」という視点を持つ

フューチャーマッピングを描くときは、「自分が幸せになる」ためではなく、「他人を幸せにする」という視点を持つことが大切です。自分が大切にしている人が幸せになったことを前提に曲線を書いてください。

自分の顔は鏡がないと見えないように、自分のことは一番見えにくいものです。しかし、

「あの人を幸せにするために、自分にできることは何か」を考えると、自分自身の今まで見えなかった資質や才能を浮かび上がらせることができます。「利他の気持ち」は、自分が変わるための最短の方法です。自分が大切にしているもの、愛している人が、「自分が変わらないと失われてしまう」と気づいた瞬間に、人は、もっとも大きな力を出せるのです。

95％以上の人に効果があった成長達成ツール

実際にフューチャーマッピングを使うと、驚くべき効果があらわれます。

アンケート調査を実施したところ、課題に対して3週間以内に「クリア」した、もしくは「課題以上の結果が出た」という方々が約60％。そして35％の人たちは、3週間以内に「前進した」と回答しました。すなわち、「95％以上」の方が3週間以内に課題に対して何らかの前進があったのです。

ある上場企業で、400人の新入社員を対象にフューチャーマッピング研修を行ったことがあります。すると、新入社員の離職率が、3分の1に減少したのです。

減少した理由は、「アップダウンを乗り越える」ことを事前にストーリーでシミュレーションしていたからです。

「うまくいかないことはあるけれど、必ず乗り越えられる」ことをイメージした結果、課題達成率が圧倒的に高くなり、失敗に直面しても心が折れることがなくなった。だから離職率が下がったのです。

一曲線を、一筆書きのように、一瞬のうちに描く。すると、この曲線の中に、すでに成長のストーリーが生まれています。そして、ストーリーの力によって自然に現実が変わっていくはずです。

成功法則⑤
春夏秋冬理論を実践する

次に、「春夏秋冬理論」という、人生の成長カーブ理論についてお話しします。

春夏秋冬理論とは、「西洋占星術」「東洋占星術」「成長カーブ（Sカーブ）」「四季」を組み合わせた自己解決ツールです。

季節が春、夏、秋、冬と巡るように、人生にも流れがあります。そして人生の流れには、ある法則性があります。その法則性こそが、春夏秋冬理論です。春夏秋冬理論を活用すると、人生予測が可能になります。

春夏秋冬理論では、人生を12年のサイクルでとらえ、さらに12年のサイクルを4分割して考えます。そして、成長カーブを4つの時期（導入期、成長期、成熟期、衰退）を「冬」「春」「夏」「秋」になぞらえ、各季節の傾向と対策を明確に示します。

同じようなスキルと実力を持ち、同じような業界にいて、同じようなことをやっているのに、数年後に失敗する人もいれば、大きく成長する人もいます。なぜ、同じような条件で、同じような実力を持った人たちが、天国と地獄に分かれるのか。その理由を検証する過程で、私は、「人生のタイミングによって、参入時期が違う」ことに気がつきました。そして、春夏秋冬理論をつくったのです。

サイクルを理解して行動すれば、自然と成功するようになる

春夏秋冬、それぞれの季節の意味は、次のようになります。

【冬】

……季節のサイクルの終わりであると同時に、冬から新しい12年間のサイクルがはじまります。冬は種まきの時期なので、アイデアをさまざまな形で実験する「試行錯誤」が大切です。試行錯誤の時期に種まきをしていなければ、春になっても芽は出ません。

冬の3年間は、積極的に試行錯誤をし、自分自身の土壌、基盤を調え、種をまくことが必要です。種をまく時期にリターンを求めても、うまくいきません。長期的な視野で、やるべき勉強や、底力を鍛えていくことに充てるようにします。

【春】

……春は、飛行機でいえば離陸に当たります。もっとも燃料を消費するため、忙しくなります。この時期に努力を惜しんでいると、事業が離陸できません。

春は、冬に努力をした人だけ、芽が出ます。もちろん、すべての種が芽吹くのでなく、10個試行錯誤をしたうち、3つ程度かもしれません。でも、3つしか試行錯誤していない人は、1個も芽は出ないでしょう。冬の時期に長期的な視野で多くの試行錯誤をし、その中から芽が出たものに対して、水を与えていきます。

春は、芽が出たアイデアを育てる時期なので、たとえばビジネスであれば、マスコミにPRしたり、広告したりするのも非常に効果的です。

【夏】

……夏は、エネルギーに満ち溢(あふ)れていますので、仕事をどんどんこなし、その結果、収入がアップします。

夏の時期は体力があるため動き続けることができますが、そのペースで秋まで動き続けてしまうと、今度は体調を壊しかねません。したがって、自分ひとりで動くのではなく、部下にバトンを渡し、自分のやってきたことをシステム化することも大切です。

【秋】

……秋は、四季サイクルの最終章です。秋は、収穫の季節なので、これまでの季節で種をまき、育て、実らせてきた成果を受け取ることになります。夏まではハンドルを握っていてもよいのですが、秋にはハンドルを手放す。そして、あとは流れに身を任せたほうが、大きな収穫が得られます。

また、秋は勉強の季節でもあります。この時期は、いままでの反省と同時に、今後に向けての自己投資が大切になってきます。また12年間の棚卸しの意味で、本を書いたり、発表したりするのにも非常にいいタイミングです。

こうした12年サイクルを理解した上で、自分自身の仕事のやり方を設計していくことが重要です。そして、サイクルがわかれば、いろんな方々と、エネルギーの差やそれぞれの季節の違いを活かしたコラボレーションが可能です。

夫婦関係でも、「今、自分は夏の時期で体力があるから頑張るよ。君はこれから冬の時期だから、どんどん試行錯誤をしてチャレンジしてみて」といったように、お互いの季節がわかることで、協力関係を築くことができるのです（季節の判定は、以下のサイトからできます　https://seasons-net.jp/wss/spsc/）。

成功法則⑥
「学び」に投資をし続ける

最後に、「学び」についてお伝えいたします。

時代の変化に応じて自分を変えていくには、学ぶ力が必要です。学ぶ力が身につけば、どのような変化に見舞われたとしても、対応できます。

学ぶ力として私が躊躇（ちゅうちょ）なくお勧めするのは、「フォトリーディング」です。

フォトリーディングは、１９８５年、神経言語プログラミング（ＮＬＰ）および加速学習分野のエキスパートである、ポール・Ｒ・シーリィにより開発されました。

シーリィは、「文書を速く読むために、目を速く動かす」という従来の速読法に限界を感じ、脳が持つ高度な画像情報処理能力を活用した一連の読書手順である、「フォトリーディング・ホール・マインド・システム」を開発しました。

現在、フォトリーディングは世界35ヵ国以上で講座が開催され、日本においても受講者数はすでに4万人を超えています（世界では１００万人以上）。

私が15年以上も第一線で活躍できたのは、このフォトリーディングのおかげです。私はフォトリーディングによって多分野の知識を柔軟に手に入れ、そして新しいスキルを身につけ、数年おきに自分自身を大きく成長させることができました。

私の人生は、フォトリーディングによって変わりました。なぜなら、どれほど速く世の中が変わっても、時代の変化に対応できる自信を持てるようになったからです。

フォトリーディングは、単なる速読法ではありません。カメラで写真を撮るように、大量の文字を一瞬にして理解できるメソッド、と言ったら驚かれるでしょうか。

フォトリーディングが従来の速読法と違う点は、読書能力を向上させるだけでなく、「情報編集力」を高めるテクニックであることです。インプットした大量の情報の中から「本当に必要なもの」を選択するといったように、現代の情報化社会に不可欠な「情報編集能力」をスピードアップさせる画期的な方法です。

速読は単純に知識を集めるもの、試験の点数をあげるためのものです。一方、フォトリーディングにはそれに加え、「編集機能」があります。さまざまな知識を短時間で集め、自分の経験を軸に、自分流に編集し直し、解決策として提示させることが可能です。

もっとも重要な学びは、人との出会い

私は、「Read For Action（リードフォーアクション）」という、日本最大級の読書会の発起人を務めています。

「Read For Action」では、「人との出会い」を大切にしています。読書を、知識を得るための個人の経験に留めずに、「感想を分かち合ったり、仲間と一緒に読むことで内容をより深く理解したり、同じ問題意識を持つ仲間たちと解決方法を見つけ出す」ものとしてとらえています。人と人をつなげ、知を共有し、新しい時代を自分たちの手でつくっていくのが、「Read For Action」の目的です。

重要なのは、情報そのものではなく、出会いです。情報自体に価値があるのではなく、自分が興味深いと思った情報をきっかけに人と出会うことです。知識と経験を持った人同士が出会うからこそ、発想が生まれるのです。

私は、人が成長するには「本との出会い」「人との出会い」そして、「オーディオブックとの出会い」が必要であると考えています。

情報を入手しただけでは、変化を起こすことはできません。入手した情報に価値があると思ったら、情報の発信者（著者）に会いに行ってみる。もしくは、同じ情報に反応した人と出会

ってみる。そして意見を交わす。するとそこで、大きな成長があります。本はそのためのきっかけでしかありません。

ですから、本を大量に読むことが必要です。「大量に読む」とは、自分にとって本当に意味のある情報を探すことです。1、2冊本を読んだからといって、見つかるものではありません。自分の心にヒットする一文に出会うためには、自分の学習に対して、お金と時間を投資しなければなりません。多くの人は「勉強にお金を使うのは意味がない」と言います。しかし、学びに対してお金を使うことは、「自分のセルフイメージを向上させ、自分の器を大きくする」ためにもっとも有益な手段なのです。

働き方改革に騙されてはいけない

昨今、働き方改革の下で、長時間労働など、「長年日本企業の慣習となっていた課題を是正しようという動き」が加速しています。私は、

「働き方改革ほど、残酷な改革はない」

「働き方改革によって、格差が生まれる可能性がある」

と考えています。

なぜ、残酷なのか。なぜ、格差は生まれるのか。それは、残業が減ることで生じた「自分の時間」の使い方によって、成功するか否か、成長するか否かが決まるからです。自分の時間を「学び」に使う人と、「遊び」に使う人が同じ土俵の上で戦えば、勝敗は明らかです。

福澤諭吉は、「学びて富む、富みて学ぶ」という言葉を残していますが、この言葉の中にこそ、本質があります。

学びは富に直結しています。学びによって才能を開発すればするほど、富を生み出すことができるのです。

人生100年時代を生きる私たちにとって、学びは不可欠です。学びを止めず、一緒に輝かしい未来をつくっていきましょう。

仕事の教科書

夢・目標を実現し、最高の人生を送る方法

井上裕之

「最高の治療を提供する」をミッションに歯科医院を経営するかたわら、経営学や自己啓発についても学び、自ら実践してきました。この経験を踏まえて数々の書籍を執筆し、メンタルセラピストやコーチとしても活動しています。ここでは、「夢・目標を実現し、最高の人生を送る方法」として、すべての人が持つべきミッションの大切さと、そこからビジョンを持ち、どのように夢へと向かうステップを踏んでいくかをお伝えします。

HIROYUKI INOUE

医療法人社団いのうえ歯科医院理事長。歯学博士、経営学博士。国内外６大学で臨床教授、非常勤（客員）講師を務める。歯科医師として最高の治療を提供するために、ニューヨーク大学、ハーバード大学などで学び世界レベルの知識・技術を取得。自身が開業する歯科医院には、世界中から患者が訪れる。コーチ、セラピスト、経営コンサルタントとしても活躍。世界で初めてＪ・マーフィー・トラストよりグランドマスター称号を授与される。『自分で奇跡を起こす方法』（フォレスト出版）をはじめ、著書累計は130万部を突破している。

最高の人生を送るコツは原理・原則に従って生きること

自分の夢や目標を実現し、最高の人生を送るためにはどうしたらいいのでしょうか。

私自身、最高の人生を送りたいと考えてきました。そのために今まで世界中の成功プログラムを学び、多くの有名な方々のセミナーに参加していろいろな人と会い、たくさんの本も読んできました。こうしたセミナーに参加すると、しばしば「行動をしなさい」と言われます。

成功するには、行動が大切なのです。

しかし、多くの人は行動ができません。できたとしても、なかなか結果が出ていない。言われたことをやっているけれども結果が出ずに、疲弊していく人が大多数です。

理由は、緻密に物事を考えた上で行動をしていないからです。計画性もなくむやみに行動してもなかなかうまくいかないものです。計画的に行動するために重要なのは、物事の本質をしっかり見極めることです。ここでは、自分の夢や目標を実現し、最高の人生を送るために重要な本質についてお話ししていきます。

長期的に成功する人と、短期で消えていく人の違い

世の中には長期的にうまくいく人とうまくいっても短期で消えてしまう人がいます。

かつて、インターネット上で、成功の証（あかし）として、並べた大金の写真を見せて「こんなに稼いでいる」と言ったり、「自分は1億円稼いでいる」と豪語している人をよく見かけました。しかし、今となってはほとんどの人が消えています。大成功しても一時的であって、逆に多くのものを失い、自らギャップに苦しんでうつ病になっていく人もいます。

短期の成功で消えていってしまう人の共通点とは何か。それは、**「原理・原則をしっかり捉えず枝葉だけをやっている」「目先の情報で動かされている」ことです。**ほかの言い方をすれば、自分と向き合わないで行動しているのです。こうした人は、絶対にうまくいっていません。

有名な方々と仕事をしてきた編集者も同じことを言っていました。

書籍や雑誌の取材はとてもうまく行われています。長期的にうまくいかないと分かっている、派手で話題性のある人たちを、ある意味担いでいます。担いだ先に落ちたところのギャップも取り上げることによって2回の話題性を作り出しています。

うまくいってフォーカスされているときに、自分がどう見られているのかも知らず、**周囲に踊らされる人は、自分を俯瞰して見ることができず、痛い目に遭う**ことが多いのです。

私は、今50代ですが、30代の頃から成功に興味を持ち、ずっと成功者を見てきました。その中で分かったのは、**結果を出している人というのは、特別なことをやっているわけではなく、原理・原則をしっかり捉えそれに従って行動している**、ということです。

端的にいえば、判断基準になる普遍的な決まりに従って行動しているのです。

原理・原則を知ると本質が分かる

以前、ベストセラー作家や、プロの講演家に交じって講演会をする機会がありました。私はそこで、原理・原則についての話をしたのです。

ほかの登壇者もすごく有名な方ばかりですが、講演会終了後のアンケートには、私の話を聞いた上でいろいろな人を見たため、その人たちの見る目が変わった、正しく物事を評価することができた、自分の本質的な「見る力」を与えてくれた、ということが書かれていました。

やはり最終的には**自分たちの人生の中で大切なのは、本質なもの以外はない**ということではないでしょうか。

けれどもそこに**気づくまでに時間がかかり、寄り道することがほとんど**です。

私は、ニューヨーク大学のインプラントプログラムの代表をしていたことがあります。そこに学びに来ていた医師たちに「なんのために来ているのか」と聞くと、情報を集めに来ている、という人がほとんどでした。たしかに情報を集めることも必要です。

ただし、広く量を重視して集めた情報は、実際に役立たないものもあります。

医師であれば、自分の患者さんに対して本当に必要な情報だけがあれば十分です。

本質的な材料のひとつかふたつを上手に使いこなせることが非常に大切なのです。自分の実績がないうちに、たくさんの情報を得て、いろんな技術を使っていては、その情報や技術に対する評価もできません。

そこに気がついたので、私はインプラントをする上での決め事を作りました。

まずは世界で一番有名、かつスタンダードなインプラントの治療を最低1000本以上行うこと。それも自分の臨床評価を含め、自分が持っている本質的な知識や技術の原則に基づいてトライしてみる。それで、しっかりできるかを見極めた上で、手を広げていくことにしました。

情報を先にたくさん集めて、上手くいかないからといって次々といろんなインプラントを使うことはしませんでした。小手先のことで自分の技術を高めようとは思わなかったのです。

まず、**原則的なものをしっかり捉える力、見る力を鍛え、自分でその中で評価していく**ことが大切だと思ったからです。この決め事があったからこそ、歯科医師として、私自身の中での成功の道筋を立てることができたと、今では考えています。

過去の経験、打算、無知、常識、環境が行動を邪魔する五大要因

夢や目標を叶えるためには、まず、「人はなぜ行動できないのか」という理由を考える必要があります。行動できない理由を腑に落とすと、行動しやすくなります。**物事は「原因と結果の法則」に基づいており、すべての結果にはなんらかの原因があるのです。だから、まず自分のできない理由を明確化する**ことが大切です。行動のできない理由を5つ挙げていきます。

①過去の経験がブレーキになっている

過去の経験が人に与える影響はとても大きいものです。失敗した経験、否定された経験、自分が何かするときに抑制された経験は誰もが持つものでしょう。否定されてモチベーションが下がった、結果が出なかった、自分の能力不足だった……。どんな理由があったにせよ、**過去の痛みの経験は、記憶の貯蔵庫の中に潜在的に蓄積され、心のブレーキになります。**

過去の経験が自分の行動を抑制するのです。

過去の環境も影響を及ぼします。あまり行動をしない人と一緒に居続けたり、行動すると否定される環境にいると、その環境が潜在意識の中の記憶の貯蔵庫に溜まり、行動しても意味がないという考えが根づくのです。鎖で繋がれているゾウは、一度動けないと思ってしまうと、鎖を外しても動こうとしません。それは、環境によって意識づけられてしまうからです。

また、人の影響もあります。行動する友人がいなかったり、「行動しても意味がない」と言う人がいると、その人たちの影響を受け、行動をする機会が減ってしまいます。周囲に「行動をして結果を出している人」がいなかった、ということもあるかもしれません。

自分の中のすべての記憶は過去の経験、環境、人によって作られます。今行動ができないとしたら、**できない理由は過去にあり、過去の影響によってそうある**だけです。

逆にいえば、**環境が変われば世界が変わります。人の出会いが変われば世界が変わります。結果をもたらす人生を生きていれば、結果にこだわって行動するようになります。**

かつて、「慣れの怖さ」を強く感じた経験があります。中学時代のことです。

私は、小学生の頃から友人の父親に卓球を教わっていました。アジア選手権で3位になった実力のある方でした。その友人と二人で卓球に夢中になって、休みになると朝9時から夕方5

時くらいまでずっと練習をし、中学生や高校生と交じっての練習もさせてもらいました。

そうした環境もあって、中学生になると大会であっさりと優勝できました。しばらくトップの座についていましたが、調子に乗ってしまい、練習に手を抜くようになりました。すると負けるようになりました。最初に負けたときは茫然としましたが、「まっ、ベスト4でもいいかな」と思ってしまい、その後は、ベスト8、ベスト16の成績となり、負ける環境に慣れていきました。**そのとき、人は環境で作られる**ということに気づいたのです。

逆に環境は自分でも作れます。勝負事でも、ビジネスでも、なんでも、良い状況を作ってそこに身を置き、悪い状況に慣れないようにしなくてはいけません。下がるスピードはあっというまです。意識して上ろうとしないと、下がっていることに違和感さえなくなります。環境の影響が大きいことを覚えておきましょう。

②「よく思われたい」という打算がある

人は誰でも恥をかきたくないし、他人からはよく思われたいものです。そのため、「できないと恥ずかしい」という思いのために、行動をしないことがあります。**自分の意識の中で恥をかきたくない、よく思われたいという打算から、行動ができないのです。**

③無知である。プロセスが明確化されていない

無知とは知らないことです。人は知らないと不安になりますし、それは恐怖に繋がります。だから行動ができません。不安と恐怖がなければ行動できます。

多くの歯科医師が、1日で2件の手術をするのに対し、私は2日間で14〜17症例の手術を行います。メディカル会社の開発部の役員が手術を見学しに来ることもあります。あるとき、その役員の方にこう聞かれました。

「先生は何時間やっても手術のペースが変わりませんね。どうしてですか」

私は、「自分の中で手術に対する不安と恐怖がないからです」と答えました。私は、手術をすべてプロセスで考えています。切開・剝離、インプラントを入れる、骨がなければ骨を造る。神経麻痺が起きる箇所、触ると多量出血の元になる静脈などすべてを理解しておく。そして、それぞれのリスクに対する対応までを考えた上で手術を行う。手術の中で想定し得る問題を、自分の中ですべて考え、予期せぬ事故がないようにしているのです。

その上で、最悪の事態が起きたとき、たとえば患者さんの容態が急変したときには、手術を中断して救急車を呼び、どこの病院に搬送するかまでの手順を医院のプロトコル（約束事）と

して定めています。万一のときはその定めに沿って対処する。**このように、すべてをきちんと知り、想定されることや対応をプロセスとして明確化すると、不安はなくなります。人は、行動の先の結果が明確に分かっていれば、絶対に行動します。**行動しない理由は「明確ではない」ことにあるのです。

④常識にとらわれている

人と違うことは個性です。しかし、**なぜか「人と違うことをするのはいけないこと」という常識がつきまとい、行動を邪魔することがあります。**

これは、日本の義務教育の影響もあるでしょう。「みんなが一律に動く」という教育を受けると、知らず知らずのうちに「行動できない自分」が作られます。すると、社会で何かがあったとしても反応しなくなります。

常識は、ある意味、常識ではありません。

私はよく「80対20の法則」について話をします。組織の20%の人が、売り上げの大部分を占める、という経験則に基づく考え方です。パレートの法則ともいいます。

この考えによれば、常識というのは全体の80%の人の考え方で、残りの20%の非常識の人が

80%の人を制しています。そして、20%の中のさらに20%の精鋭、つまり全体の4%の人がしっかりと行動して結果を出すのです。この原則は普遍的なので、私たちはどうしたらその4%に入る自分になるかを考えていく必要があります。

⑤今ある環境を維持しようとしている

人は「現在の環境を維持したい」と考えます。自分と向き合うことなく、環境から与えられた思考の中で選択してきた結果が「今」です。そこが心地よいので、今を維持したいと思うのです。

だから、「今と違う環境を選び、現状を変えること」も、行動もできないままです。たとえ、現状に不満があったとしても我慢する人がほとんどです。なぜなら、行動した先に不安を抱くためです。未来は、その時点から作り上げることができるにもかかわらず、過去の自分が持っていたいろいろな要因が未来を不安と考えさせる。だから、今を脱出できません。その結果、現状に対する依存が生まれて、行動ができなくなります。

夢や目標を叶えるためには、これら、「行動しない」という5つの理由を自分の中で明確に捉えて向き合い、払拭（ふっしょく）することが必要です。

自己実現を果たすには「ミッション」が必要

自己実現をするには行動が必要です。その行動がなぜできないか、その理由を述べてきました。ここからは、自己実現するために必要なものについてお話ししていきます。

自己実現する上で必要なもの、それはミッションだと思います。

最初に「なぜミッションが重要なのか」についてお話しします。

私がミッションの重要性に気がついたのは、自己啓発の勉強を始めてかなり時間が経った後、ピーター・ドラッカーのセミナーと出合ったことがきっかけでした。私が39歳のときでした。ご存知の方も多いと思いますが、ドラッカーは、世界的に有名な経営学者です。

私は、自分の歯科医院を最高の病院にしたい、最高のマネジメントができる病院にしたいと思って、経営学を学び始め、ドラッカーについても勉強し始めたのです。

ミッションは自分のすべての行動に連動するべきである

ドラッカーは、経営者に送る「5つの質問」として、「われわれのミッションは何か」「われわれの顧客は誰か」「顧客にとっての価値は何か」「われわれにとっての成果は何か」「われわれの計画は何か」をあげています。ここで私は「ミッション」の真の意味を知りました。

ミッションとは、「自分はなんのために生きているのか」の答えで、「自分の価値・目的」でもあります。ドラッカーは、「われわれの事業は何であるべきか」をひたすら問い続けてミッションを明確にします。

そして、**ミッションはすべての自分の行動と連動していなければならないと言います。**

世界的に成功している企業では、ミッションを明確に打ち出しています。ミッションに対して企業が運営され、すべての社員に浸透し、連動されて仕事が動いています。

また、ドラッカーは**「ミッションの価値は正しい行動をもたらしてくれること」**であるとも言っています。ミッションがあるからこそ、それに従い、人は正しい行動ができるのです。

人材を集めるためにもミッションが必要

ミッションを立てるとさまざまなメリットがあります。

たとえば、人材を集めるときにも有効です。

ドラッカーについて学んでいるときに、京都のある工場を見学に行く機会がありました。そこはかつて、人材を募集しても、いわゆる不良だった人しか集まらない工場でした。しかし、いつしか有名大学の大学院卒の人も来るようになったといいます。

なぜこのようなことが起こったのでしょうか。それは、**経営者がミッションを明確に打ち出し、そのミッションに連動した社員教育を行った**からだそうです。

「5つの質問」を徹底し、**ミッションを明確にすることで、一流の人が共感し、集まってくる**のです。今では、誰が社長で誰が従業員だか分からないほど立派な社員ばかりです。その会社を見て、私は、ミッションの重要性を強く感じました。

当時、私は、理事長を務めているクリニックに良い人が集まらずに悩んでいました。きっと北海道の帯広という地方なので集まらないのだろうと思っていたのです。しかし、それからは考え方を変えて、経営においてミッションをものすごく重要視するようになりました。

それによって、集まる人材も大きく変わってきました。

ミッションは、一流の人との共通言語になる

ミッションを意識すると、一流の人に響く話ができます。

仮にあなたが経営者だとします。就職の面接に来た人が会社のミッションについて理解し、自分の将来のビジョンと重ねて入社を希望していたらどうでしょうか。すごいと思いませんか。

一流の人は一流の共通言語を好みます。相手の会社のミッションという共通言語にフォーカスした発言と行動は、やはりミッションを掲げる一流の人に響くのです。

私は、医療の世界で有名なある先生に「君、すごいな」とお褒めいただいたことがあります。その理由は、「スタティック」という言葉を使ったからです。これは、嚙み合わせにおいて、ブレないでパチンと止まった状態の理想の嚙み合わせを指します。「私は、多くの歯科医師と出会ったが、この言葉を使ったのは君だけだよ」とその先生は言いました。

私はほかの一流の先生に個人的にレクチャーを受けていたので、たまたま知っていただけなのです。ただ、その言葉は、一流と呼ばれる一部の人たちにとっては共通言語だったわけです。

同様に「ミッション」という言葉そのものが、一流の人の共通言語です。

たとえば、ある大企業の社長に、「君はどうやってモチベーションを上げているんだい？」と言われたとします。そのときに、「そりゃあ、もうロックですよ！　イエイ！」と言ったところで、相手にされないでしょう。

けれど、そこで、「自分の中で本質的に大事にしている○○というミッションがあり、そのミッションに立ち返るとモチベーションも上がります」と言えれば、「流石だな」と思われます。ミッションを持っていると、一流の人と話ができますし、自分のミッションをきちんと話すことができれば、一目置かれて応援もされるようになるでしょう。

ミッションを元に価値を体系化すると説得力が増す

多くのセミナーや本に触れたとしても、その勉強がミッションとビジョンと自分の目標にどのように結びつき、なぜ必要なのかが分かっていないと、本当の力にはなりません。

これは、会社の経営でも同様です。

たとえば、広告を出す場合、インターネットマーケティングも、新聞広告も雑誌もすべてやっているという会社があります。

それが自分の会社の価値を高めたり、目的を得るためにどんな風に繋がり価値となっているかを考えていないと、価値が分離していることになります。それをやるのは自己満足に過ぎず、無駄な労力であるとさえいえます。

私自身、価値の分離について反省したことがあります。

当時、私は、多くの医療の勉強会に参加していました。少しずつ「井上先生は優秀だ」と言われる機会も増え、自分でもその気になっていました。

そんなとき、大勢の前で発表する機会があり、自分が今まで学んできた資料が体系づけられていないことに気がつきました。当時の私は「何でも屋」だったのです。患者さんを治したいと思い、あれこれ技術を使って治療していましたが、結局は枝葉ばかりに手をかけていたのです。

現在は、自分のミッションに基づいて、治療のゴールに向けたプロセスもしっかり体系づけています。何か発表を頼まれた際にも、体系化した資料を出すことができます。

ミッションを元に価値を体系化すると説得力があります。

知識が豊富でも、技術を持っていても、それだけでは、決して形にはなりません。ミッション、ビジョン、目標さらに「何をすべきか」をひとつの形に体系づけることがとても重要なのです。

ミッションを作り モチベーションを上げよう

夢や目標を叶えるためには、ミッションを作り、モチベーションを上げることが必要だとお伝えしてきました。

繰り返しになりますが、ミッションを作るには、必ず**自分の価値、目的を明確にしましょう。**

私のセミナーに参加した方の多くは、自分の価値と目的が分かったときに、ものすごく行動ができるようになっています。ミッションなくしては、結果的には長く続かず、実行力が伴わず、モチベーションも上がりません。継続してずっと成し遂げる人たちが持つものがミッションなのです。

では、ミッションはどのようにして見つければいいのでしょうか。

ミッションを見つける方法

自分のミッションに近づくためには、自分の価値観を知ることが大切です。

自分の価値観を知る簡単な方法をお伝えします。長所と短所をそれぞれ5つ書き、自分の短所を長所に書き換えてみます。たとえば、「優柔不断」「おせっかい」が短所だとすれば、「柔軟性がある」「面倒見がいい」などのように換えます。すると、自分には長所も短所もないことに気がつきます。その後に、視点を広げて、好きなものについて書いていきます。こんな人やこんな仕事が好きとか、あるいは、場所、物、本、音楽、食べ物についても書き出します。

ここまでくると、素の自分であっても魅力があり、価値があることに気づきます。

自分の好きなものは、そのまま自分の価値観です。無意識のうちに人は価値観によって周りを構築しているのです。

もし、自分には価値がない、人が評価してくれないと思っているならば、その理由は使う場所を間違っているからです。的確な場所で使うことは、評価になります。

職場で「とろい」という評価を下されたとしても、長所に置き換えると「慎重」です。慎重に物事、作業を進めることができるのならば「とろい」という言い方は適切ではありません。実はそれは短所ではなくて価値があると捉えることができます。

自分を知り、自分の価値を知ることがミッションを見つける上での基本です。自分との対話を繰り返して、自分だけのミッションを定めましょう。

ミッションはできるだけ現実離れした理想を書きなさい

ミッションは長く書く必要はありません。

たとえばある薬屋さんのミッションは「患者さんのためになること」という一言だけです。しかし、これはとても素晴らしいミッションだと思います。私の医院に置き換えるとすると、何か材料を買うときに、「これは患者さんのためになること？」とスタッフに問うことができます。スタッフの行動を見て、「あなたの行動は患者さんのためになること？」と問うことができるし、注射を打つとき、患者さんのためになることとして、「患者さんに痛くない注射を考えている？」と問うこともできる。薬屋さんにとっても、ものすごく良いミッションであり、ひとつの共通言語になると思います。

ミッションを発展させるには、どこかに偏るのではなく、全体のバランスを捉えて、常に物事の選択と基準と行動を照らし合わせます。

世界的に有名なのがジョンソン・エンド・ジョンソンのミッションです。「顧客」「社員」「地域社会」「株主」という4つのステークホルダー（利害関係者）について考えられています。

自分のミッションであれば、初めのうちは完璧でなくてかまいません。初めのミッションを基準として、どんどん発展させていけばよいのです。ミッションが変化していくことは問題はありません。

大切なのは、**現実から離れた理想を書く**ことです。理想を描くと、私たちの脳はその理想を叶えるため、今まで捉えようとしていなかった情報を捉え、考えもしなかったことがどんどん起きてくるようになります。自分の価値観も踏まえて、自由に書いていきましょう。

ミッションは、かっこいいもの、きれいなものにしたくなりがちですが、モチベーションが上がらない、人に聞かれたときどうしよう、と思うのであれば、きれいな言葉である必要はありません。また、ミッションは公言しなくてもかまいません。ミッションは、自分の人生をより豊かにし、後悔しないために作るもの。人に自慢するものではないのです。

成功者はみんなミッションを持っている

ミッションは、そのまま自分の価値であり、自分の目的になります。つまり、本当にやりたいことが定まってくるのです。すると、モチベーションが上がり、行動できるようになります。

この世の中には2割の成功者の考え方と、8割の成功できない人の考え方が存在しています。2割の成功している人たちが共通して持っているのがミッションです。成功しない人たちは、ミッションを持たずに生きています。

ミッションを持つということは、自分の信念を持つことでもあります。そこに信念があるから、行動するようになるのです。ミッションは、強い思いがあり、自分の強みや好きなこと、関心事と一致している必要があります。

ミッションを考えるときは、誰かに貢献できるものであればさらに良いのですが、最初は、貢献についてはあまり考える必要はありません。まず、自分を満たすミッションから始めましょう。なぜかというと、自分が満たされると、必ず他人を満たそうと思うからです。

自分が満たされないうちに他人を満たそうと思っても、本気になるのは難しいものです。また、自分が満たされてない人から一生懸命貢献されても不安になってしまいます。だから、何よりもまず自分を満たすことが大切です。初めのうちは自分勝手でも、自分のことだけでもいいかもしれません。それを続けていくと、だんだん、人のためのミッションになってきます。

ミッションと結びついていない行動は必要ない

ミッションは、私たちにたくさんのエネルギーを与えてくれます。

ミッションがあるからこそ、自分の取るべき行動と明確な指針が明らかになります。そこから、具体的な理想と目標を持ち、自分がどう行動するのかが決まります。

しかし、目の前の環境に対して必要なことを目標に定めて淡々と行っただけでは、自分の人生を体系づけてひとつの形にすることはできません。

たった一度の人生を、最高の価値ある結果にするには、自分をミッションに結びつける以外のことはもう人生に必要ないというほど考える必要があります。そこまで考え抜いたミッションは、目標を示し、具体的に何をするかを教えてくれます。高い志があるからこそ、多くの人からの協力も得られます。

ミッションを本当に理解できると、人生は楽しくてやりがいがある、と思えるようになります。このように解放された、世界の大切な考え方の根底を知ることで、人生は変わります。ミッションなくして人生はありません。

理想を描いた、自分の「ビジョン」を持つと、目標が簡単にクリアできる

ビジョンは、ミッションと同様に大切です。

ビジョンとは理想に描いた自分の姿、なりたい姿を持つことです。自分の理想が決まると、自分の中で「どのように達成するのか」、その方法について、常に探すようになります。

ビジョンを持っていると、目標は簡単にクリアできるようになるのです。

ビジョンを思い描く方法

ビジョンを思い描くには、視野の広い情報を自分の中で取り入れて経験する必要があります。

私は北海道の帯広で生まれ育ちました。

あるとき、このまま限られた環境や情報の中で暮らしていても、本当の意味の理想を描くことができないと気がつきました。自分の目標レベルも小さなままで、気づいてみたら自分の人

生自体がとても小さな世界で終わってしまうのではないか、と思ったのです。

もし、そのような考えに至らなかったとすれば、きっと、地元の学校を出て、地元で就職して、地元で結婚して、ときどき東京ディズニーランドに遊びに行く、という人生を送っていたかもしれません。地元には、親から教えられて、疑いもなくそういう人生を送っている知り合いもいます。それも、人生の選択のひとつでしょう。ただ、少しもったいない気がします。

もっと外に出て世界を見ることもできるのではないかと思うのです。しかし、そう考えるには、ビジョンが必要です。

今の私は、必要な情報をいかに得るか、行動をして体験するか、を大切にしています。今までは医療と自己啓発について学んできました。世界中を旅行し、一流のものに触れ、自分で体験する学びに時間を使ってきました。デスクワークだけが勉強ではありません。

自分でこつこつとがんばり、ひとつひとつ高みを目指して、いろいろな世界を知ることで、自分のビジョン、理想というものをより高くしてきました。そうすると、叶えたい目標もどんどん生まれてくるのです。

ビジョンがあると、目標に向かって行動できる

ビジョンがあると、目標を叶えるための具体的な手段や方法を考えるようになります。

たとえば、私は日頃の診療で、「患者さんを理想的に治す」というビジョンを持つようにしています。知識や技術があれば、患者さんに良い医療を提供できます。現状の医療や自分の知識だけでは難しくても、世界に目を向けると、協力者がいるかもしれません。

より良い治療を提供するには、「自分はどんなところに学びに行ったらいいのか」を考えるなど、自分の知識や技術を高めるきっかけになります。

現状の自分の範囲で捉えると、そこでの競争意識と満足で終わってしまいます。

それでは本当の意味のエネルギーというのは湧いてきません。

ビジョンがあるからこそ一流の人になれるのであって、ビジョンがなければ一流の世界に気づくことなく、当然、一流にもなれません。

私は、今まで自分が経験してきたことをまとめて、何十冊もの書籍を出してきました。でも、「もっともっと本を出したい」と純粋に思っています。

なぜかというと、誰かの力になり、社会からとても喜んでもらえるからです。本を読んだ方

からは、たくさんのお手紙をいただきました。刑務所に入っている人や自殺しようとしていた人からもいただくことがあります。それがとても嬉しいのです。書いた本がたくさん売れるかどうかを考える前に、楽しいとか、「want to」の気持ちを持つことができます。

自分が、「本当に楽しい」「やりたい」と思うものでなければモチベーションは上がりません。

モチベーションを高めるために必要なのは、自分の中で何かをやらなければいけない、という義務ではなくて、「やりたい」という情熱です。

たとえ自分が決めたことであっても、それをしなければならないこと（＝have to）と捉えてしまうと、情熱は湧いてこないのです。ですから、そういうものをぜひ見つけて欲しいです。

スターバックスの元ＣＥＯの岩田松雄さんも、「好きなことであってそして得意なことでミッションを探しなさい、そして人のためになることで探しなさい」と言っています。

得意なことは継続できるし、好きなことは情熱が湧いてくるから、まずはその要素から考えることが必要です。

自分のミッションやビジョンは何かを考え、それらを達成したときの自分の姿を思い描きましょう。

潜在意識について

目標を叶えるために重要なのが「潜在意識」です。成功者は必ずミッションを持ち、潜在意識を活用しています。ナポレオン・ヒルやジョセフ・マーフィー、稲盛和夫さんや松下幸之助さんも潜在意識が大切だと言っていますし、ほかにも多くの成功者が潜在意識の力を使っているのです。

潜在意識はエネルギーであり、記憶の貯蔵庫です。そして、**何より「不可能がない」ことが特徴**です。潜在意識は情報をふるいにかけることができません。そのため、何かを思い描くだけで、それを事実とみなし、引き寄せの法則を働かせるのです。

記憶の貯蔵庫

まず潜在意識の、「記憶の貯蔵庫」について説明します。

ミッションとビジョンと目標に対して必要なことを考え、ピックアップすると、潜在意識にある「記憶の貯蔵庫」に自然に溜め込まれていきます。

私であれば、「世界でも一流の歯科医師になりたい」という目標に対して、どんな歯科医師になりたいのかを明確にして、勉強をしていきます。勉強をして知識が増えていくと、先に記憶の貯蔵庫に入れた目標は、無意識にその後の行動を選択していきます。

成功者も同じです。彼らも、目標に関わることをまずは自分の中にある「知識の貯蔵庫」の中に入れていきます。そこから無意識の選択と行動を繰り返して、目標に到達しています。

ここで重要なのは、**情報の本質を読むこと**です。たとえば、「眠りながら思い描いたことが叶った」という書籍のコピーを目にしますが、現実にはあり得ません。取り入れた情報をそのまま鵜呑(うの)みにして、真似て発信するだけでは、情報に洗脳されたことになりますし、自分の潜在意識がその情報に司(つかさど)られてしまいます。

情報を手に入れたら自分のミッションとビジョンの価値観と照らし合わせて、自分の言葉で発信します。そこでようやく、情報が自分のミッション、ビジョン、目標に対して価値あるものとして活(い)かされます。

目標とする人を真似る「モデリング」という方法がありますが、度を越して**人の真似ばかり**

していると、その人の人生のコピーペーストでただ生きているだけになってしまいます。

情報は、常に自分が大切にしている価値観をベースにして、自分の頭で考える癖をつける必要があるのです。

潜在意識を活性化する「21日間プログラム」

潜在意識を活性化するためには、小さな成功体験を積み重ねることが有効です。そのためには、**21日間で達成する目標を決め、やり続けることで自信をつける『21日間プログラム』**がおすすめです。なぜ、21日間かというと、習慣は21日間で定着するといわれているからです。

先日、私の病院のスタッフが次のように相談してきました。

「ある問題を起こしたのですが、その原因は自分の習慣にあることに気がつきました。習慣を変える方法について教えてください」

そこで私が提案したのが、21日間プログラムでした。習慣を変えるためには、自分が今まで蓄積してきたことを変える必要があるからです。

そのスタッフには、最初の21日間に『朝礼をするときに誰よりも大きな声で挨拶する』という目標を、そのあとの21日間は『朝礼のとき、ミッションをみんなの前で大きな声で言う』という目標を立てるよう提案しました。

続けることで自信が湧いてきます。このようなことを積み重ねると、人生はいくらでも変わるのです。**社会に出てから大切なのは学歴ではなく、どういう考え方を持つか**です。この最高の叡智を10代や20歳の早い時期から見つけると、それはその人の常識となり、人生を変えていきます。スタッフには、「最高の叡智を身につけながら一緒に仕事していこう」という話もしています。そのスタッフは、もちろん実行しています。

潜在意識の活性化のために大切なことは、このほかにも3つあります。

言葉を磨くことも大切です。磨かれた言葉で、自分の上質なエネルギーを発信すると、良いものが引き寄せられます。言葉を使うとモチベーションを維持し、行動もできるのです。

また、**イメージすること**も重要です。頭の中で思い描けたことは実現できます。情報が大切なのは、このイメージに関わるからです。自分の記憶の貯蔵庫に情報があってこそイメージ化ができるのです。潜在意識に不可能はありません。イメージできるだけで、達成に近づきます。

加えて、**質問**も大切です。**上質な質問は上質な人生を生みます。**

私は、よくスタッフに「あなたの質問レベルがあなたの人生を決める」と伝えています。自分より優れた人がいたら「なぜそうなったのか？」と質問をし、上質な答えをもらいましょう。その答えはもちろん、潜在意識の中に刻み込まれていきます。

自己実現のために絶対に必要なのは「バランス」と「自然の法則」

Apple創業者として世界を変えた、スティーブ・ジョブズの「最後の言葉」を読んだことはありますか。

彼は亡くなる前に「経済的なものも社会的なものも全部手にしたけれども、読んでいない書がある。それは健康の書だった」といった内容の言葉を残したといわれます。

革新的な製品を作り、多くのことを成し遂げてきたジョブズであっても、「健康」への認識が足りなかったことを後悔しています。また、ジョブズは、人間関係についても、本当に愛に満たされた人と関わることが重要だと考えていました。

多くの成功者は何かを成し遂げると同時に、何かを失い、損なっています。そして、愛に満たされないまま仕事で成功している人もいる。

私は、それでは、真の成功といえないのではないかと考えています。

仕事、お金、人間関係、健康のバランスを意識する

私は、**夢や目標を叶えるためには、バランスが大事だと感じます。人生のすべてを見通して、仕事、お金、人間関係、健康に関して、それぞれバランスよくミッションとビジョンを持つことが必要**なのです。

なぜならば、すべてが整っていると、モチベーションが落ちることがないからです。

成功していても、家族とうまくいっていないと、モチベーションは落ちます。成功していても、健康でなければ、モチベーションは落ちます。好きな仕事をしていても、経済的に満たされていなければ、モチベーションは落ちます。

何かを損なうこと自体がモチベーションを下げる要因になるのです。

そもそも、何かを損なっているのであれば、真の成功とはいえないのではないでしょうか。

しかし、なぜか、世の中では次のようなことが常識のように語られています。

何かに突出するためには、ひとつふたつできないことがあっても仕方がない。失うものがあっても当然だと。

私は、そうは思いませんし、自己実現で大切なことは、ミッション、ビジョン、目標を持っ

たまま、バランスを保つことだと考えています。

では、バランスを保つにはどうすればよいか。

まず、理想を持つことです。理想がないと、何かを損なっていたとしても、自分のできる範囲内で収まることでよしとします。すると、結果的にはモチベーションも下がり、同時に損なった負のものが引き寄せられてくるので、がんばっていても足をすくわれるようになるのです。

もうひとつは、常にバランスが取れているかチェックすることです。

自分のミッションやビジョンに向かって進む中でも、立ち止まって総合的なバランスを確認するのです。 自分は仕事に集中しているけれども、経済的な側面は損なっていないか、ということを定期的に振り返る必要がある。それによってバランスは保たれます。

迷ったときは自然に立ち返る

人の体では、ビタミンCを過剰摂取した場合、余分なビタミンCは吸収されずに排出されてしまいます。このような自然の法則は、人生の考え方にも通じるところがあります。

私は迷ったときに、自然は何を受け入れてくれ、何を受け入れてくれないのだろうかという視点で、物事を考えるようにしています。

歯の診療で、インプラント本数を減らすための方法はいくつもあります。たとえば、インプラントを斜めに入れるようなことです。

でも、考えてみると、家を建てるとしたら柱がたくさんあった方が安定感があり良いわけです。柱の数を減らせば、その分、少ない柱に過重がかかるし壊れやすくなります。インプラントも、「数を減らしてまで、斜めに打つ必要はない」という結論に行きつくことができます。

自然の法則で考えていくと、迷うことなどありません。やるべきことも自然に見えてきます。本質から逃げたときには、逃げた結果しか生まれません。

人生について考えるときも同様です。常に、**本質に立ち返りながら見ていけば、迷うことはなく、答えがある**のです。

自分のミッションやビジョン、本質的な考え方を身につけて、自然の法則、原則に従って成長した先に、繋がりができます。それは皆さんの創造性をさらに豊かにします。

夢を叶えるための「計画」の作り方

夢や目標を達成するために大切なのが「実行力」です。一般的には、行動が結果を生むといわれていますが、結果を手に入れるために必要なのは、計画に基づいた行動です。リスクについて考えず、ただ行動をするだけでは何も結果を生みません。その土台となるのが、計画なのです。**ミッション、ビジョン、目標に対して連動した形の目標と、それに対する計画を考えることが必要**なのです。

ここでは、計画の作り方についてお話ししていきます。

実行力に繋がる計画の作り方

最初に、仕事、お金、人間関係、健康に対する目標を考えます。これらについて、すぐに考えられない場合は、バランスが悪い可能性があります。人生のどこかで後悔する可能性も高いので、考えられなかった分野については、ここでしっかりと考えておきましょう。

次に、「自分の目標はミッションと連動しているか」について考えます。その後、計画を達成するための期限を定めます。いつまでに達成したいのかです。評価して道を改善していきます。その後に、「誰が、いつ、どこで、何を、どうする、なぜ？　いくら？」という5W2Hについても考えます。

ひとりだと達成するのが難しい目標の場合は、パートナーを探すことも視野に入れましょう。「誰と協力するとその目標を達成できるのか」を考えるのです。

自分に立ち返りながら冷静に、何をすべきかを考えるためのプラン作りは大切です。

計画は未来にフォーカスする

ここまで計画を立てても、頓挫してしまうこともあります。その理由は、**過去について考え参考にしてしまうから**です。それよりも自分のやりたい計画を練った方が達成率は高くなります。今の自分のやりたいことに対して何が必要かを考え、環境を整える考え方ができるからです。**過去に縛られると思い切った計画を立てられず、モチベーションも上がりません。**

実際に、「多くの事業計画の立て方の失敗は、過去を参考にし過ぎたことにある」と語る経営者も存在します。成功している人は、達成したいことは何かを考え、計画を緻密に立て、行動プロセスを明確にしているから、成功するのです。

本当に達成したいことに対しては自分の環境変化、社会的な環境変化も踏まえたリスクも考えます。ビジネスであれば、内部環境変化と外部環境変化を想定して不測の事態に備えます。本当にやりたいことであれば、そこまで考えます。

繰り返しになりますが、本当にやりたいことでないと、人は行動せず、情熱も下がります。今の自分の価値観に対しての計画を立てることがとても重要です。

PDCAで計画を実行する

続いて、計画を立てた後、行動をするために必要なことを見ていきます。

最も重要なのが、**行動を明確化する**ことです。できるだけ**シンプルに物事を考える**ことも大切です。なぜなら、複雑なことを考えても、使えないからです。

人生の中で計画を実行するためにはPDCAの活用がおすすめです。

- P……「Plan」　・D……「Do」
- C……「Check」　・A……「Act」、「Action」

ＰＤＣＡのうち、「Ｐ」と「Ｄ」が「実行力」に当たります。すなわち、「計画に基づいた行動をしよう」というところです。

その上で、「Ｃ」の「Check」として、自分と向き合って確認していきます。この「Ｃ」で分からないことを勉強することもあるので、「study」の「Ｓ」であるともいえます。自分ひとりでは解決できない場合には、ここで、周りの見識者に相談をしていくこともできます。

最後に、「Ａ」で改善、是正を行います。ひたすらこの流れを繰り返していきます。

計画、行動を実現に向けていくために必要な考え方は、ＰＤＣＡひとつだけで十分です。できない理由はありません。もし、できないならば結果に対しての原因を追求しておらず、改善、是正をしていないことが理由です。

このほかにも、問題が起きた場合、その理由をＰＤＣＡで考えることができます。ただし、**ＰＤＣＡだけでは、問題の部分的なことを捉えるだけにとどまり、本質的な理由まで迫ることはありません。**問題のほとんどは、ミッションに対しての認識不足が原因で、計画、行動を損なっているからです。だから、ここでもミッションに立ち返ることが重要です。

私自身も、病院でミッションを紙に書き、スタッフに読んでもらっています。そしてＰＤＣＡで落とし込みます。何度も計画を立てて改善、是正を続け、今度いつ「Check」していくかを考えます。このようにすると、行動を続ける、モチベーションを保つことは簡単です。

後悔しない人生を送るために

ミッションを作り、何が一番大切かという考え方に基づいて生きることは、たった一度の人生を絶対に後悔しないための人生のプロセスです。ミッションを持ち、ものごとの本質を捉える目を持つと、世の中の見方が変わります。

その行動はただの行動なのか、計画に基づいた実行なのか。この人は自分の人生のバランスを考えているのか。ミッションが連動し、意味を持たせてここに来ているのだろうか。

すべてにおいてこの視点を持つと、どうやって改善、是正をしているのか、というのも見えてきます。また、本当の成功者の考え方も分かってくるでしょう。彼らは、生き方・考え方についてはとてもシビアに捉えています。何かに卓越しているから、何かを損なってもいいという考えをしていないのです。

今までお伝えしてきたのは人生の本質です。これがずっと変わらぬ価値として多くの方の中に残り、本物の本や講師、本物の世界に巡りあったとき、ふと思い出してもらえると嬉しいです。

仕事の教科書

自分を知る魔法の質問

マツダミヒロ

本章では自分を知る質問というテーマでお伝えします。より自分のことを知ることで、より自分らしく生きる、より自分らしい働き方、仕事をすることに役立ててください。そして、本章には質問をちりばめていますので、本を読むというインプットだけではなくて、書いてみるというアウトプットも行いながら進めてください。質問は頭の中で答えるだけでなく、実際に書いたり話したりすることで、より真実の答えへ近づいていきます。

MIHIRO MATSUDA

「魔法の質問」主宰。質問家。ライフトラベラー。時間と場所にとらわれないビジネススタイルで世界を旅しながら、各国で「自分らしく生きる」講演・セミナー活動を行う。『賢人たちからの運命を変える質問』(かんき出版)ほか著書は国内外で35冊を超える。1年のうち300日は海外に滞在。カウンセリングやコーチングの理論をベースに、自分自身と人に日々問いかけるプロセスを集約し、独自のメソッドを開発。質問するだけで、魔法にかかったようにやる気と能力が引き出され、行動が起こせるようになることから、「魔法の質問」と名づける。

はじめに

今、あなたは何を感じていますか？

もしかしたら、仕事で問題を抱えていたり、人間関係で悩んでいたり、漠然とした将来に対する不安を感じていたりするかもしれません。ぼくも以前は、同じような悩みを抱えていました。けれど、〝あること〟をするようになってから人生が大きく変わりました。仕事も人間関係もお金も自分が思い描いた以上にうまく回り始めました。

ぼくがした〝あること〟は、とてもシンプルなことです。それは自分自身に魔法の質問を問いかけること。これを「自分を知る魔法の質問」と呼ぶことにします。

より自分のことを知ることで、より自分らしく生きることができるようになります。

より自分のことを知ることで、より自分らしい働き方ができるようになります。

自分を知るためには、自分の答えが何かに気づく必要があり、自分の答えを見つけるためには、質問が重要になってきます。ぼくの章では、人生が変わる「自分を知る魔法の質問」をいくつかあなたに投げかけていきたいと思います。質問を通して、自分の中にある自分の答えを発見することをぜひ意識してみてください。リラックスして、楽しみながら答えてもらえたらと思います。

それでは、最初の質問です。

「この章を読み終えたとき、どうなっていたら最高ですか？」

この質問の答えを書いてから次のページに進んでみてください。答えは紙に書くとより効果的です。頭の中でなんとなく考えるよりも、実際に答えを書き込んでみましょう。

答え

今書かれたあなたの答えを頭の片隅に置きながら、この先を読み進めてください。

魔法の質問のルール

「魔法の質問」という言葉を初めて聞く方もいるかもしれません。

「魔法の質問」とは、答えるだけで魔法にかかったように変化をする質問のことです。

自分が聞きたい疑問や尋問ではなく、相手のためになる「質問」のことを言います。魔法の質問に答えていく時には、とてもシンプルでパワフルなルールがあります。

1つ目のルールは、「どんな答えもすべて正解」です。

あなたから出てきた答えはすべて正解なので、どんな答えでも書いていただいて大丈夫です。この本に書かれている質問は、クイズでもなくテストでもありません。「自分を知る」ための質問なので、当たり外れはないのです。あなたの答えがすべて正解になります。

2つ目のルールは、「答えは出なくても正解」です。

質問が苦手という方は、きっと質問されたら答えなければいけないと思っていることでしょう。

答えが出なかったからダメだとかよくないとか思わず、答えが出なくても正解だと受け止めてください。

改めてお伝えしますが、答えは紙に書くと効果的です。さらに、可能であれば書いた答えを誰かに伝えるということをしてみてください。

なぜ、伝え合うことが重要かというと、書いた答えを改めて自分で発することによって、自分の考えに気づくことができるからです。自分の答えと認識することができるのです。

質問する、答えを書く、伝える（シェアする）ということの流れを意識してみてください。

自分を知る前と後

自分らしく生きている今

自己紹介が遅れましたが、ぼくの職業は「質問家」です。企業に訪問して経営者や管理職の方に質問を投げかければ、その会社は業績がどんどん伸びるようになり、人生で悩んでいる人たちに質問をすれば、その人達は自分らしい人生を歩んでいくようになります。

以前は、お金をもらわないとやっていられない仕事が多かったのですが、最近ではお金をもらわなくてもやりたい仕事ばかりです。実際、活動の半分くらいはボランティアのようなもの。今、仮に死んだとしても後悔のない生き方と働き方をしています。そういう意味では「自分らしく生きている」といえます。

作りたいと思うものがあったら作り、伝えたいもの書きたいものがあれば本を書き、行きたいと思う場所があれば行って、会いたいと思う人がいたら会いに行く。毎日、自分にとても正直な暮らしをしています。

昔に比べれば、自分をよく知ることができて、自分の答えを素直に受け止めて、そのまま行動しているというのが今のライフスタイルとビジネススタイルです。

けれども、ここに来るまでに数年かかりました。自分の答えを見つけていくことにとても時間がかかったのです。そんな過程でどんな質問を自身に投げかけてきたのか？　その質問をここでお伝えしていきます。

有名になりたかった、大きくなりたかった昔

自分のことをよく知る以前は、自分らしく生きていなかったし、自分のことがよくわかっていませんでした。その時のエピソードを紹介したいと思います。

ぼくは山形の芸術系の大学を出て、すぐデザイン事務所をつくりました。

大学で学んだデザインを仕事にしたいと思ったからです。

その頃は、とにかく有名になりたい、影響力を持ちたいと思っていました。

当時はなぜ有名になりたいのか、というその理由がまったく見えてなかったので、漠然と有名になりたいと思っていました。そこで、山形県で他の人が誰もやったことがない、新しいこ

とをどんどんやりました。

１９９６年、まだGoogleもなくYahoo! JAPANもリリースされたばかりの頃、多くの会社がインターネットを使っていませんでした。そんな中、ぼくは大学の図書館でずっとインターネットに触れていて、これは面白いと独自に学び始めていたのです。

まずは、実家の寿司屋のＷＥＢを作ったりして遊んでいましたが、間もなくそれを仕事にするようになりました。すると、他にライバルがいないので依頼は絶えず、新聞に載ったり、テレビに出るようになりました。

その後も学生と一緒にアートで街を埋めるポストカード事業を行ったり、携帯で飲食店の口コミを投稿できる仕組みを作ったりしていく中で、毎月のようにテレビや新聞に掲載されていました。

もっと有名になりたいと活動し、メディアに取り上げてもらえるコツをつかんでいきました。ただ、この頃はあまり気づいてはいなかったのですが、ビジネスの本質とはどんどんずれていったのです。

有名になりたい、目立ちたいという想いと同時に、大きくしたいという想いもありました。

会社は売り上げが大きい方が素晴らしい、従業員が多い方が偉いと思っていたのです。

当時は、他の経営者の方もみんなこのような価値観でした。だから、〝もっともっと大きくしなきゃ〟という想いが強くありました。

会社の上場プランを真剣に練って、銀行などさまざまなところにプレゼンに行っていました。今振り返ってみると、どう考えてもあのビジネスプランじゃ無理だろうと思うようなものでしたが、会社を大きくしたい一心での行動でした。そのときの自分に今となっては、「本当に?」という問いを投げかけてあげたいと心から思います。

本当にそれをしたいの?

ぼくは有名になりたかったり、上場がしたかったわけではなく、今となって思えば、何かに誰かに認めて欲しかったのだと思います。

というのも、ぼくは小さい頃は目立たない子どもでした。小中学校時代は足も速くないし、成績もよくもなければ悪くもないといった、どれをとっても〝普通〟の子どもでした。そのため、自分自身の存在意義や存在価値がなかなか見出せませんでした。誰からも、「すごいね」とか「偉いね」とか「よくやってるね」と褒められることがなかったからです。

ぼくが大学を卒業した当時は、大卒ですぐに起業する人はほとんどいませんでした。みんなが就職活動をして、どこかの会社に入るというのが一般的でした。そのため、たまたま注目されて取材を受けたぼくは、雑誌に掲載されたことがきっかけで、それに味をしめたのかもしれません。自分が認められてると勘違いしたのです。

その結果、ぼくが認められるためには、もっともっと注目を集め続けなければという想いに駆られました。そこからは、先ほども書いた通り、メディアの注目を集めるために新しいことをどんどんやっていきました。

でも、本当の自分はどうだったのか？

実際、ぼくはどう考えてもテレビ向きではありません。テレビに出てもたいして面白いことは言えないし、ひときわ目を引くような個性の持ち主でもありません。今では、自分のことをよく知っているので、テレビ出演はお断りさせてもらっています。

有名になりたいとか大きくなりたいというのは、本質的な欲求として自分の中にはなかったんです。それなのに、自分が持っていた〝認められたい〟という欲求を満たすカタチのひとつとして、活動していたという過去がありました。

自分を知って周りを知る

自分を知らなくて失敗していた経験は他にもあります。

ぼくは、新しいものが大好きです。

昔から新しいものはすぐに自分で試して、それを誰かと分かち合って、紹介するということをしていました。

例えば、地元ではまだ誰もやっていなかったのですが、コンピューターグラフィックスを取り入れたテレビコマーシャルを制作しました。その他にも、ｉモードが出たら、「これからはモバイルだ！」と携帯のホームページを作る仕事もしました。けれど、ことごとく失敗しました。

なぜなら、早すぎて、誰もお客様がついてこなかったからです。

ホームページなんて見たこともない人に、「これからはインターネットの時代です！」と言っても、「そんなもの誰も見ないよ」と言われました。

「これからは日記の時代だ！　インターネットで日記を公開する時代が来るはずだ！」と意気込んでプレゼンしても、銀行の人や投資家の人からは「そんな人の日記を公開するバカがいるか」と言われる時代だったのです。

のちに「ブログ」というものが流行り出したのですが、当時は早すぎてユーザーが増えず、ぼくに残ったのは借金だけでした。

自分を知るとはどういうことかというと、自分を知って、周りを知るということです。自分だけを見すぎて周りのことを知らなかったぼくは、全部タイミングが早すぎて失敗しました。

何千万も借金して気づいたのは、2〜3年遅らせればいいんだということです。

面白いものや新しいものを見つけたら、2〜3年待つとちょうどいいタイミングでみんなの興味や関心が高まってくるということがわかりました。

このように自分を知ると、ネガティブな思いや経験をすることなく、無駄なエネルギーを使わなくて済むようになりました。今思えば、もっともっと早く自分のことを知っていれば、後悔することが少なくて済んだだろうなと感じています。

なぜ、自分を知ることが大事か？

自分を知るためのツール

なぜ、自分を知ることが大事か？というと、自分を知ることが仕事も人生もうまくいくための最も近道だからです。

では、自分のことをよく知ってるのは誰かというと、それはやっぱり自分自身です。けれど、同時に、一番わかっているようでわからないのも自分自身です。

どうやったら自分を知ることができるのか？　それを知るためには、必要な道具があります。

それが質問なのです。質問は、自分を知るためのツールなのです。

なぜ、質問？

自分にどのような質問をするか？　そして、自分の答えを導き出すかということがとても重要です。だからこそ、ぼくは質問をずっと研究し続けているのだと思います。

どうしても、質問というと誰かに質問するというイメージがあると思うのですが、ぼくにとってはそれはおまけでしかありません。一番重要なのは、自分自身にどんな問いかけをするかです。自分自身にいい問いかけができれば、最高の答えが出てくるので、それだけで自分らしい働き方や自分らしい人生を見つけることができるのです。

ぼくが思う質問の大事な役割は、自分の中の「無意識を意識化する」ことができるという点です。先ほど、自分のことは自分が一番知っていると書きましたが、自分の中にある答えは曖昧なまま存在しています。

自分の中にある曖昧な状態の答えを明確にする、つまり無意識にあるものを意識化するにはどうすればいいかというと、やはり質問なのです。曖昧な質問には、曖昧な答えが出てくるのですが明確な質問には明確な答えが返ってきます。質問になんとなく答えるのではなく、質問されたら答えを〝書く〟ということがすごく重要です。さらに、それを伝え合うことでより無意識を意識化することができます。

これから、さまざまな角度から自分を知るための質問を問いかけていきます。これらの質問に答えれば答えるほど、自分のことを知ることができます。きっと、あなたの次の一歩が見えてくると思います。自分を再発見するような気持ちで、ぜひ取り組んでみてください

自分を知るための質問

あなたが今までで一番時間をかけたものは何ですか？

まずは、過去の経験から自分を知るということをやっていきたいと思います。

次の質問に答えてみてください。

Q　あなたが今までで一番時間をかけたものは何ですか？

〝一番〟という言葉が入っているので、〝最も〟な事柄ひとつに絞ってみてください。

答え

ちなみに、ぼくの答えはゲームです。

子どもの頃、任天堂のファミリーコンピュータを発売と同時に買ってもらったのですが、それからずっとゲーム三昧（ざんまい）の日々でした。

新しいゲーム機が発売されると全部買っていました。部屋にテレビを4台並べて、それぞれのテレビにゲーム機をつなげて同時にやっていました。そのくらいゲームが大好きでした。

この質問の答えはこの後また活用するので、あなたの答えは大事にメモしておいてください。

あなたが今までで一番お金をかけたものは何ですか？

過去の経験から自分を知る、2つ目の質問です。

Q　あなたが今までで一番お金をかけたものは何ですか？

今度は「時間」ではなくて「お金」です。この質問の答えは何でしょうか？

答え

ぼくが今までで一番お金をかけたものは、移動です。

飛行機代や新幹線代、宿泊費などです。

ぼくの場合、時間をかけたものがゲームで、お金をかけたものが移動でした。あなたも2つの答えが出てきたかと思います。

実は、この2つの答えを掛け合わせたものが自分の〝強み〟になります。表面的には見えてこないかもしれませんが、その答えの奥にあるものが自分にしかできないことなのです。

例えば、ずっと会社勤めをしてきた人が、「そうだ！ ラーメン屋をやろう」と思ってもすぐにラーメン屋はできないですよね。けれど、ラーメンが大好きで、ずっと趣味でオリジナルのラーメンを作ったり、研究したり、お金も時間もラーメンにかけていた人がラーメン屋を開くというのは、自然な流れですよね。

何かをやろうと思ったとき、突然始めてもうまくいきにくくて、実はこれから何かを始めるために重要なヒントは過去にあるのです。

自分はすでに知っているのです。それを見つける切り口となるのが「時間」と「お金」です。

過去からのギフト

それでは、どんなふうに自分の強みを紐解いていったらよいか、例をあげてみたいと思います。ぼくの場合は時間をかけたものは、ゲームでした。そこで、「ゲームって何が面白いんだろう？」ということを考えてみます。

ぼくにとってゲームは、説明書に書いてないことが起こるのが面白かったのです。知っている人しかできない裏技や発見があるとかが面白かったり、自分が成長していく過程が面白いと感じていました。ぼくはこれを経験値的に体感しているので、よくわかっていたわけです。

では、それを「自分のビジネスに生かしたらどうなるか？」そう考えたときに、出てきたアイデアがありました。細かく説明をするのをやめようと思ったんです。

もう少し具体的に話をしていきます。

例えば、ゲームをやってると必ずマニアックな人が出てくるのです。

マニアックな人はいろいろなことを知っています。周りの人は、その人から「へぇ〜そうなんだ」と聞くのが面白いし、マニアックな人は教えるのが楽しいのです。

これをビジネスに置き換えてみると、ぼくがやっている魔法の質問には、それが一体どんなサービスなのかがわかる内容一覧がないのです。知っている人しか知らないわけです。そうすると、その中でマニアックな人が出てきて、「これがこうで、こういうサービスがあって、こんなことができるのよ！」って言いたくなるわけです。周りの人は「へぇ〜そうなんだ！」って楽しむわけです。こんなふうに、細かい説明がないと、人は言いたくなるし、聞きたくなります。これがゲームの要素をビジネスに取り入れた一例です。

もうひとつ例をあげると、ゲームは主人公が成長していく姿がすごく楽しいのです。そこで、ぼくの講座でもこれをマスターすると、次にこんなことができるようになるといった、成長を感じられる要素を入れています。また、新たにこういうアイテムがあると、より自由に自分のビジネスに生かすことができ、それが広がりを生むような商品を作っています。

こんなふうに、「ゲームから学んだことをこれからに生かすとしたら何ができるだろう？」と問いかけてみた結果、今のビジネスが作り上げられました。あなたがすでに持っている経験値や知識は、これからの自分のビジネスに生かすことができるのです。

もうひとつ例をあげたいと思います。

自分自身に「移動に時間をかけるってどういうことかな？」と問いかけてみました。そのときに出てきた答えのひとつとして、フットワークが軽いというものがありました。

フットワークが軽いとどんな強みになるのか？　例えば、「私はロサンゼルスに住んでるのですが、ロサンゼルスにも来てくれませんか？」とメッセージをもらったとします。そうしたら、

「じゃ行きますね」って言えるわけです。そうやってどんどんいろんなところに行って、たくさんのご縁をつくることができました。そのおかげで、今では世界中で魔法の質問が広がっています。

移動がこれまでお金をかけてきた財産だとしたら、いろんな移動先（国）に大切な友人たちがいることは、とても大きな財産だということに気づくわけです。

その財産をより「今後に生かすには何ができるかな？」と考えたときに、その素敵な友人たちを紹介したいという思いが生まれました。そんな流れから誕生したのがPodcastの『ライフトラベラーカフェ』というラジオ番組です。このラジオ番組はAppleのベスト番組賞にも選ばれました。

たぶんこれは誰もマネができないと思います。ぼくがこれまで移動にお金をかけてきたからできたことだからです。今までなかったものをやろうと思ってもなかなか難しいですが、今まで持ってるものを生かして、その経験から生まれるもの、その体験から次につながることを見つけてみると、過去の自分のギフトが見えてきます。

それでは、今の２つをまとめた質問をしたいと思います。

Q　時間とお金をかけたものから得られたヒントは何ですか？
これからの自分の活動に何かヒントになりそうなことを見つけてみてください。
あなたの答えを書き出してみてください。

答え

自分の過去には、これからの活動のヒントが必ずあります。だからこそ、自分の過去やってきたことに目を向けてみましょう。

ある人は、パンがすごく好きでパンばっかり食べていました。その人はパンの評論家になりました。全国のこだわりのパン屋さんとつながって、今ではそのコミュニティの中心にいるという方がいます。

海が大好きで、きれいな貝や石を拾うのも大好きだった人がいます。あるときふと思い立ち、集めた貝や石を使ってアクセサリーを作ったら、大人気のジュエリーデザイナーになった人もいます。有名人にもファンが多く、今では世界に広がっています。

安く旅をするのにいつもリサーチばかりしていたという人は、安く旅ができるアドバイザーになりました。その人に相談したら、飛行機のチケットを安く取る方法を教えてもらえるのです。

地元の友人で人のマネをするのがとても上手な人がいました。その友人は人を笑わせるのが大好きで、YouTubeに動画をアップしていたんです。その結果、各地から仕事が来て、今ではテレビに出るような有名な芸人さんになりました。

こんなふうに、これからの時代は職業の制限がどんどんなくなっていきます。自分がやりたいと思うことをやって、それが価値になり、仕事になっていくということがたくさんあります。

そのためには、もっと自分の過去に目を向けて、

「自分は今まで何をしてきたんだろう?」

「どんな経験してきたんだろう?」

と問いかけてみる時間を大切にしましょう。

多くの場合、「あなたは何ができますか?」と質問すると「私は何もできません」という答えが返ってきます。でも、何もできていないわけではなくて、その価値に気づいてないだけなのです。自分の価値に気づいていないということです。

自分の価値に気づくための切り口として、今回「時間」と「お金」というものをご紹介しました。ぜひ、過去の自分からギフトを受け取ってください。

未来へのインスピレーション

では、今度は未来からヒントをもらいましょう。

先ほどは過去の延長線上から未来を作っていくというプロセスを行いました。今度は逆に、未来のゴールを先に描き、そこからこれからの自分を導き出すというアプローチをしていきます。

［未来質問］

ぼくがよく行う講義のテーマに「未来質問」というものがあります。

未来質問とは、数年後の未来の設定で、2人ペアで行います。1人が質問して、もう1人がそれに答えていく、ゲームのような感じのものです。できたら、誰かと一緒に実際にやってみてください。

2人ペアを作ったら、次に役割を決めます。Aさん（質問役）とBさん（答える役）です。シチュエーションは、10年後の未来です。10年後になったつもりで質問に答え合うということをやっていきます。

Aさん役の人は、Bさん役の人にたくさん質問をしてください。「今、何してるの？」とか「何でそんなにうまくいってるの？」とかどんどん質問します。

Bさんは答える役なのですが、答えるときにいくつかルールがあります。

［ルール］

1　未来形の言葉を使ってはいけない（現在形か過去形で答える）

2　すべての質問に0・2秒で答える

3　最高の自分の姿をイメージして答えてみる

この3つのルールを頭において、答えてみてください。

数年ぶりに2人が再会したという設定で行っていくのですが、最初の言葉だけ決めたいと思います。

Aさんは「久しぶり～。今何やってるの？」とBさんに聞いてください。Bさんは、最高の10年後を歩んだ自分として答えてください。例えば「今、こんなにすごいことになってて……」という感じで答えるイメージです。

基本的に今やってる仕事だったり、今住んでる場所のことは忘れていただいて構いません。最高の自分の姿で0・2秒で質問にどんどん答えていくというのを2分間続けます。2分経ったら役割を入れ替えましょう。もし、一緒に取り組める人がいたら実際に行ってみてください。

このワークで何をしたかというと、過去の自分の体験から答えを出すということではなく、意識を未来に置いて、未来の自分を感じるということを行いました。たぶん普段あまり考えてなかったこととか、「こんなこと言ったんだけど大丈夫かな？」ということもあったと思います。0・2秒で出てきた答えは、頭で考えたものではなく、直感で出てきた答えです。

ぜひ、忘れないうちに、次の質問の答えをメモしておいてください。

Q　未来質問からどんなヒントがありましたか？

答え

きっと新しい自分を知るヒントがあったと思います。もし、一緒に取り組む人がいなくて、ひとりで未来質問をする場合は、次のような質問に答えてみてください。

• 今どこに住んでいますか？

- 今どんな仕事をしていますか？
- なぜその仕事をしているんですか？
- どんなタイミングでその仕事が始まったんですか？
- うまくいっている秘訣（ひけつ）はなんですか？
- 今楽しいことは何ですか？
- 今どんなことが幸せですか？

これらの質問に答えるときは、考えて書くというより、0・2秒で答えてみてください。より新しい、本当の自分の答えに出会えます。

過去からのヒントと未来からのヒント

今、未来からのアプローチということをやりました。その前にやったのは、過去からのアプローチです。過去からも未来からもどっちのアプローチも正解です。どっちがいい悪いということはないので、自分がより合う方を行ってみて、過去から今の自分を知るのか、未来から今の自分を知るのか、そんな質問を問いかけてみてください。

やめる力

自分のことがわからなくなる方法

自分を知る上で、とても大切なことがもうひとつあります。

真逆に感じるかもしれませんが、自分のことがわかりにくくなる方法を知ることです。

自分のことがわからなくなるのはどんなときかというと、いろんなことをどんどん新しく始めたときです。

「あ、これもいいからやってみよう」「これも面白そう、やってみよう」といった感じに、あれもこれも次々始めてしまうとどうなるでしょう。想像がつきますか?

特に日本人は真面目なので、一度始めたことは続けるべきだと思いがちです。

でも、そうすると、どんどん忙しくなってしまいます。時間も体力もなくなり、忙しいとなると本当の自分を見失いがちになります。だからこそぼくが大事にしているのは、やめる力です。

愛の選択と恐れの選択

やめることや手放すとなったときに、「まず自分は何を手放したらいいだろう?」と考えることでしょう。その前に知ってほしいことがあります。それは「愛の選択」と「恐れの選択」という2つの選択です。

愛の選択はwant、自分がしたいと思うものです。恐れの選択はmust〜しなきゃ、〜した方がいいと思うものです。

たぶん多くの人は〜しなきゃという選択でほとんどのことを選んでいるのではないでしょうか? これをやった方が生活費が稼げる、これをやっておかないと親からこう言われる、周りからこう見られる。こんなふうにたくさんの、しなきゃがあります。その恐れの選択をいかに手放せるか。手放すことで初めて自分の中に空白ができて、自分の答えというものが見つけやすくなっていきます。そうでないと、忙しすぎて、立ち止まる余裕がなく、自分の答えを見失いがちになってしまうのです。

あなたがやめたいと思っていることは何ですか？

あなたがやめたいと思っていることは何でしょうか？

答え

もちろん、ここで書いた答えをすぐに実行する必要はありません。会社を辞めたいと書いたからといってすぐに辞める必要はないので、心配しないで書いてみてください。やめたいと思っていることは何なのかを自分で確認するだけです。なので、安心して、やめたいなと思うこと、手放したいなと思うことをできるだけたくさん書いてみましょう。そして、今書いたことをやめることにチャレンジしてみてください。それは、すぐではなくて〝いつか〟でいいのです。

自分が何にエネルギーを奪われているのか知ることがとても重要で、あとはどのように、どんなスピードで、あなたが書いたやめたいと思っていることに取り組んでいくかということだけです。

やめることを意識しないで日々過ごしていると、どんどん忙しくなっていきます。すぐにまたあれした方がいい、これした方がいい。あれしなきゃ、これしなきゃになってしまいます。そうすると自分のことを知るための時間も余裕もなくなってしまうので、立ち止まるためにもやめてみるということに取り組んでみましょう。

自分の素質を知るための質問

自分の素質を知るための質問があります。
素質は、今回は４つお伝えします。

1　考え方の素質
2　行動パターンの素質
3　やる気の素質
4　役割の素質

です。

考え方の素質

まずは、考え方の素質から始めていきましょう。ここからはノートがあると便利ですので、ご用意ください。

まず、ノートの中央に横線を引き、左端に「直感」、右端に「思考」と書いてください。自分の考え方は直感タイプか、それともじっくり考えて行動するタイプか、もしくはどっちが好きか得意かで決めてもいいです。

直感タイプというのは、あれこれ頭で考えてから行動するのではなく、思いついたら、そのまま行動するタイプのことです。思考タイプはじっくり計算したり考えた上で行動する慎重なタイプです。

今、書いてほしいのは仕事の場面ではなく、プライベートの場面についてです。どちらかというと直感寄りなのか思考寄りなのか、自分はどちらの考え方か、どれくらいの割合か、横線の上に自分はこの辺かもというところに丸印を書き込んでみてください。

印を書き込んだら、「なぜそう思うのか？」という質問に答えてみてください。なぜ自分は直

考え方の素質

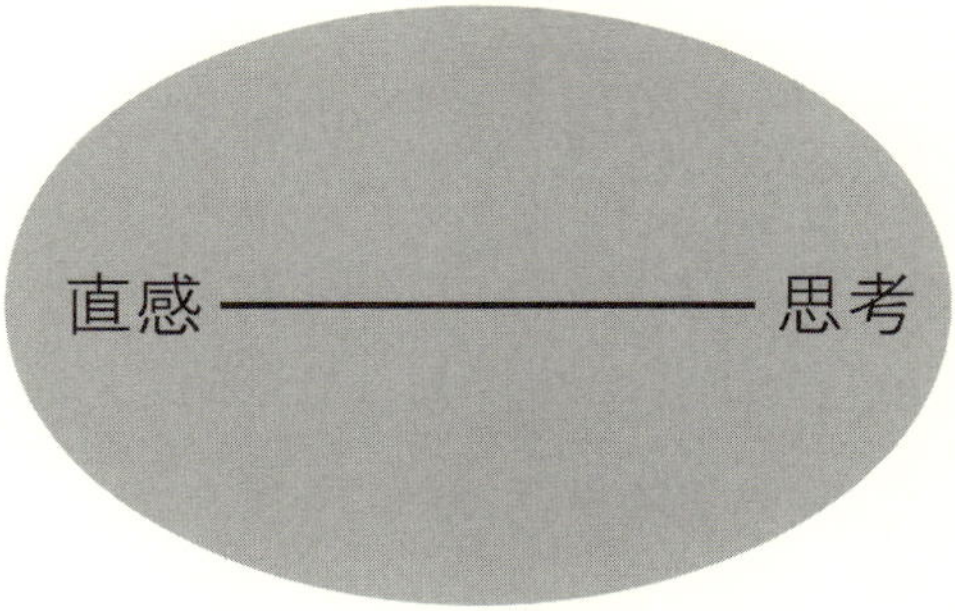

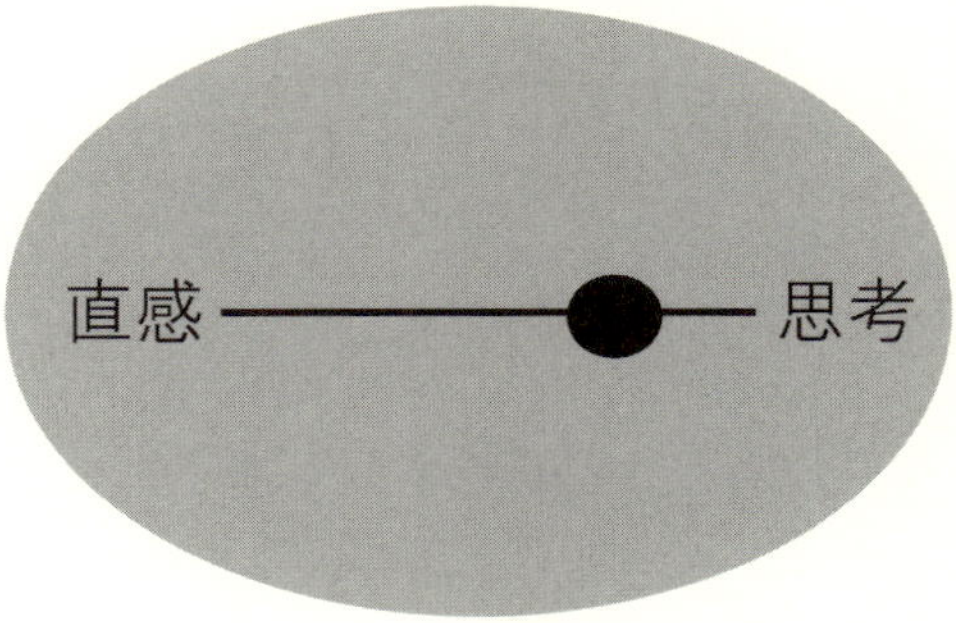

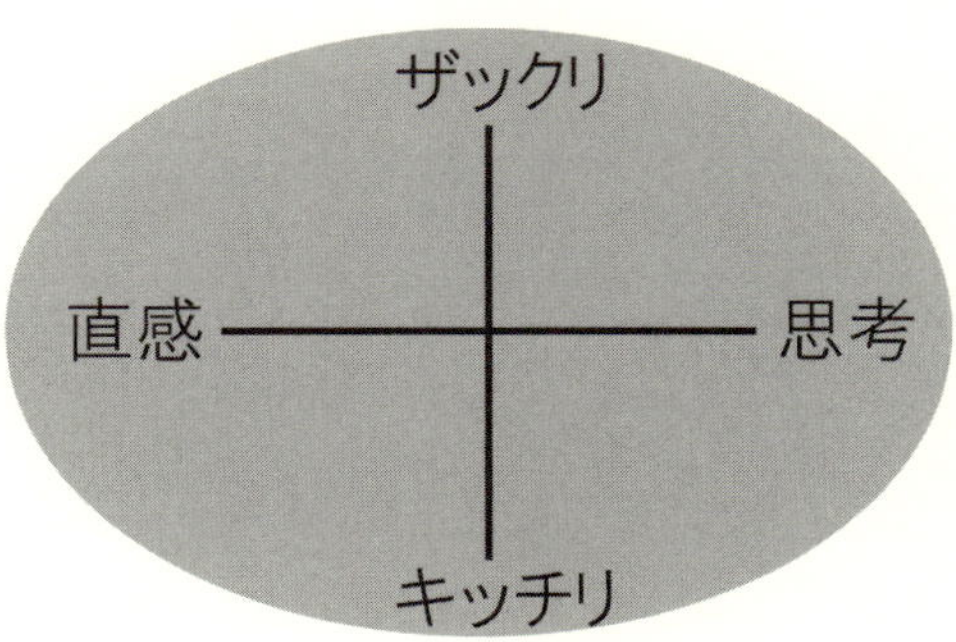

感寄りだと思うのか、なぜ自分は思考寄りだと思うのか、その理由を答えてみましょう。これは、どちらがいいというものではありません。ですので、自分が思うそのままの答えを書いてください。なぜかというと、自分をジャッジするためのものではなく、自分を知るためのものだからです。

ちなみに、よく考えてもわからないという人は、直感タイプです。「なんでこれがいいと思うの？」と聞かれたとき、「それはね……」と答えられる（説明できる）人は思考タイプです。「どうしてこれがいいの？」と聞かれたとき、「わからない」と答えるのが直感タイプです。

次に、先ほど書いた横線の真ん中を突っ切るように縦線を垂直に引いてみてください。ちょうど大きな「十」になるイメージです。線を引いたら、縦線の上端に「ザックリ」、下端に「キッチリ」と書いてください。自分はキッチリしてた方が好きかザックリしてた方が好きかを考えてみます。自分はどちらのタイプか縦線上に丸印をつけてみてください。

例えば、待ち合わせをするときに「東京駅でお昼頃会おうね」と言う人は、ザックリタイプです。「東京駅のどの辺りで？　お昼頃って何時なの？」と思う人は、キッチリタイプです。印をつけたら、これも、なぜそう思うのか？　を考えてみてください。

今の2つを組み合わせると、ぼくの場合はザックリ直感型です。これは考え方における自分の現在地です。自分の素質に近いです。

いろんなテストをすればもう少し細かく分析できますが、正確さが重要なわけではありません。自分は自分のことをどう思っているのだろうと改めて考えてみる、知るということで十分なのです。これがわかると、自分はザックリだからこれでいいんだと思えるようになります。

逆に、自分と反対の方向（もっとキッチリ）へ行かなければと思うと苦しくなります。

ぼくの場合、もっとキッチリしなきゃ、もっとちゃんと考えなきゃと思っていた頃は苦しかったです。そうではなく、直感でいいんだ、ザックリでいいんだと思えるようになったらとても楽になりました。今までの習慣や教育システム、業界の風習に縛られることなく、より自分らしい考え方を肯定できるようになったからです。自分の考え方の自分の現在地を知り、それを踏まえて、素質を生かすということを行ってみてください。

行動パターンの素質

次は、行動パターンの素質です。横線の左端に「目標」、右端に「現在」と書いてください。自分は目標があった方がそこに向かって行動できるのか、逆に、目標がない方（今の気分）が行動できるのか、どちらなのか考えてみてください。未来の目標に向かって行動していった方

行動パターン

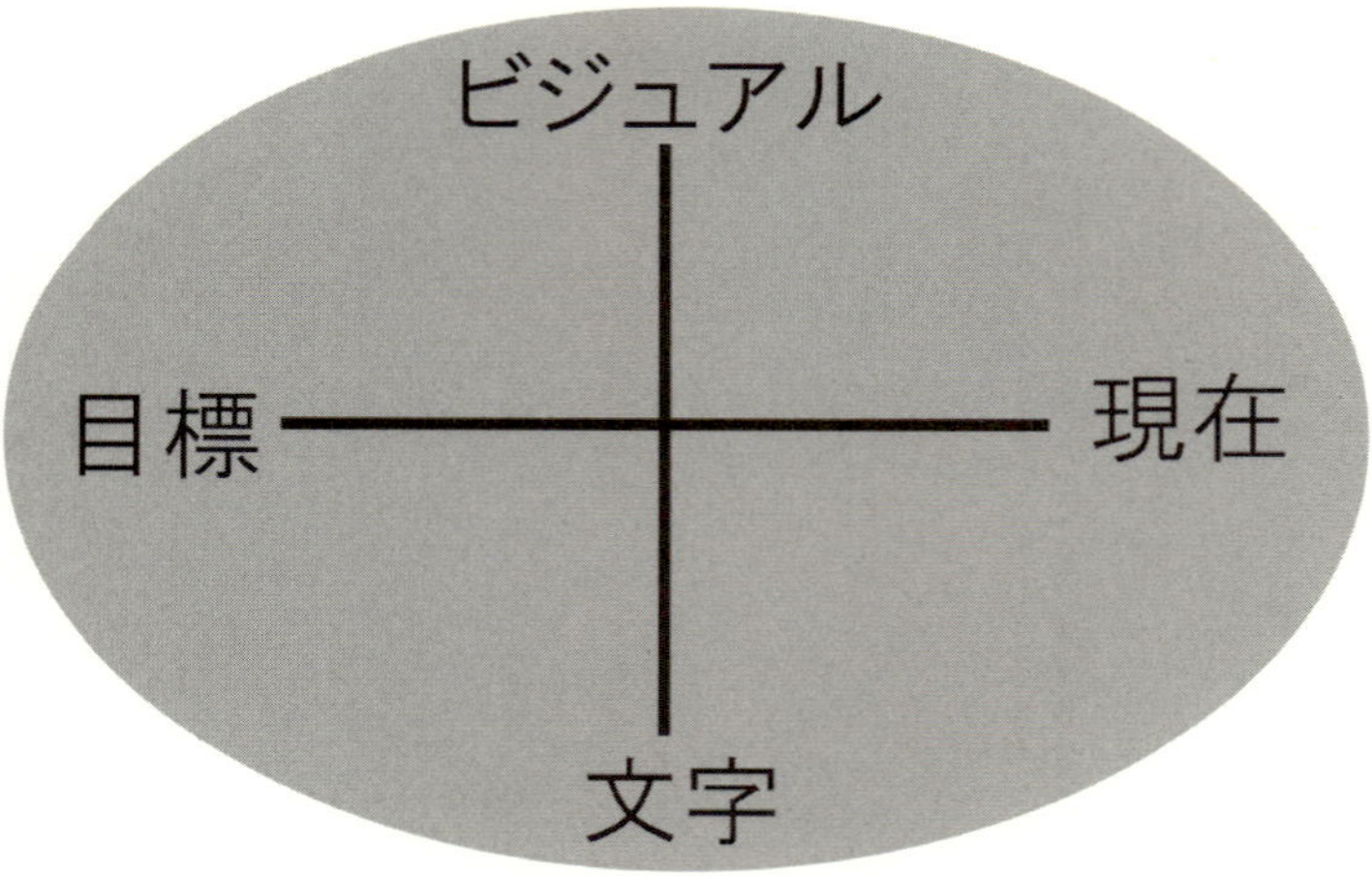

がいいか、今この瞬間だけ頑張った方が行動しやすいかです。

こちらも仕事ではなく、プライベートの場面でどちらのタイプかで考えてみてください。丸印を線の上に記入したら、なぜそう思うのか？　の答えも書いてみてください。

次にもうひとつの軸、縦軸についてみていきます。縦線の上端に「ビジュアル」、下端に「文字」と書いてください。目標があったとき、文字で書いていった方がそこに向かいやすいか、文字ではなく写真などのイメージがあった方がそこに向かいやすいかを考えてみましょう。

例えば、何か新しい商品を買うときに、そ

の商品のビジュアルだけ見て買いたいと思うか、裏面に書かれている機能面などの文字（説明）も見て買いたいと思うか、自分はどちらのタイプが強いか考えてみてください。丸印をつけたら、なぜそう思うのか？　の理由も添えて書いてみてください。

今やっていただいたのは、自分の行動の素質を見つけるためのものでした。もし、ビジュアルの方が得意であれば、写真やイメージなどのビジュアルがあればあるほど行動できます。

また、横軸の「目標」と「現在」、どちらが大事かであれば、目標タイプであれば自分の目標やビジョンをしっかりと明確に設定すればいいし、逆に現在タイプであれば今を生きる方がうまくいきやすいです。目標が立てられないからダメということはありません。

例えば、職人さんなんかは、目標というより今を生きるタイプの方が多いと思います。目の前の作品をよくしたいという思いだけで続けていった結果、優れた作品を生み出すことにつながります。何度もくり返しになりますが、どっちがいい悪いはありません。

やる気の素質

次は、やる気の素質です。横線の左端に「アメ」、右端に「ムチ」と書いてください。

自分はご褒美があった方がやる気が出るのか、ペナルティがあった方がやる気が出るのかを

自分のモチベーション

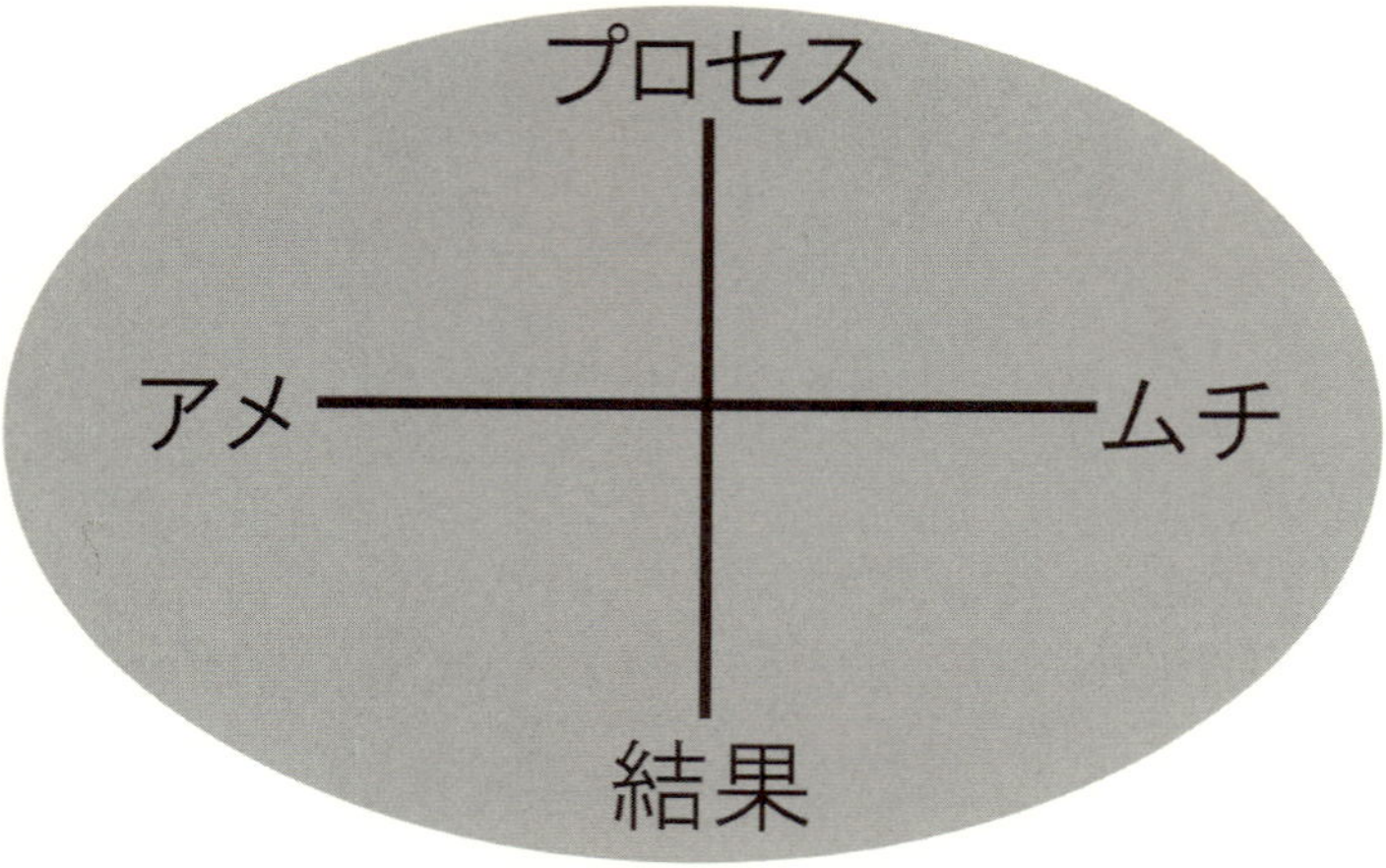

みていきます。

例えば、締め切りがギリギリにならないとやる気にならない人はムチ派です。

これ頑張ったら、ご褒美にハワイに行こうという人はアメ派です。ただ、「ご褒美のハワイ旅行いいな！　先に行っちゃえ！」というタイプは、ムチ派です。ご褒美を先にもらっておいて、後から追い込んで頑張るタイプだからです。自分はどっちの傾向が強いか、これも横線上に丸印をつけてみてください。これもなぜそう思うのか？も書いてみてください。

次に縦軸を書いて、上端に「プロセス」、下端に「結果」と書いてください。プロセスはどうでもいいから結果が出ないと意味ないよねと思っているか、結果が出てもそのプロセスが自分なりにしっくりこないと意味ないよねと思っているか、自分はどっちを大事にしているかをチェックしてみてください。これもなぜそう思うのか？の理由も書いてみてください。

結果かプロセスかはけっこう分かれるかと思うのですが、仮に結果を大事にしたい人がいたら、いちいちプロセスは聞かない方がいいです。逆に、プロセスを大事にしたい人は、逐一「今どう？　大丈夫？」と聞いてあげるとモチベーションが上がります。

こんなふうに「アメ」と「ムチ」、「結果」と「プロセス」をその人に合わせてうまく使い分けていくと、モチベーションが上がり、やる気アップにつながります。

役割の素質

最後は、役割の素質です。横線の左端に「1人」、右端に「チーム」と書いてください。

何かを成し遂げるときに1人の方が気楽でいいのか、それともチームの方が楽しいと思うか、自分はどっちのタイプかチェックしてみてください。なぜそう思うのか？も書いてみてくださいね。

自分の役割

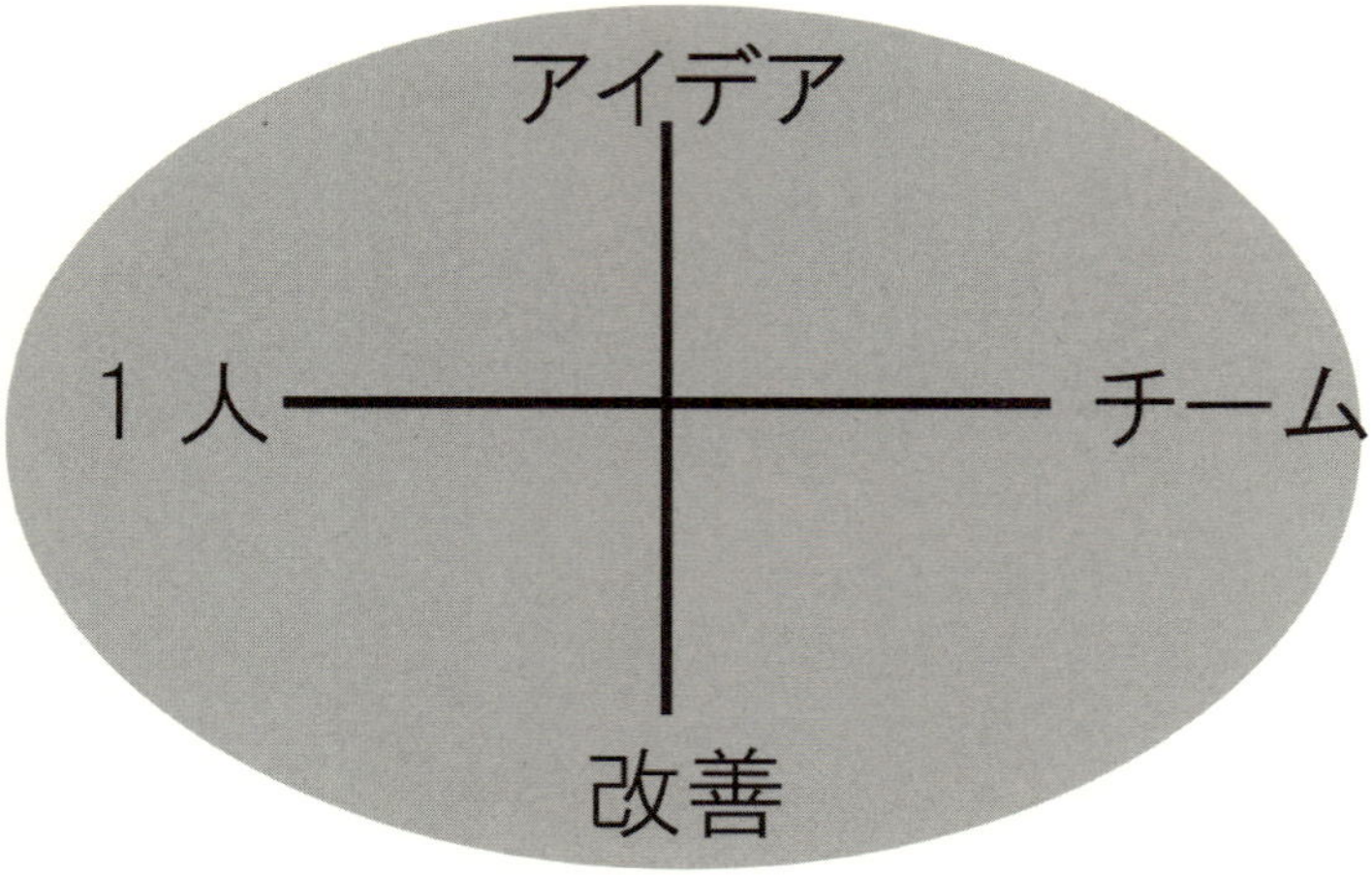

次に、縦軸の上端に「アイデア」、下端に「改善」と書いてください。自分はアイデアを出すのが得意か、改善をするのが得意かです。0から1を生み出すアイデアを出すのが得意か、今すでにあるものに対して改善ポイントを見つける方が得意か丸印をつけて、チェックしてみてください。なぜそう思うのか？理由も書いてみてください。

今、役割に関して、自分を知るということをやってみました。これは働き方に一番つながる軸だと思うんですが、アイデアを出す人は改善する人を見ると、「あいつ足を引っ張りやがって」と思ってしまいがちです。逆に、アイデアを出す人達を改善の人達が見ると、「誰がやると思ってるのよ」という感じになってしまいます。これもどっちがいいというのではなく、役割が違うだけです。アイデアを出すフェーズがあって、それを改善するフェーズがあって、それぞれ役割が違うんです。ただ、自分が改善タイプなのに、アイデア会議に呼ばれたりするとまったく力を発揮できません。ひとりでやるのが好きな人が大企業に属していても本領が発揮できないわけです。自分の仕事におけるポジションをどこに置くかが大事なのです。

ここまで4つの素質に関して、自分の素質をみてきました。自分のことを知ってどんな働き方、働く内容、どんな仕事がいいかということを見つけてみてください。

3つの質問

最後に、自分のことを知るための3つの質問をお伝えします。

1　私は誰だろう?
2　私は何のために生きてるのだろう?
3　私は何をしたいのだろう?

ただ、この3つの質問は答えは永遠に出ません。でも、問いかけることがとても重要です。質問は答えが出ることより、自分に問いかけることが重要です。

なので、この3つの問いの答えが出ないからといって、自分に質問することをやめるのではなく、ぜひ問いかけ続けてください。そうすると、きっと答えは出なくても自分が本来行きたい場所や答えが出やすくなります。自分はそもそも誰なんだろう？　何のために今いるんだろう？　そして何をしていきたいんだろう？　その答えを大事にしてください。

おわりに

あなたがこの本から得たものは何ですか？

最後の質問です。
この本からあなたが得たものは何ですか？
この答えを書いてみてください。

答え

〝何〟を見つけるよりも〝どのように〟取り組むか

「自分を知る」ために、さまざまな角度から質問をしてきました。最後にひとつのエピソードをお伝えします。

以前、ある大学生が相談に来ました。その大学生は就職活動をしていて、こんな相談でした。「天職に就きたいんですけど、どうやって会社を見つけたらいいですか？」その大学生は、たったひとつの答えを見つけ出したいと思っているのです。最速でいきたいわけです。けれど、ぼくは、「天職はないんだよ」ということをお伝えしました。

天職は仮にあるとしたら、〝何〟ではなく、〝どのように〟です。天職という職業を見つけるのではなく、どのようにそれに取り組むかでそれが天職になるかならないかが変わっていくだけです。

ぼくはこれまでずっと質問を仕事にやってきましたが、初めからそれが天職だと思ってやってはいませんでした。けれど、どのようにの部分を大事に続けてきて、今があります。何を見つけるかよりもどのように取り組むかが大事です。

この本でもたくさん質問をして、たくさん自分の答えが見つかったと思いますが、答えが見つかることが重要ではありません。見つけようとすることが大事です。なぜならば、自分の答えは自分では見つからないかもしれないからです。見つからないからやめたではなく、見つけようとする自分への関わり方が働き方に表れていくんではないかと思います。

章の後半では、4つの素質に関して書いてきました。考え方だったり、行動パターンだったり、やる気だったり、役割だったり。けれども、それらはひとつの切り口でしかありません。

最も重要なのは、〝したいかしたくないか〟です。

例えば、あなたが改善タイプだったと自分で思ったとしても、アイデアを出すことをやってみたいと思うのであれば、やった方がいいのです。素質に縛られることなく、過去の自分の経験や答えに縛られることなく、したいかどうかで決めていった方がきっと人生も仕事もうまくいきます。

この章の中でもお伝えした「愛の選択」と「恐れの選択」というものをもう一度思い出してください。

愛の選択は、自分がしたいことを選び続けること。恐れの選択は、本当はしたくないけど、しょうがないから選んでいること。一気にすべてを愛の選択にすることは難しいかもしれません。でも、今までは10回恐れの選択をしていたものを9回にしてみる、8回にしてみるっていうことをしていくと、本当の自分が喜ぶ働き方だったり、生き方に突き当たるんじゃないかなと思います。

ぼく自身もこれらの質問はずっと前から知っていました。自分の答えも知っていました。ただ、知っているのとできているではそこにすごく大きな差があります。それを知ってからできるまで、ものによっては数年かかったものもあります。でも、なぜできたかというと、より自分に正直でいたい、自分を大切にしたいと思ったからこそ一歩一歩そこに近づいていきました。

すぐそこにジャンプするように到達することは難しいかもしれませんが、確実に近づいていくことは誰にでもできると思います。だからこそ、より自分を大切にして、自分の心と身体（からだ）の声に従って、本当の自分を発見してもらえたら嬉しいです。それがあなたらしい働き方や生き方につながっていくと信じています。

仕事の教科書

スピード・ビジネスマンの時間術

―なぜ、あの人は速いのか―

中谷彰宏

本章は、３人のために書きました。

- 自分には時間が足りないと思っている人
- するべきことが多すぎると思っている人
- 仕事は量で測るものではない、クオリティだと思っている人

自分の時間を生み出し、仕事を楽しむ達人になりましょう。

AKIHIRO NAKATANI

1959年、大阪府生まれ。早稲田大学第一文学部演劇科卒業。84年、博報堂に入社。CMプランナーとしてテレビ、ラジオCMの企画、演出をする。91年、独立し、株式会社 中谷彰宏事務所を設立。ビジネス書から恋愛エッセイ、小説まで多岐にわたるジャンルで、数多くのロングセラー、ベストセラーを送り出す。「中谷塾」を主宰し、講演・ワークショップ活動を行う。【公式サイト】https://an-web.com

スピード・ビジネスマン18のコツ

業種を問わず、ほとんどの人は時間が足りていないと言います。足りていないので、時間に遅れてしまいます。なぜ遅い人は遅いのでしょうか。

遅い人は、**自分が遅いことに気がついていない**から、遅いのです。

遅いことに気がついた人は、遅れを修正していきます。遅いのをいつまでも直さない人は、「人並みよりも少し速い」かなくらいに思い込んでいます。これが遅さの原因です。

遅いといっても、いろんな遅さがあります。仕事を中心に、細分化して見ていきましょう。

自分の遅さに気がつくことで、速くなるのです。

1　歩くスピードが速い

ある地方都市に講演に行ったときのことです。

駅の改札にお迎えの人が来て、車まで案内してくれました。歩き始めると、違和感に襲われました。案内する人が、ずっと私の後ろを歩いているのです。

お迎えの人の歩くスピードが遅いのです。歩く遅さに本人は気づいていません。

東京と比べると、地方都市は圧倒的に遅いのがわかります。地方都市にも2種類あります。伸びている地域は歩くのが速く、下り坂の地域はは遅いのです。上り坂なのか下り坂なのか。それは**迎えに来た人の歩くテンポ**で見極めることができます。

その人個人が遅いというより、**街全体の歩き方が遅い**ということなのです。

日帰りなので、帰りの新幹線は取ってあります。それに間に合うよう話を終わらせました。

そこで、「せっかくですので、先生に質疑応答を」と微妙な言葉が聞こえてきます。

どこからも手が上がらず、皆さんうつむくばかりです。ここでテンポが一気に落ち、私の話が盛り上がらなかったような印象になってしまいます。

無理に差された人が自分の仕事の説明を始めたり、主催者がすでに私が話した内容の整理を始めたりしました。しかも、とてもゆっくりとしたテンポです。

ゆっくりが当たり前になってしまっているのです。半分はその人の運かもしれません。残りの半分は速い人と仕事をしなかったことが原因だと思うのです。

歩くスピードで言うと、日本では大阪が一番速いです。大阪よりもニューヨーク。朝CNNに映るニューヨークは競歩のようです。さらにこれを上回るのがホワイトハウスです。ホワイトハウスが舞台の映画では、みんな**猛烈なスピードで歩いています。**

歩くスピードを速めることによって結果として、脳の回転がよくなり、仕事のスピードが速くなる。歩くスピードがゆっくりになると、脳の回転が止まってくるということなのです。

2 書くスピードが速い

手書きのスピードに、差がついてきています。

ある講演の合間の昼休みにスタッフさんと郷土料理を食べに行きました。観光客が入る前の11時台だったので、まだ席もガラガラです。席に着くなり、料理を一つ頼みました。

「少しお待ちください」といって、お店のおばちゃんが来ました。

もし多かったら分け合えばいいと思い、もう1種類あった料理も追加したのです。

「はい、ちょっと待ってください。まず、テーブルナンバー、書きます」

「えーと、僕はAとB！」

「ゆっくり、言ってください。一つずつ、言ってください。書けませんから」

と怒られました。Aと書いているのを見てから、「それとBね」と言うと、

「まだ、Aを、書いているんです……」


ネット社会になってから、打ち込みは速くなっています。ところが、**手書きのチャンスがなくなっている**ので、そのスピードが圧倒的に遅くなっています。

レストランの予約をするときでも、そういうことはよくあります。

「すみません、中谷彰宏と言います。今日19時、2名で予約をお願いしたいんですけど」と言うと、

「少々、お待ちください」と言って、いったん保留になります。

「お待たせいたしました。ご予約のお客様でしょうか」

「そうです（いやいや、それはもう言いましたよね）」

「何名様ですか？」

「2名です（今言いましたけど、2名って）」

「はい、2名様ですね。何時からですか？」

「（いや、言ったんですけどね）19時です」

「少々お待ちください。お席を確認させていただきます」

受話器からは音楽が流れてきて、途中で短調に転調したりして2周目に入っています。

「お席、ご用意できます。えー、それでは、お名前をお願いします」

「(またか!) 中谷彰宏です。電話番号は……」私はもう言いかけています。

「待ってください。まだ名前書いていますから」

という調子です。対応が遅いこともありますが、**とにかく書くのが遅すぎる**のです。

3 返事が速い

私がサラリーマンになったときの最初の仕事は、議事録を作ることでした。

地方の酒造メーカーにプレゼンに行ったときの9時間をまとめたのです。

参加者それぞれの発言やリアクションは、もちろん一言も漏らしません。ディシジョンメーカーはこの人で、この人は話をわかっている、とか、参加者が賛成・反対どちらの立場にあるかまで書き込みました。似顔絵も添えておきました。

書くスピードが結果的に仕上がりを大きく左右します。私は議事録を作ることに、モチベーションが湧いたのです。

次は返事のスピードです。

この企画を実行するのか、しないのか、返事の遅い人が多いです。

金曜の夜にパーティがありました。

「お世話になりました。ありがとうございました」

こうした一言も、別れ際に人に返すべき一種の返事です。

その日に**初めて会った人なら、帰ったら即、お風呂に入る前に**「今日お目にかかれてよかったです」といったメールを送るのが、マナーとしての返事です。

メールが多いのが月曜の朝です。

金曜の夜に会ったのに、なぜその日のうちに来ないのでしょう。何のために、名刺交換したのでしょうか。月曜の朝となっては、もう誰だかわかりません。


返事は、**キャッチボール**になっていることです。

キャッチボールというのは、受け取ったらすぐに投げ返すものです。スピードが速いからキャッチボールになるのです。

返事が遅くなる理由は、全部をまとめてやろうとするからです。

例えば、中華料理でチャーハンと餃子を頼んだとします。返事が遅い人というのは、餃子が焼き上がるまで、先にできたチャーハンを出そうとしないのと同じです。5〜6人で行って、出すタイミングを一番遅いものに揃えられてしまうのです。

本人はきっちりしようとしているのです。そしてそれが遅くなる原因とは知らずにいます。

4　聞くスピードが速い

TOEICのヒアリングでは、問題は次々と流れてきます。

冒頭のWhatか、WhereなのかHowかを聞き流してしまったら、もうあとのことに答えられません。**会話を聞き取る前から集中**していないと対応できないのです。

遅い人が電話に出るとき、どういうことが起こっているでしょうか。受話器を取った後に頭のスイッチをようやく入れ始めているのです。

「中谷彰宏です。今日の19時から2名で予約をお願いします」

この時点では、受け手の頭のスイッチがまだ入っていないのです。

予約を確認して、最後に、「お名前をもう一度お願いします」と言われて、

「中谷です」と言うと、

「あっ、いつもお世話になっております」と返ってきます。

その人は今まで誰と話していたのでしょうか。

電話では、冒頭に集中力を持っていかないと、聞くのが遅くなるのです。

5 話すスピードが遅い

「話すのが遅い」ということも問題です。

「今日の予約をお願いします。夜19時、2名です」この程度はノンブレスです。

「19時で予約お願いしたいんですけど、えーと……人数は……、15名ですけど……」

話が遅い人は、会話にも句点の丸を打ってくれません。話がどこまで続くのかがわからないから、言いたいことがなかなかわからないのです。

人数が多い時は、順番として人数を先に言う必要があるでしょう。

英語の文型はSVO（主語＋動詞＋目的語）の構造です。動詞が前に来るから長くなりようがないのです。

日本語は長くしようと思ったら、いくらでも長くできてしまいます。話が遅くなることで人に迷惑をかけてしまうのです。

例えば、料理のレシピを紹介するとします。

「この中に2種類の粉が入っています。それぞれ開け……ないでください」

と言っている間に、こちらはもう開けてしまっているのです。

6 話が遅い人は、ボキャブラリーが少ないです

ボキャブラリーが少ないと、言葉が長くなります。

世界中の国で「ラーメン」を表現できない国は存在しません。

「小麦粉を練った細い棒状のもの」のような説明をしていけば、ラーメンという単語そのものがなくても説明がつきます。ただし、言葉が長くなっていきます。ボキャブラリーの少ない人もこれと同じなのです。

もう一つは繰り返しが多いことです。同じことを何度も言うことでスピードが落ちます。

結婚式のスピーチがなぜ長いのか。言っていることが繰り返しだからです。そしてウケないので、またオヤジギャグを挟んだりします。

他の人が言ったことを反復する人も遅いです。

「死ぬ前に食べたいお寿司のネタを三つ挙げると何？」と聞くと、「死ぬ前に食べたいお寿司ですか」と反復してしまう。**テンポよく即座に答えを言うことでテンポが上がる**のです。

7 切り替えスピードが速い

時間が足りないという人は、「切り替えのスピード」が遅いです。

おいしい店があると言って人を連れていったとします。

臨時休業でした。せっかくのいいお店だったのにメンツ丸つぶれです。

「見て。ネットでは年中無休って書いてある」。自分のせいではないことをアピールします。

「年中無休って、何だよ。悪口書いてやる」とＳＮＳを始める始末。そして店に誰かいるかもしれないと言って、空しくシャッターを叩いてみたりするのです。

このときに何をすべきかと言ったら、**代替案を繰り出す**ことです。

切り替えができない人は、そのものズバリで何とかしようとしています。

お昼どき、上司から「とんかつ弁当買ってきて」と頼まれました。

戻ってきた部下。

「あ、ごめんね。あった?」

「いや、ありませんでした」。部下からとんかつ弁当は出てきません。

「そっか。で。何買ってきた?」

「いやっ、なかったので別の店にも行ったんですけど、そっちにもなかったです」

「いやいや、なかったら何か考えろよ」部下は代替案を持っていなかったのです。

「いや、ハンバーグとか、なかった?」

「ハンバーグはいっぱいありましたねー」

この部下は、またさらに切り替えのできないヤツという印象を強くしてしまいました。

ドンピシャのものがないとき、**別のもので代替する発想**がないと生き残れません。

8 スタートのスピードが速い

「さあ、行こう」というときのスタートが遅い人もいます。

なぜ遅いのかというと、アイドリングをしていないからです。

車もエンジンをかけてアイドリングしていれば、すぐに走れます。一から立ち上げるとなると、時間がかかってしまいます。

仕事も同じで、勝負は立ち上げまでに決まります。

スタートが遅いのは、意外にも小学校の優等生です。

夏休みの宿題を、休みに入ってすぐのロケットスタートで勝負せず、8月31日のラストスパートで勝負するのです。

ところが、大人の仕事量は、小学校の夏休みのドリルの比ではありません。小学校のときの方法のまま大人が仕事をしようとしても、それは無理です。

仕事は**スタートダッシュでやった人の勝ち**です。後手に回るほど余計な時間が取られます。ストレスもたまっていきます。

かつてラストスパートでできてしまった人にとって、その体験はもうマイナスでしかありません。今すぐにその幻影を捨てることでスピードが上がります。

9　休憩が速い

講演などがあると、10分程度の途中休憩があります。

そもそも、なぜ休憩を取るのでしょうか。

10分あると、みんなスマホを開けてしまいます。その瞬間、全体が遅くなります。**休憩がなかったら、もっとテンポは上がります。**メールを見るから、余計な返事をしなくてはならなくなるのです。

私のビジネススクールで、1コマ当たり2時間を4コマで、全部で8時間。この間トイレ休憩を取ることはありますが、それ以外の休憩はなしです。

私が最初にトイレに行き、戻ってきたらもう講義を始めてしまいます。無駄な時間を取って、全員が揃うのを待つこともしません。

講義中、おにぎりも自由に食べてもらっていいスタイルにしています。それが**参加者の時間を大事にする**ことなのです。

10 メニュー選びが速い

大衆食堂に行くと、メニューが壁にびっしり貼られています。

時間を有効活用していてスピード感のある人は、お店に入ったら即、注文します。

「いらっしゃいませ。こちらのお席へどうぞ。お決まりになりましたらお呼びください」

東京のお店に入るとそんな感じですが、大阪のお店では、「こちらのお席どうぞ」。水をポンと置くと同時に「お決まりになりました？」と来ます。

無駄な時間を取らせないので、すぐに答えないといけません。

大阪なら、パッと入ったら、隣の人が食べているのを見るのです。のぞきこんだら、隣の人がこちらに正対して「うん」と笑ってうなずいてくれます。もしはずれのときは首を横に振ってくれます。

採用試験など、メニュー選び一つで十分できると思います。一緒に行って、素早く注文できたら、「こいつ、仕事ができる」と合格です。

11 議事録が来るのが速い

会議の議事録で大事なのは、やはりスピードです。

ファシリテーターが講義録を取ってくれています。2週間に1回の授業なので、私は講義録を見て、次に行う授業の進行やレジュメを決めています。

助手によって、講義録の出し方が変わります。

一番速い助手は、①**授業が終わった「その日の夜」に届きます。**授業中に同時進行で講義録を作っているので、私はその日のうちに復習できて、次回の授業のレジュメが作れてしまいます。

次に速いのは②「翌日の朝」です。その後は、③「次の授業の前日夜」という人がいます。私がそれを見て翌日の準備をするだろうと思っているのでしょう。

④「当日の朝」という人もいますが、もう前日に準備が終わっているので意味をなしません。最低なのが⑤「授業の10分前」。私はもう現地に到着しています。

議事録一つを見ても、5段階の差が生じています。

本人の中では、直前でもギリギリセーフと思っているのでしょう。次の人がどう使うかという想像力が何も働いていないのです。

12 休日が速い

遅い人は、休日の過ごし方も遅いです。

土日のテンポが遅い人というのは、土日になると急に休みモードになります。

1週間のうち2日が遅いということは、**毎週7分の2ずつ置いていかれる**ということです。うかうかしているうちに、日曜の夕方になっているのです。

金曜日の夜うろうろ歩いている人は、土曜日の起床が遅くなります。土曜日が出遅れると、いつの間にか日曜日にも影響します。明日はそのまま会社です。

中谷塾の授業を土曜日に8時間取っているのは、そういう意味があります。

この時間、勉強していてもぼんやりしていても、同じように日は暮れていきます。ぼんやりしている人にとっては残酷です。それだけ**土日は頑張りの差がつきやすい**のです。

13 集合が速い

集合が遅い人は、間もなく仕事がなくなります。間もなくというのは、3カ月です。

遅刻したときに、その人は必ず言います。

「すみません。電車が人身事故で止まりました」

ところが、このとき同じ京王線で来ている人が間に合っているのです。

遅刻する人というのは、常にギリギリに来ているのです。時間に間に合う人は、京王線は強風でよく止まるからと思って、余裕を見て早めに来ています。

ここに差があるのです。あらゆる仕事は、**遅刻でチャンスをなくしていく**のです。

何か交渉事で自分のアイデアをプレゼンしたいというときでも、遅刻していると、まわりからの信頼感がなくなります。それだけでなく、本人の自己肯定感も下がってきます。

どんなに仕事ができたとしても、チャンスをなくしていくのです。

14 失敗が速い

みんな、速く成功したいと思っています。成功を速くしたいと思ったら、失敗を速くすることなのです。

社長はなぜ速く成功しているのか。それは速く失敗しているからです。**人より速く失敗しているから、速く成功できる。**ベンチャーの人たちはみんなそうです。

なぜ、なかなか成功できないのか。その人は失敗が遅いからです。**どれだけ失敗のスピードを上げていくか**が大事です。

好きな女性に会ったら、声かけて断られて、ビンタされて覚えていきます。これが失敗です。

恥をかいて笑われて嫌われて、どうしたら女の子に喜ばれるかがわかってきます。

誰でも自分の成功が遅いということには気づきます。

まわりがどんどん出世して夢をつかんでいるのを横目で見て、焦るばかりです。

それは、成功だけが遅いわけではなく、失敗するのも遅いのです。失敗してから成功するまでの時間というのはたいして変わりません。失敗するまでの時間がかかりすぎるのです。

15 たたき台が速い

編集者と話をしているうち、ある企画で本を出そうと盛り上がりました。

編集者は社内で企画を通すために、**イメージを形にしたたたき台**が必要となります。

私は、とりあえず今あるものを送りますと言って、すぐにメールで送ります。

ベストは、**その場で作った方がいい**わけです。

ある出版社から自己啓発の本をシリーズで書いてほしい。まずは「時間術」でいきたいという話がありました。

私は、「ぜひ、シリーズでいきましょう」と逆提案しました。

その場で時間の他に、企画・成功・人脈といったタイトルを決め、表紙のイメージを描き始めました。そしてそのときのイメージのまま、本ができあがっていきました。

別の出版社から企画を求められたときは、FAXで2本の企画をその日に送り、そのうち1本が通りました。

さらに別の出版社の担当がその本の取材でやってきて、私に聞きました。

「そう言えば、企画は2本出したって、もう1本は何だったんですか？」

「もう一つは、面接のことを書いた本です」

「それ、僕にやらせてください！」

夜、帰るとすぐに、原稿をまるごとFAXで送りました。

翌月には、書店に並びました。それが今日まで30年続く『面接の達人』の第1号です。

「何かご一緒しましょう」では、永遠に仕事はできません。こちらから提案がない人は、時間が止まっているに等しいのです。

16　会議が遅い

たいていの会議は、時間の無駄と言ってもいいでしょう。

会議が長くなると、その分、帰る時間が遅くなります。サラリーマンが**時間を奪われるほと**

んどの原因は会議と言ってもいいかもしれません。

会議が長いと文句を言っている人は、手帳が会議だらけです。それは会議というもののの解釈を間違っているのです。

会議は**アイデアをみんなで選ぶ場**です。

会ってそこで何かを作るのではなくて、選ぶための材料はすでに用意できていなければいけません。仕事の遅い人はそれを混同しているのです。

17 名刺を出すスピードが速い

名刺は、サラリーマンにとって、銃なんです。

私は、**名刺のやりとりで相手を見ています。**名刺を出すスピードの速さで、その人がどれだけプロフェッショナルかどうかを見極めます。

プロフェッショナルは、手をポケットに入れた瞬間、撃ってきます。西部劇の早撃ちのように相手より遅く起動して、相手より速く出したという状態になります。

名刺を出すスピードが速い人に会うと、とても心地よいものです。

パンパンにふくらんだ名刺入れを出して、「ちょっと待ってくださいね」などと言って、もらった名刺が大量に入っている中から、折れている名刺が出てきます。

他人の名刺を渡されて、「あっ、どこかでお会いしましたか?」などとこちらが聞いてしまうこともあるほどです。たぶんその人とは、もう会うこともないでしょう。

18 ランチが速い

以前、私のビジネススクールでは、ランチに1時間が充てられていました。世界に通用するビジネスマンで、**1時間もランチタイムを取っている人はいません。**私の事務所も30分です。ランチタイムを短くした分だけ、30分早く帰ることができます。30分だと、緊張感をキープしたまま午後の仕事に入っていけるのです。

ところが、ランチが30分で終わらない人がいます。遅い店に行っているのです。遅い人は、遅い人で固まっています。遅い人というのは遅い店が好きなのです。遅い原因は、食べ終わってからのスマホです。サービスする側からすると、回転率が下がります。

速い人は、遅い店の遅さに耐えられないので行こうとしません。

私も、仕事の関係でよくホテルに行きます。

そんなときは**いつもビュッフェ**です。ビュッフェなら料理がすでに出てしまっているので、遅いも速いもない。自分でスピードが調整できるのです。

究極的にランチを速くするなら、**一人で食べるに限ります。**

誰かと一緒だと、遅い人に合わせられてしまいます。

私のサラリーマン時代は、お昼というのが貴重な睡眠時間でした。

お昼の10分前に、会社の向かいの中華料理屋に入ります。即、注文し、その間、企画の宿題をします。5分で出てきて、5分で食べます。会社に戻ってコピーを取ります。これで12時15分。残りの45分は机で寝るのです。そんなふうにして**テンポ感を鍛えて**いきました。

仕事が速くなる13の方法

テンポとは、1時間当たりの生産性です。

これには圧倒的な個人差があって、その人の生涯所得は1時間当たりの生産性によって変わります。

まずは、とにかく速い人に会って、自分の生ぬるさに気づくことが大事です。自分が遅いということを体感しなければ、変わりようがありません。

そのためには、**執着を捨てる**ことです。

「あの企画、よかったんだけどなー。上の人間は頭硬いなー」

頭が硬いのは、そう言っている本人です。ボツになった企画に復活はありません。

もう別の企画を次から次へと考えて連打する。そういう切り替えを速くすることです。

1　仕事の量を増やす

時間がないからといって、してはならないことは、仕事を減らしてもらうことです。10ある仕事を8にしてもらったら、一瞬は楽になります。ところが、今度は8がしんどくなります。次の7、6とどんどんしんどくなって、最後には1すらもしんどくなっていくのです。

どうしたら仕事が速くなるか。これはもう負荷をかけるしかありません。20代は何がいいかというと、10ある仕事が12与えられます。確かにしんどいのですが、楽になっていくのです。10の仕事を11にすると当然最初はしんどい。

そこで、楽にするために頑張ってみるのです。次は12もいけるかなという気持ちになって、どんどん楽になっていきます。これが仕事の面白さなんです。

仕事のスピードを上げようと思ったら、**仕事の量を増やす**ことです。第二に、**身体**（からだ）**を動かす。**身体を動かすことによって、脳が回転します。

記憶力の世界選手権に出る選手は、記憶力を高めるためにひたすらジョギングして、脳の血流をよくしています。

確かに、スピードが遅い人というのは、とにかく机にへばりついて、パソコンの前から離れません。これでは遅いわけです。

人に名前を呼ばれたら、とにかく**すぐ立ち上がり、その人のところに行く**ことです。

よくあるのは、「何でしょう?」と座ったまま首を動かすだけ。

もっとひどいのは、「何ですか?」とパソコンを見たままの不動の人。

チャンスをつかめるかどうかは、ここの差なのです。

頼んでも嫌そうに「えー、今ですか?」という人がいたら、次から頼まれなくなっていきます。そんな人は、やがて仕事から解放されて、本当に楽になれるに違いありません。

2　片づけをする

頭の回転を速くしようと思ったら、片づけをすることです。

パソコンのデスクトップをアイコンでいっぱいにしている人がいます。パソコンは常に全部をスクロールしているのです。それだけで処理能力は大きく落ちています。

同じ現象が、散らかった部屋やテーブルで起こっています。

自分では意識していませんが、脳はずっとそれを処理しています。無駄なエネルギーを使ってイライラしている状態です。スピードは落ち、時間が消費されます。ストレスで疲れます。

散らかった場所では、人は頭が回らないのです。忙しいから、片づけるのは後にしようと考えると、余計に散らかるという負のスパイラルに入ってしまいます。

受験勉強のとき、逃避行動として片づけを始めたくなります。それは理に適(かな)っているのです。あながち逃避行動でもありません。

3　効率を求めない

大手町という駅は、駅群です。乗り換えするときも、ホームを通り越していかなくてはなりません。一つの駅と呼ぶにはあまりに大きな井桁のエリアになっています。

プレゼンに行くために、現地の得意先の玄関で待ち合わせの約束をします。

そういうとき、例によって遅れてくる人がいます。なぜ遅れてくるか。

「すみません。B7の出口が見つからなくて」

確かに、その出口はビル直結です。ところが、地下で探そうとすると、B7にたどり着くというのが生半可なことではないのです。大手町は年中工事をしています。行くたびにルートも変わっていたりもします。土日はしまっているケースもあります。

たどり着けないのは、ビル直結の出口を目指すという「効率」で探しているからです。

早く行く方法は簡単です。**すぐに地上に出てしまう**ことです。

地上に上がれば、あのビルだなと目星がつく。最短コースを歩けるというわけです。

学校の優等生タイプは、無駄をしたくないと考えて、なぜか地下道からビル直結で行きたいらしいです。遅れて、人の大切な時間を奪っていくのです。

遅れてチャンスを逃さないためには、**効率ばかりを追い求めない**ことが大事です。

4　ご機嫌でいる

時間を生み出していく方法は、ご機嫌でいることです。

ご機嫌な気分になることで、人間の脳は回転します。

脳の回転スピードが速いということが、**その人の時間を生み出す**ことになります。

時計のスピードに対して、頭の回転が速くなることによって、余剰時間が生まれてくるのです。

優れたサッカー選手は、**まわりよりも回転が速いので、未来が見えています。**リバウンドボールが来たときに、そこでシュートが打てる選手がいます。たまたまそこにいたとか、運が良かったということではありません。ボールが転がる未来に、その選手は先回りして行っているのです。

不機嫌な人というのは、回転が遅くなります。ご機嫌だと頭が回転している。

ここでも、負と正のスパイラルに分かれます。時間の余裕が生まれた人というのは、ご機嫌になります。そうすると、頭も回転するから、また速くなって余裕も出ます。

5　1%のことをする

速い人は、1%ができます。

遅い人は100%しかできません。完璧主義なのです。

マット・デイモンの映画『オデッセイ』があります。

火星に一人残された宇宙飛行士が、次の救出までにどう生き延びていくか。

たった一つのコツは、一つひとつすることです。

まず、ケガを治さなくてはいけない。電気を作らないといけない。次に酸素を作る。食料を作る。することだらけです。ですが、一つずつできることをしていく。

遅い人はどうかというと、100%のことをしようとします。あれもこれもと思うばかりで、どれから始めるかを決められません。一つも手がつかないので何も進んでいきません。

私は時間がないと思ったとき、マット・デイモンの言葉を思い出します。

「一つひとつ、一つひとつ」

私はたいてい最初にゴミを捨てます。目に入るとスピードが落ちるからです。次にこれ、次にこれをするというルーティンを片づけていく。私はこれを**1%修業**と呼んでいます。

6 服装をきちんとする

服装がだらけていると、スピードが落ちます。

気合いを入れるために上着を脱いだりします。一見、逆に見えるかもしれませんが、上着を脱いでも、スピードは落ちるのです。

昔、一緒に仕事をしていたある人が独立して会社を興し、社長になりました。久しぶりに一緒に仕事しました。すると、かつて速かったはずの彼の仕事が、以前と比べて圧倒的に遅くなっているのです。

うまくいく人の場合、独立して上司の邪魔がなくなり、スピードがさらに上がっていきます。

もう一方の場合、チェックがなくなることによって、締め切りがなくなる。いつまでにやればいいかは自分の感覚ということになるので、急がなくてもいい。

このときに何が起こっているか。昔はきちんとした格好だったのに、**カジュアルな格好になっている**のです。その結果、残念なことに**テンポが遅くなっている。**

実際、いろんな人と仕事をしていて思います。きちんとした格好をしている人の方が仕事が速く、ラフな格好している人は遅い。どっちが先かというと、服装で決まってくるのです。私は**急ぐときはきちんとした格好**をします。その方が仕事が速くなるからです。

7　手書きを採用する

仕事が遅くなる原因の一つに、パソコンに頼りすぎることがあります。

もちろん私も普段からパソコンの恩恵は受けています。とは言え、パソコンは好き勝手なときにフリーズしてしまいます。企画書を書いていて途中で飛んでしまう。最後の最後にプリントアウトができないということになりがちです。

そんなときは、**間髪をいれず手書きに切り替える**のです。

あるコンテストがあり、私は5人の審査員の一人として参加していました。

集計をパソコンですることになっていたのですが、突然フリーズしてしまったのです。

そこで私は急遽ホワイトボードの前に立ち、

「じゃあ、皆さん。何番がいいか、順番に言ってください」

と集計を始めました。

審査委員長の方もイライラしていたようで、「さすが！　代理店出身の人がいると助かるなあ」と褒めてもらったことがあります。

手書きが一番速いということです。


授業で配布する資料があり、私はそれを前日に作って秘書室に回しておきます。

秘書一人一人のパソコンによってフォーマットが違うので、私の作った書類が部分的に少しずつずれたりして「調整に少々お時間ください」ということになる。それは要らない作業だと思うのです。

「とにかくプリントアウトして。調整は僕が手で切り貼りするから」

足りないところや、2桁の数字が上下に分かれたりするのも、手書きならすぐに解決します。

すべてをパソコンで何とかしようとするあまり、パソコンを待つことで遅くなるということもあるのです。いざというときは「手書きでいくよ」と思っていれば、問題も回避できるのです。

8　ネットに頼らない

ネットがあるおかげで、人とのコミュニケーションが遅くなります。

なかなか予約の取れないレストランに、予約をするときのことです。

「電話かけたの？」

「いや、ネットで見たらいっぱいでした」

ネットはネット枠の席までで、まあそれは比較的早く埋まります。ところが電話枠というのをお店は残していたりするものです。

もちろん電話でもいっぱいというケースもあるでしょう。

そこで、コンシェルジュなどは、**直接お店に行ってしまう**のです。

「7時から2名様のお客様がいらっしゃいます。ぜひとおっしゃって」

「いや、いっぱいだけど、そうだなあ、9時までに席を空けてくれるなら大丈夫だけど」

ということになったりもします。電話ではなかなかこうはいきません。

ネットにばかり頼ることによって、**「直接力」**が弱くなるのです。

昔は、直接電話をかけるとか、直接行くことしかありませんでした。そして対面での交渉力に磨きをかけたものです。

直接行ってみて、難しいとなったときでも、ちょうどキャンセルが出ることがあるのです。その席は間違いなく直接行った人に回ってきます。

ネットが世の中のすべてかのような大きな勘違いがあります。ネットは時間を節約するようでありながら、あるときは時間を奪う存在ともなるのです。

9　健康管理を行う

風邪を引くと、多大な時間を失います。時間がないから健康管理をする時間もない。予防注射に行く時間もない。健康診断も人間ドックにも行っている時間がない。寝る時間がない。こうしたことを省略することによって、その人は風邪を引き、病気になり、入院して会社を休まなくてはならなくなります。ここで失う時間がどれだけ多いことでしょうか。

マスクをして満員電車に乗り、無理をして会社に行く人が多いです。

それでは健康管理をしている他の人にうつってしまいます。健康管理に気を使っていない人が時間を無駄にするのは勝手です。が、それをまわりの人に広める権利はありません。

立食パーティの場があります。健康に気を使う人が、マスクをしている人のところに行くでしょうか。気がつくと、あるテーブルは全員マスクで固まっているのです。

社会も同じように、**時間を失う人と時間を増やしていく人**、この二者に分かれていくのです。

10 工程表を作る

たいていの人は予定表を持って仕事をしています。

時間を増やすには、「予定表」よりも「工程表」を使うことです。

何が違うでしょうか。

例えば、２００ページの本をいつまでに書くというのが予定表です。

２００ページの本を20日間で書く。すなわち１日に10ページ書く。これを工程表と言います。

１冊の本を進めていくとき、**工程表がなければ常に遅れているような気がする**ものです。また、実際にどれくらい遅れているかを見える化することができません。

工程表を作ることによって、１日にどのくらい行うかという目安がわかります。１日のノルマが決まると、ある時点を取ってみたときの進捗（しんちょく）度がわかります。自分のペースが見えてきます。

マラソンランナーの素人とプロの違いは何か。素人ランナーは目標タイム4時間半で走りたいなどと言います。プロは1㎞を3分とか、5㎞を15分と定めて、これをずっと継続していくのです。素人の走り方は予定表であり、プロの走り方は工程表です。

全長2万㎞の万里の長城を作るのに、2千年先という目標があったとしましょう。1年で10㎞、ならば1カ月で833m、1日に28m弱という数字が出てきます。

こうすると、遅れている感覚がないので、**時間がどんどん生まれていく**のです。

11 悪口の時間をなくす

ネット社会では、最も時間を奪われるのは、**悪口を見たり書き込んだりする時間**です。

「上司が俺の企画をボツにした。絶対面白い企画なのに」

それで、上司の悪口を書いてやる、となってしまう。他にも上司の悪口を言っている人がいないか探してしまう。

そんな時間があるくらいなら、企画書を書き直した方がいい。

時間が前に転がっているかどうかの違いは、この差なのです。

例えば、有名予備校の林先生が売れたのを見て、他の先生は思います。

「林先生はあんなにテレビに出て、ちゃんと授業しているのかしら」

もちろん、他の先生以上にしっかりされています。ところが、自分が同じように予備校の先生をしていて売れていないというとき、「林先生の悪口書いちゃおうかな」という気持ちになったりする。ネット社会には悪口のためのチャンスとツールがあまりにも多いので、恐ろしいくらい膨大な時間をこれに奪われることになるのです。

林先生のさらにすごいところは、そんなものを読む暇があったら授業の準備をしている点です。このように、**時間を生む人と時間を奪われる人**とに分類していくのがネット社会です。

12 選り好みをしない

遅い人で多いのが、選り好みをする人です。

どの仕事をしようかなとか、こっちの仕事の方がうまくいきそうとか楽しそうとか、いろんな場面で選り好みを始めてしまいます。

遅い人は選ぶことに余計な時間をかけてしまいます。仕事そのものをしている時間は変わらなくとも、選んでいる時間が圧倒的に多いのです。

仕事を速くするなら、選ばないことです。

レジュメの内容を見て、どこから原稿を書いていこうかな。次はどれ書こうかな。これでは遅くなります。仕事をするときは、次から次と、もうとにかく来たものから片づけていくのです。たとえそれがボール球であっても、初球から振っていく。選択肢が増えれば増えるほど、人は遅くなります。迷っている時間はロスタイムでしかありません。そこで、もう迷わずいくのです。

日曜日、表参道のスターバックスはたいてい行列になっています。普段そこにいない人たちなので、オーダーするのに迷っているのです。後ろの人もイライラしています。さんざん迷った揚げ句「うーん、じゃ、コーヒー」。選り好みによる遅さというのがよくわかる例です。

13 速い状態を基本型にする

最終的にはどういうことか、まとめていきましょう。

基本ができている人は、圧倒的に速いです。

20代の頃、膨大な量の仕事をさせられるというのが、一つの基本になると言えるでしょう。時間がないと言っている人は、まだ基本が入っていないということなのです。もっともっと基本を注入していく。これは、膨大な量の仕事をしないと、なかなか入っていきません。膨大な仕事をさせられているという人は、基本を自分の中に入れて、速く仕事をこなせるようになることを求められているというわけです。

よく勘違いする人がいます。「スピードより、クオリティでしょ」と。速くてもダメなものもあれば、遅くてもいいものがある、と思われがちです。実際には、**遅いものはクオリティが低く、速いものの方がクオリティが高い**のです。

ある仕事をすることになって、企画書を作ることになりました。「では、1週間後くらいに」と言われますが、私は今日のうちに送ります。すると、「方向性として、こういうふうにできませんか？」などと返ってきます。すると、私はまた提案を作り直してすぐ返します。**予定の3分の1で出してしまえば、3倍のキャッチボールができます。**これによって、クオリティはどんどん上がっていくのです。スピードとクオリティは相反するものではありません。

仕事というのは、一人でしているわけではありません。常に大勢の人との共同作業です。そこでは、**みんなで作り出すクオリティ**が大事になってきます。

そのためには、自分がいつまでもボールを持っていてはいけません。すぐに相手に投げ返してフィードバックをもらい、高速回転でキャッチボールをすることが求められます。


仕事が多いというのは幸せなことです。

しなくてはならない仕事が山のようにあるなんて、こんな幸せなことはありません。

そのとき、私が自分にこう言います。

「仕事に追いかけられるのではなく、私から仕事を追いかける」

追いかける気持ちが大事です。仕事に追いかけられると思っていると、時間がなくなります。

地球のある地点に自分がいて、反対側に仕事があるとします。すると、まず自分から動いて仕事を追いかけていくのです。先に仕事が動き出し、私を追いかけてくるのではありません。

時間に追いかけられて走るのではなく、「時間を追いかけて走っているんだ」という意識でいると、時間が生まれてくる。すると仕事も人生も楽しくなってくるのです。

仕事の教科書

意思決定力
即断即決・即実行の勧め

赤羽雄二

日本企業の競争力は過去30年低下した。経営改革、新事業創出、IT活用などの弱さ、すなわち経営力の弱さが足を引っ張っている。この解決には、経営者をはじめとする一人一人の問題把握・解決力、さらに即断即決、即実行できる能力の強化が不可欠だが、それにA4メモという簡単な方法が短期間に驚くほど効く。数十万人が取り組んだ「ゼロ秒思考」、即断即決、即実行のアプローチを紹介したい。

YUJI AKABA

東大工学部卒業後、コマツにてダンプトラックの開発に携わる。スタンフォード大学大学院に留学後、マッキンゼー入社。ソウルオフィスをゼロから立ち上げるなど、14年間活躍。その後、ブレークスルーパートナーズ株式会社を共同創業し、ベンチャー経営支援、大企業の経営改革、幹部育成、新事業創出に取り組む。著書に『ゼロ秒思考』『速さは全てを解決する』ほか多数。東京大学、電気通信大学講師。

仕事をスピードアップする　A4メモ書きの効用

仕事やプライベートで悩みがありもやもやしていると、素早い意思決定やスピーディーに前へ進めることができません。悩みや迷いに足を引っ張られてしまいますし、もやもやしているので、本当はどうすべきか見えなくなってしまいます。

これまで仕事のスピードを上げる方法はたくさん提唱されてきましたが、表面的なテクニックはともかく、自分自身の迷いまで消す方法はなかなかなさそうです。したがって、多くの人にとって、仕事のスピードアップは思ったほど簡単なことではありませんでした。

私自身、マッキンゼーに入社当初、次々に降ってくる仕事、指示、注意、上司からの助言などを処理しきれずに、かなりもたもたしていました。6年間経験したコマツのエンジニアとしての仕事と、マッキンゼーで要求されるスピードもマルチタスクの量も全然違っていたからです。

かなりの試行錯誤ののち、頭に浮かんでは消えること、戸惑いや悩み、もやもやなどをA4

用紙に書き出してみたところ、それ以前よりずっとうまく整理でき、気分がすっきりすることに気づきました。行ったり来たりもしなくなりました。結果として、仕事の処理能力が格段に上がることにも気づきました。

その方向で努力を続けた結果、仕事が速くなり、ただ速いだけではなく、即断即決、即実行もできるようになっていきました。自信を持って仕事に取り組むことができるようになり、リーダーシップ、コミュニケーションスキルも上がったと思います。

このやり方はほとんど手間がかからず、誰でもあっという間に大きな効果を感じることができるため、ご縁をいただいて『ゼロ秒思考』（２０１３年、ダイヤモンド社刊）で紹介させていただきました。その後、シリーズ27万部を突破し、関連の本が合計18冊、さらに中国、台湾、韓国、タイなどでも合計16冊が翻訳出版された結果、大変多くの方にＡ４メモ書きの効果を実感していただいたと思います。

頭に浮かんだことをすべてＡ４メモに書き留める。毎日10～20ページ

『ゼロ秒思考』でお勧めするＡ４メモ書きでは、頭に浮かんだこと、気になっていることをすべてＡ４用紙に書き留めます。目安は毎日10～20ページ、大したことがないように思われるか

も知れませんが、１週間で70～１４０ページ、１ヶ月で３００～６００ページと書く量は膨大で言語化能力が鍛えられます。

気になったことは何度でも書けばいいのですが、書くだけで驚くほど頭の中身が整理されていくので、消化でき、書く必要がなくなっていきます。もやもやがなくなります。そうすると、問題意識や疑問が生まれ、さらに深掘りしていくことができます。これが洞察力につながります。

メモはA4の裏紙に、必ず一件一葉、1分で

Ａ４メモは、Ａ４用紙を横置きにし、左上に浮かんだテーマ、右上に日付、本文は４～６行、それぞれ20～30字ずつ書くだけです。ここまでは普通のメモとあまり変わらないかも知れませんが、１ページを1分で書き終えること、一件一葉で、頭に浮かんだときに書いてしまうことが、最大のポイントです。

やってみればわかりますが、４～６行、それぞれ20～30字、合計80字以上を1分で書き終えることは簡単ではありません。言葉を選んだり、躊躇(ちゅうちょ)したりしているとあっという間に1分たち、びっくりします。

ところが、１分で書き終えると決めてやっていると、何ページか後には何とか書けるようになります。書くスピードがどんどん上がります。それだけでも考えが速くなることを感じられるでしょう。

Ａ４用紙ですが、気がねなく書き進められるよう、不要になった裏紙をお勧めします。どうしてもなければ、５００枚数百円で購入できますが、裏が真っ白だと若干気になるので、なるべく裏紙を活用されるのがよいかと思います。

自分が何に悩んでいるのか、はっきり見える

このやり方を続けると、頭の中でもやっとしていたこと、気になっていたこと、なんでこうなのという嫌な思いなどが目の前の紙に書かれます。目で見ることで、気になっていたことが何だったかはっきりと認識され、愚痴ではなく、課題として理解されるようになります。

課題が理解されると、私たちの頭、心は、不思議なほど課題を解決しようという考えにいたります。

悩みが大幅に減る

Ａ４メモに書く、という行動を別の視点から見ると、頭の中身を全部目の前に書く、ということです。もやもやとした気持ちを言語化するともいえます。頭の中だけで、もてあそぶ、あるいは苦しむのではなく、感じた瞬間にささっと目の前の紙に書き出すことで、明確に認識して前に進む勇気が生まれるのです。

それを繰り返していると、もやっとした瞬間に整理し、どう行動すべきかまで目に浮かぶようになるので、悩みは大幅に減ります。

メモが外部メモリになるため、頭の回転がよくなる

メモは、もやもやを書くことでより明確な形にしてくれるだけではなく、整理しなければと思っていた頭の中身を外部メモリとして保存してくれます。そうすると、頭の負担が減るので俄然（がぜん）物事がよく見えるようになります。よく見えるので、整理もしやすく、最重要課題に早く取り組めるようになります。すなわち、心が落ち着き、頭がよく整理され、頭の回転が大幅によくなります。

暗黙知を形式知化する

Ａ４メモによって、頭がうまく動くようになるだけではなく、何となく考えていたこと、何となくできていたこと、でも意識していなかった「暗黙知」がはっきり形になります。つまり「形式知」化します。「そうか、こうやって自分はやっていたのか」ということを初めて認識できるようになります。

これがなぜ大事かと言えば、例えば部下やチームメンバーに指示するときに「ともかくやれ」とか、「よくわからないけれどこうやれ」ではなく、具体的ノウハウとして伝えることができるからです。

即断即決、即実行とは

「即断即決、即実行」とは、意思決定をぐずぐず先延ばしにせず、その場で決め、即座に行動に移すことです。これができれば仕事上もプライベートも意思決定が速やかになり、必要なときにすぐ行動できるようになります。しかも意思決定が的確なので、結果も伴います。

とてもいいことなのですが、できる人は決して多くありません。言葉の意味はわかっても、また、即断即決、即実行したいと思っても、なかなか実現しません。

理由は大きく2種類ありそうです。①どうしていいかわからないときと、②本当はわかっているのに直視したくないときです。

①どうしていいかわからないときは、何が大事か、何を見てどう決めていいかもわからないので、方向性を決めることが簡単ではありません。見当がつかない状況です。しかし本当は、何人かの人に聞いたり相談したりすれば、わからないはずはないのです。わかるのが怖いので、わかろうとする努力に踏み切れないのかも知れません。

②本当はわかっているのに直視したくないときもあります。直視せず、行動しないほうが、楽なこともあります。それで問題が解決したり通り過ぎてくれたりするならいいですが、当然そんなことは起きません。そうすると事態は悪化します。でも、差しあたりは直視したくないということのようです。

どちらも、戦場でこんな状況であれば、すぐに死にます。仕事では、即座に命取りにならないこともあって甘さが許される場合もありますが、実は徐々に、あるいはある時点で急激に競争力を失って、挽回できなくなります。実際のところ、戦場と大きく変わるわけではありません。

プライベートではもっと甘かったりゆるかったりするので、何をしても、あるいは何をしなくても、当面は許されることが多いでしょう。しかし、これも積み重なってくると、「もういい、あなたとはやっていけない」という最後通牒を突きつけられて、そこで初めて慌てふためくことになります。こちらも、実際は思ったほど許容範囲が広いわけではありません。

他の人が絡まない自分だけの問題でも、どこに就職するか、いつどこに転職するか、どういう資格を身につけるか、たまたま来たチャンスをどうつかむかなど、即断即決、即実行が必要なときがあります。機会ロスが大きくなったり、痛い目にあったりすることも多いでしょう。

ただし、即断即決、即実行といっても、「猪突猛進」ということではありません。猪突猛進とは「周囲の人のことや状況を考えずに、たまたま決めた一つのことに向かって猛烈な勢いで突き進むこと」で、前しか見ずに動く状況です。新たに生まれた選択肢や落とし穴にも気づくことなく走り続けます。

そうではなく、今どういう状況にあるのか、全体像がどうなっているのか、どういう選択肢があるのか、どこのリスクが大きくなってきたのか、そういったことを全部把握し続けたうえで、ダイナミックに最善手を選び続けるのが本来の「即断即決、即実行」です。

即断即決、即実行すべき6つの理由

即断即決、即実行したほうがよい理由が少なくても6つはありそうです。

先手を打てる

即断即決、即実行すると競争相手よりも先に動くことができます。先に動くと、魅力的な話やよい条件を先取りすることができます。迷っている間にせっかくの案件を誰かにとられてしまうことは、日本企業でよく見られます。

PDCAを何度も回せる

即断即決、即実行すると、ＰＤＣＡを早めに回すことができます。そうすると、何がうまく

即断即決、即実行すべき6つの理由

①即断即決、即実行すると、先手を打てる

②即断即決、即実行すると、PDCAをより多く回せるので、成功しやすい

③即断即決、即実行すると、生産性が上がる。すべての仕事が速くなる

④即断即決、即実行すると、それだけでリーダーへの信頼度が上がる

⑤即断即決、即実行すると、部下もつられて素早く動くようになる

⑥即断即決、即実行すると、組織全体が打てば響くようになり、活気づく

- 即断即決、即実行のメリットは、非常に大きい。多くの人の想像以上に大きいと言える
- 即断即決、即実行できること、できる時は、極力、即断即決、即実行した方がよい
- できるリーダーは、即断即決、即実行する
- 検討を深めることと、いつまでも決定を引き延ばすことは全く別
- 継続審議は多くの場合、ただの逃げ
- ためらい、迷い、躊躇、逡巡にほとんど価値はない。むしろ時間の無駄
- 即断即決、即実行できるように普段から準備しておくことは必要

いくか、いかないのかがいち早くわかるので、修正もしやすくなります。PDCAをより多く回せるので、成功確率が上がります。よい結果がさらによい結果を生む好循環が始まります。好循環が始まると、PDCAを回すことが楽しくなり、ますますよい結果が生まれます。

生産性が上がり、仕事が速くなる

ほとんどの人は仕事に真面目に取り組み、できるだけ速く進めようとしているつもりなので、なかなかそれ以上は速くなりません。ところが、「即断即決、即実行」をお題目のように唱え、騙(だま)されたとでも思ってやってみると、意外に動けることに気づける

でしょう。仕事のスピードや段取りは決して最速にセットされているわけではなく、社会人になって最初の職場、上司に教えられたか、たまたまある仕事のしかたをしていたかでかなり決まっているからです。

感覚で言うと、「さっさとやってみる」が一番近いと思います。そのように行動すると、意外に生産性が上がり、仕事が速く進むことに気づかれるでしょう。ちょっとした変化から、他のことでもスピードアップできるようになっていきます。

仕事のテンポが上がり、全般的に無駄が減ってどんどん片付くようになります。こうなると、仕事が楽しくなり、いろいろな工夫もできるようになり、さらによい結果が出始めます。

周囲から信頼される

即断即決、即実行できる人はあまり多くはいません。社長、役員、部課長でも、「自分は即断即決、即実行している」と自信を持って言える方、実践できている方はあまり多くはいないでしょう。

ですから、即断即決、即実行できる人は部下からも上司からも目立つし、信頼度は高くなります。他の能力が同じでも、即断即決、即実行できる上司・リーダーのほうが断然周囲の信頼を勝ち取ることができます。

部下もつられて素早く動く

「生産性を上げろ」と部下に口頭で指示しても、彼らは少し急ぐ振りをするとは思いますが、根本的に速まることはあまりありません。納得もしていないし、どうやるべきかもよくわからないからです。

ところが、上司・リーダーが即断即決、即実行すると、つられて部下の無駄な動きが減り、二度手間が減り、待ち時間が減り、素早く動くようになります。うるさく言うのではなく、行動で見せることがポイントです。

部下もだんだん仕事が速くなるし、上司・リーダーから学んでごく自然に即断即決、即実行が身についていくようになります。この結果、チーム全体の生産性が上がり、戦闘力が圧倒的に上昇します。

組織全体が打てば響くようになる

上司・リーダーが即断即決、即実行すると組織全体が自然に活気づき、スピード感にあふれるようになります。メンバー間のコミュニケーションもスムーズに行なわれ、個人としても組織としても課題への対応が素早くかつ柔軟になります。打てば響くようになります。

一度そういう状況を味わうと大変快適なので、大きなブレーキがかからない限り、組織は継続して機能し続けます。そうなるともう、誰も止める人はいません。素早く動かないメンバーは取り残されてしまいますし、自分がブレーキになるとわかると、人は皆走り出すものです。

即断即決、即実行を妨げる心理的ブロックをどう外すか

よいとわかっても、即断即決、即実行を妨げる心理的ブロックがあります。それらについても考えてみましょう。

情報を集めきらないと不安、怖い

なぜほとんどの人は即断即決、即実行しようとしないのでしょうか。一番大きい理由は、「情報を集めきらないと不安、怖い」ということかも知れません。本当はとっくに結論を出せるはずなのに、情報を集め続けます。もっとこの情報、あの情報と、集める作業をやめることができません。もちろん、その間は決断と行動を先延ばしにします。

情報を集めれば集めるほど正しい結論を出せるのであれば意味はありますが、そういうケースはほとんどありません。多くの場合、すでに十分な情報を集めているか、もうよい情報はな

即断即決、即実行を妨げる心理的ブロック

①情報を集めきらないと不安、こわい	情報をいくら集めてもきりがないことを理解する。自己満足だと知る
②選択肢を出し切らないと不安、こわい	常に大事な3つを考えるようにしておく。何でも相談できる相手を常に確保する
③即断即決、即実行を具体的にどう進めればいいのかわからない	選択肢を整理し、評価し、決めるだけであり、わからないというのは単なる逃げ
④即断即決、即実行をする、ということ自体、慣れない、不安、こわい	即断即決、即実行をしないことによる機会損失、即断即決、即実行をしないリスクを常に考える

くなり、結論の精度は上がらない状況です。より正しい結論を出すためではなく、結論を出したくないばかりに、あるいは仕事をしていると思い込みたくて情報を集め続けているように見えます。

問題は、本人だけではなく周囲もそれを許してしまい、情報を集め続ける状況が続いてしまうことです。実際は、情報を集める時間だけではなく、情報を集める費用も無駄で、組織やチームに迷惑がかかります。アクションが遅いため、機会損失も大きくなります。情報収集が役立つどころか、害にすらなってしまいます。

新たな情報で判断の基軸が大きく右にぶれたり左にぶれたりするときは、まだ検討不足、情報不足でしょう。しかし、新たに

得られる情報によってもう判断が揺るぎそうにないとき、特に判断のための新たな「検討、評価項目」が増えないときは、今ある情報だけで判断すべき時期だと考えられます。

選択肢を出し切らないと不安、怖い

選択肢を全部出し尽くさないと不安でしょうがないということもあるでしょう。これは、さっきの「情報を集めきらないと不安、怖い」とはまた違う理由です。

たとえば、イベントの開催時期の検討で、「来月初め」「来月中旬」「来月末」という3つの選択肢で現実的には十分な場合に、今月末だったらどうなのか、再来月ならどうなのかなど、延々と他の選択肢を考え、議論し続けることです。

これも慎重なようでいて、実際は単に引き延ばし、時間つぶしをしている状況です。大差ない選択肢であれば、それをより精緻にするよりも、他の部分の検討を進めたほうがよいのに、そういう態度を「無謀だ。慎重さに欠ける。拙速だ」として否定したりします。

そういう人たちは、「選択肢を全部出し尽くさないと危ない。最善を尽くすことにならない」という大義名分のもと、比較的どうでもよい些少（さしょう）な点にこだわり、自己満足のための検討に陥りがちです。

そのために時間が浪費されて事業のチャンスが失われたり、競合企業が着々と橋頭堡を築いたりしても、不思議にそちらのほうはあまり気にしません。

即断即決、即実行をするということ自体、慣れない、不安、怖い

即断即決、即実行できない理由として、素早く情報収集して意思決定し、行動に移すということに慣れず、パニックになってしまう人もいます。すぐ頭がいっぱいになってしまいます。頭が整理されていないため、あらゆることが気になって、あるいは一部の評価にとらわれ過ぎて、それ以上考えることができなくなります。何をすべきかという選択肢のリストアップも、その評価も中途半端になります。

「やってだめだったらどうしよう」が気になって、即断即決、即実行ができない人も多いようです。確かにいつも成功するとは限りません。難題であればなおさらで、サボらず、最善と考えられる努力を重ねても、一度や二度は必ず失敗するといってもいいでしょう。むしろ、そういった失敗から学んで、成功へのきっかけが生まれるのですが。

旧態依然とした大企業では、即断即決、即実行という以前に、従来よりも速く仕事をしようとするだけで摩擦が生じる場合もあるでしょう。「他の人の迷惑になる」とか、「調整しなければ

ば一部だけで先行することは許さない」とか、「今までのやり方と違うからだめだ」とか、あらゆる理由をつけて、新しいやり方をつぶそうとします。

即断即決、即実行を実現する全体観

「全体観」とは何か

即断即決、即実行ができない根本的な理由は、対象への正しい「全体観」を持てていないことだと考えています。

夜、真っ暗な道で前が見えないのに、自転車で走るのはとても危険です。しかし、ライトをつければある程度安心して走ることができます。さらに、街路灯がついていて、一本道で数十メートル先まで見通せるようなときは、かなりのスピードで走っても安全だし、怖いと思うこともありません。

進行方向に大きな陥没がないこと、大きな石や空き缶などが散乱していないこと、車が横道から突然飛び出してきたりしないことなどがわかっているのが、全体観を持った状況といえます。

全体を見渡すことができれば安心して前に進むことができます。本人の性格がどうか、役割がどうかといった問題ではなく、全体観を持っているかどうかが、即断即決、即実行できるかどうかを決定します。

全体観を持つとは、自分が取り組む仕事や課題の全ての道筋やプロセスが見えており、どこが重要なポイントかを理解していることです。どのような問題が起きそうで、それがどのくらい深刻かもしっかりと認識している状況です。

「そんなことができるのか?」と思うかもしれませんが、誰でも日々そうした場面に接しており、実は多くの人ができています。

全体観はリーダーに不可欠

全体観は、即断即決、即実行を可能にする以外にも、上司・リーダーには欠かせない能力です。全体観を持つことができれば、表面的な業務の流れだけでなく人間関係を含めた全体を見て、ベストな案を選択できるようになるからです。

全体観を持っている上司・リーダーは、大きな結果を出せるだけではなく、余計なストレスがないので、精神的な疲れもはるかに少なくてすみます。力を抜いてもよいところがわかっているのでいつも余力があり、トラブルを未然防止できます。もしトラブルが発生しても素早く対応できるようになります。

企業においては、全体観を持つ上司・リーダーを育てることが大切です。全体観がなければ即断即決、即実行ができず、他社に大きく後れを取ることになります。将来の環境変化に対応できず、生き残ることすら難しくなっていきます。

全体観を持つこと

全体観を持つことが得意な人と、比較的苦手な人がいるようです。得意な人は、自分に自信があり、目の前の仕事を片付けながら、常に全体を見ることを怠りません。

自転車で道路を走るのであれば、目を開けていればたいていのものがはっきり見えます。注意さえしておけば、歩行者の飛び出しを避けることもそれほど難しくはありません。道路に大きな陥没があったとしても、普通は何メートルも手前で気づくことができます。

しかし仕事になると、目を開けていれば見えるわけではありません。意識的に全体観を持つ工夫が必要になります。複雑な仕事になるほど、利害関係者やメンバーの数が増えるほど、簡単ではなくなります。

これまでは、上司や先輩に「仕事ができるようになるにはどうすればよいでしょうか？」という疑問を投げても、「経験を積めば徐々にわかるようになる」とか、「失敗を一つ二つしないと一人前にならない」という答えしかもらってこなかった方がほとんどでしょう。

しかし私は、その疑問に、「全体観を持ち、即断即決、即実行できるようになること」だと答えたいと思います。そしてそれを、無用な失敗の痛手なく実現できる効果的なトレーニングがあります。

それが今から紹介する２つのツール、「オプション」と「フレームワーク」です。

何かを決める際に必ず使うオプション

オプションとは

「オプション」とは、取りうる選択肢を複数挙げ、比較し評価するやり方です。紙一枚に整理するだけなので、慣れればすぐにできるようになります。

「オプション」は、日常生活での選択からビジネスでの重大な決定まで、我々が何かを決める際には必ず使えるツールです。たとえば「海外への事業展開」を考えてみることにしましょう。

- 現地に支社を作る
- 現地に代理店を作る
- 現地企業を買収する

などの選択肢をすぐに思いつきます。それを次ページの図のようにしてみます。これが「オプション」の最もシンプルな形です。

オプションの例

海外に向けた、当面の事業展開

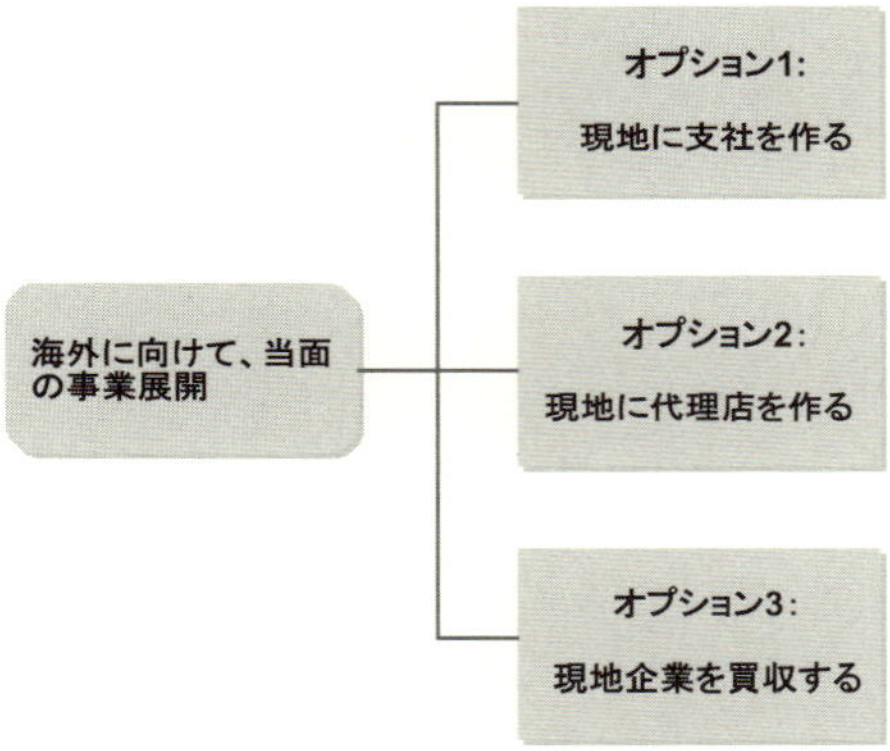

主要な選択肢を挙げ、すばやく評価するスキルがあれば、見落としなく複数の施策を評価し、最善の手を選ぶことができます。後から「他にもっとよいやり方があったのではないか」とか、「このやり方でも悪くはないが、やや筋が悪かった。事前に気づくことはできなかったのだろうか」ということがなくなっていきます。

一方、「オプション」での思考が不十分だと、最善を尽くせないことが増えます。手痛いミスを犯してしまうことにもなります。

選択肢を素早く適切に挙げるポイント

オプションにおける選択肢を素早くリストアップするにはどうしたらよいでしょう

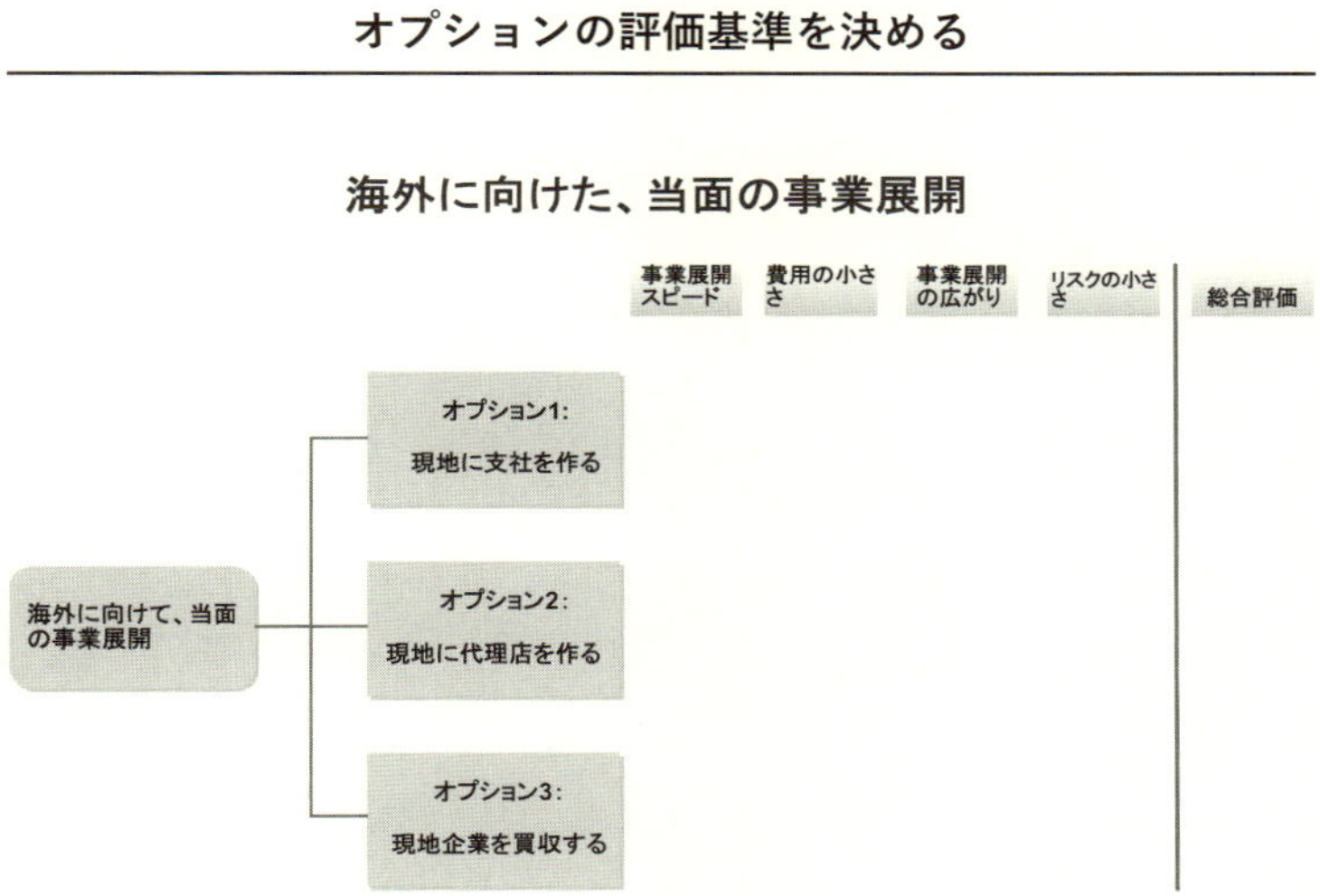

か。これは、取りうる施策を広く考えてみることから始まります。

選択肢をリストアップした後は、思い込みやケアレスミスで大事なものを見落としていないかを、全体観をもって改めて確認します。漏れもダブりもないかを考えます。

選択肢として挙がっていなければ評価はできないので、見落としを避ける必要があります。

オプションの評価基準を決め、評価する

オプションを立案した後は、オプション内の選択肢をどう評価するか、評価基準を決めます。これは、各選択肢の違いを評価するうえで必要かつ重複のない4〜5個の

評価基準に沿って評価する

◎：非常によい
○：かなりよい
△：よくない
×：全くだめ

海外に向けた、当面の事業展開

海外に向けて、当面の事業展開	事業展開スピード	費用の小ささ	事業展開の広がり	リスクの小ささ	総合評価
オプション1：現地に支社を作る	◎	◎	○	○	◎
オプション2：現地に代理店を作る	○	◎	△	◎	○
オプション3：現地企業を買収する	△	×	◎	△	△

項目です。

「合意した評価基準で評価し、決まったら文句を言わずに実行する」と明確に合意しておくことが重要です。その確認なしに進めると、間違いなくもめ事になります。

自分の意にそぐわない結果が出そうになると、「いや、そんなつもりじゃなかった」「その評価基準がおかしい」など、好き放題言い始めるメンバーが必ず出てくるからです。それどころか、「こういったやり方は横暴だ」「最初からこういう方法はだめだと思っていた」と、一方的な批判を始めることも少なくありません。

世の中には「後出しじゃんけん」がまったく気にならない自己中心的な人が少なからずいます。そうなると他のメンバーへの大きなストレスになってしまいますし、それが原因で職場の雰囲気が悪くなったり、家族間で仲違い（なかたがい）にもなったりします。

オプションを使いこなすトレーニング

オプション立案、評価がスムーズにできるようになると、即断即決、即実行が大変やりやすくなります。もしかすると自分が片寄っているのではないかという疑念がなくなるし、課題が整理できるので迷いが減り、行動に移しやすいからです。

上司・リーダーとしても、どんなオプションの中からどうやって選択しているかをメンバーにわかりやすく説明できるようになるので、納得していないメンバーがいるのではないかといった不安がなくなります。結果としてリーダーシップを発揮しやすくなるし、メンバーの視野を広げることにもなります。チーム全員の気持ちを統一できるので、チームとしての即断即決、即実行も進めやすくなります。

課題によっては、メンバー全員でホワイトボードの前に15分集まってオプションの確認をするだけで、納得のいく方向性を見出す（みいだす）ことができるようになります。

個人として、また上司・リーダーとしてチームでオプションを使いこなすには、習慣化する

オプション比較

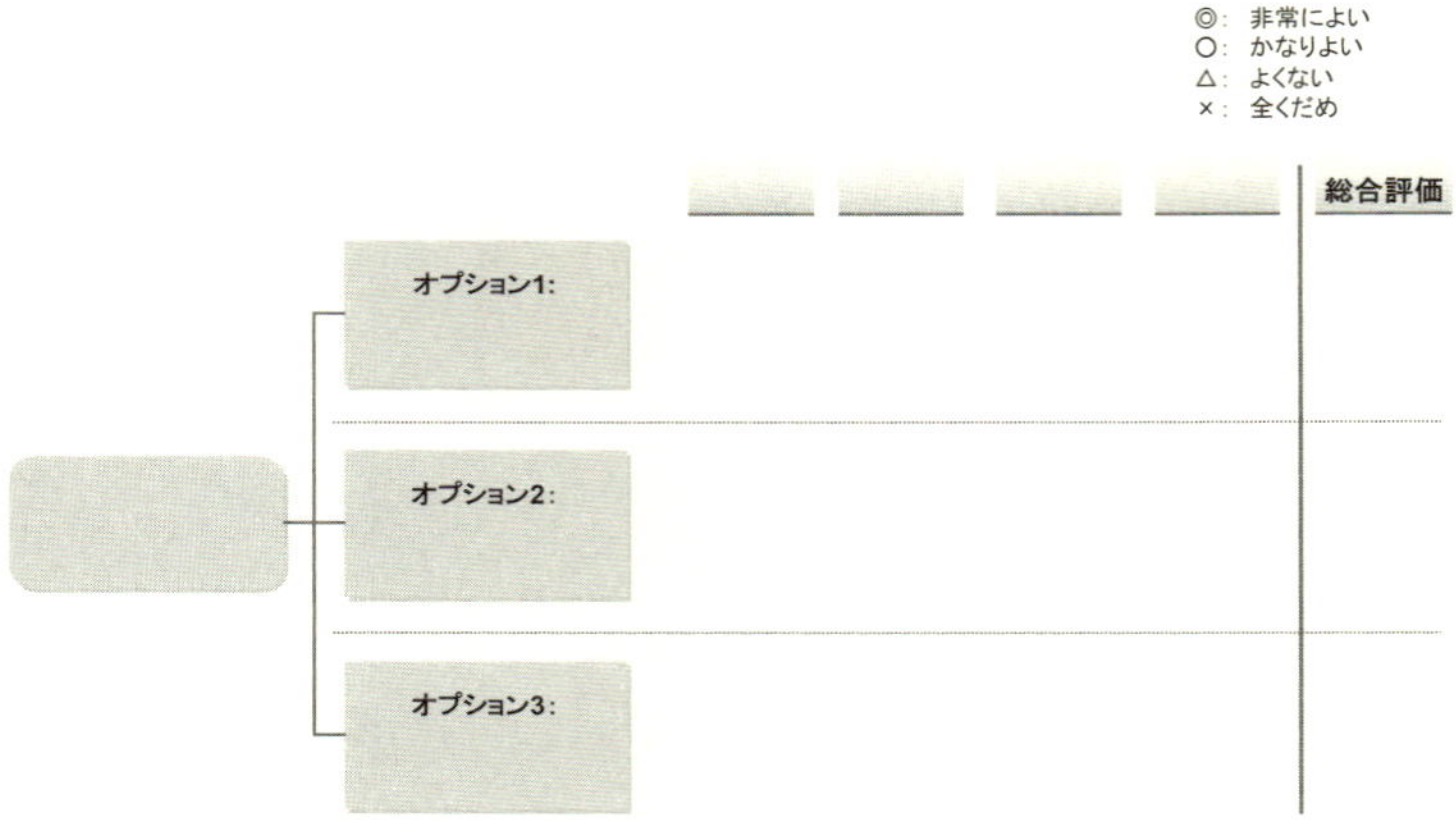

必要があります。Ａ４用紙で上図のフォーマットを用意しておき、ちょっとでも迷うことがあったら即座に記入するようにします。場合によっては、チームルームあるいは会議室にホワイトボードを２台用意しておきます。１台には消えないマジックでこのフォーマットを書いておき、毎回さっと記入します。

　これだけシンプルなフォーマットでも、事前に書いてあるのとわざわざ書くのとでは、手間が違いますし、精神的負担もかなり違います。メンバーがオプションに慣れ親しむためのハードルは、こういったちょっとした工夫が下げてくれます。

物事の整理に有用なフレームワーク

フレームワークのしくみとポイント

フレームワーク、特に2×2のフレームワークをご存じの方は多いでしょう。マトリックスと呼ぶ場合もあります。物事の整理ができて大変に有用ですし、全体観を持つ上では必須です。ところが、頭の整理、物事の整理などに実際に使ったことがある人は意外に少ないようです。使っている方も、前任者などが作ったフレームワークを修正し、新たなデータを入れて使用することが多いようです。この現象は、社内の会議資料ではよく見られます。

しかし、最初に作られた時点で最善のフレームワークだったとは限らないし、その後の状況が変わってしまえば、中身を入れ替えただけでは目的に沿った使い方ができないことが多くあります。タイトルと縦軸・横軸、軸のラベル、2×2の4つの箱の中身の整合性を十分吟味しなければ、本来使えません。

フレームワークの例

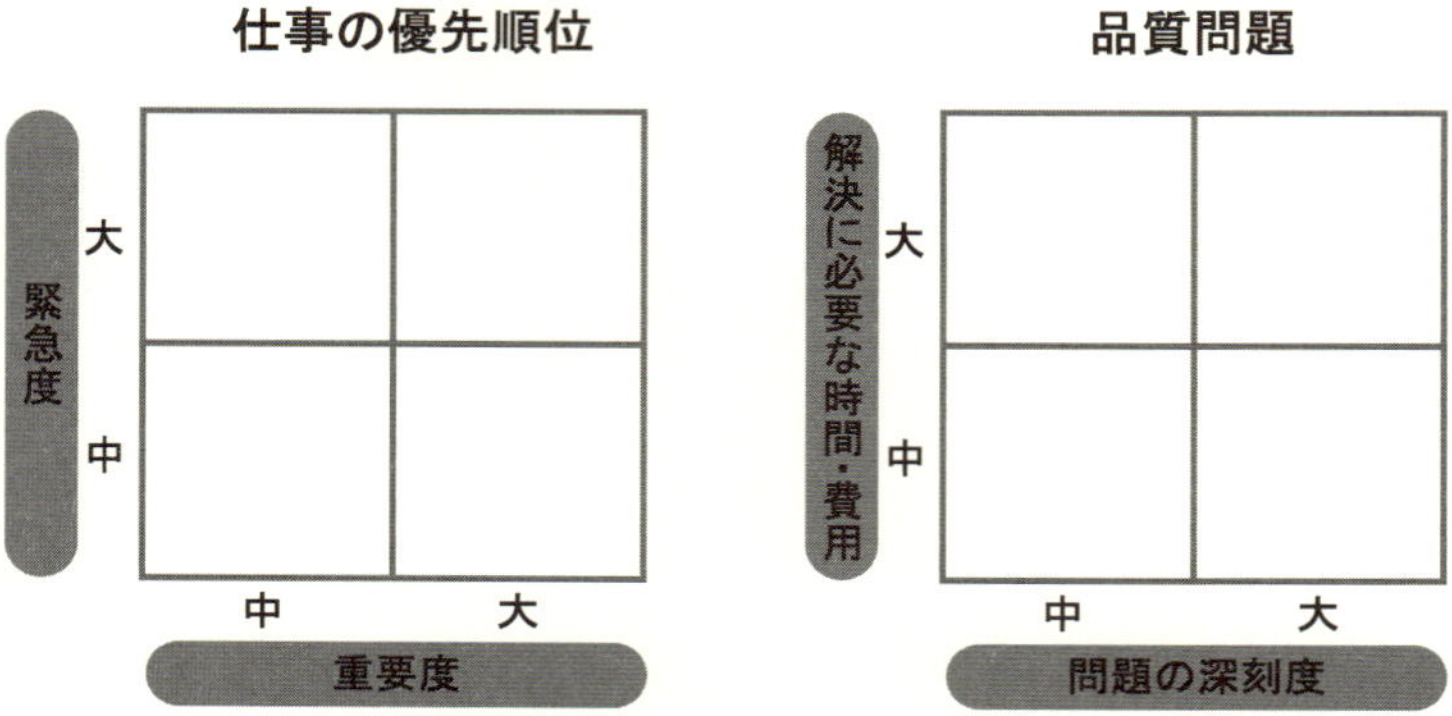

2×2フレームワークは、2つ以上のものを整理するときに大きな力を発揮します。ここで述べた例以外にもテーマはいくらでも考えられます。フレームワークで整理した途端、問題点がはっきり見えたり、もやもやしていた気持ちが整理できて行動に移せるようになったりします。あるいは、これまで解決できなかった問題の糸口が勝手に浮かび上がってきたりします。

それは、全体観が育つことで、全体を構成する「部分」によりバランスの取れた見方ができるようになるからです。「全体」としてはどこまで見ないといけないか、どこが範囲外で範囲内なのかを自然に意識するようになるからです。

フレームワークを使い慣れていくと、何

に対しても常に全体観を持てるようになり、慌てることがなくなります。「何か見落としているかもしれない」「もっと何かあるのでは」といった心配もなくなります。突発的なことが起きても、慌てず瞬時に、何が課題でそれがどのくらい深刻か、何とかなりそうかどうかまで見えてきます。そうなると、即断即決、即実行にどんどん近づいていきます。全体観があるので不安なく迷いなく、進む方向が見えるからです。

フレームワークの作り方

できあがった2×2フレームワークは、とても簡単そうに見えます。しかし、そのときの課題、状況にぴったり合ったものを作ることは、実際には容易ではありません。

①いま何を整理しようとしているのか
②その整理するものを、どういう軸で整理すると最も意味があるのか
③2×2に分けたとき、縦軸・横軸それぞれの2つの箱のラベルは適切か
④4つの箱それぞれに適切な内容を記入することができるか
⑤タイトル、軸、ラベル、分類した内容の間で齟齬がないか
⑥全体として有用なのかを判断、修正し全体のバランスを取り完全なものに仕上げていきます。

フレームワークの使い方

◉レベル1：フレームワークをその場で何とか作れるようになる

フレームワークに慣れてくると、課題を整理すべきと感じたとき何とかフレームワークを作成し、整理できるようになっていきます。これまでどうすることもできなかったので、気持ちを押し殺したり、放置したりしてこなかったでしょうか。「え？　そうかな？」と思いつつも、自信がなくて言い出せなかった、ということもあるでしょう。これからは、その場で試行錯誤しながらも役に立つ2×2フレームワークを書き、納得できるようになります。

◉レベル2：フレームワークが瞬時に浮かぶ

フレームワークを何とかその場で作れるようになり、物事の整理や課題解決がスムーズに進むようになると、成功体験が積み重なり、自信もつき、より難しい事象でも素早く整理できるようになります。

相手の話を聞きながら、フレームワークが瞬時に浮かぶようになります。大事な2軸が自然に浮かび上がってくる感じです。

◉レベル3：フレームワークを使いこなす

フレームワークを自分で自由に作れるようになると、フレームワークの達人と言われ、人に頼られるようになっていきます。仕事ができるようになるだけではなく、次のような使い方もできるようになります。

- 自分の頭を常に整理する
- 企画・提案資料などで課題・現象を整理する
- 会議で意見・立場の違いを整理する
- 議論後に頭を整理する

フレームワークを使いこなすトレーニング

2×2フレームワークを使いこなすのは容易ではありません。簡単な見た目に反して、何度も練習する必要があります。タイトルの選び方、軸の選び方、ラベルの選び方、4つの箱の内容の書き方など、全てのバランスを取らなければなりません。

私自身は、マッキンゼーに入ったとき、フレームワークがまったく書けず、どうやって練習したらよいのかもわかりませんでした。会社での研修でも、フレームワークの作成方法や練習

フレームワーク作成練習（1日6個）

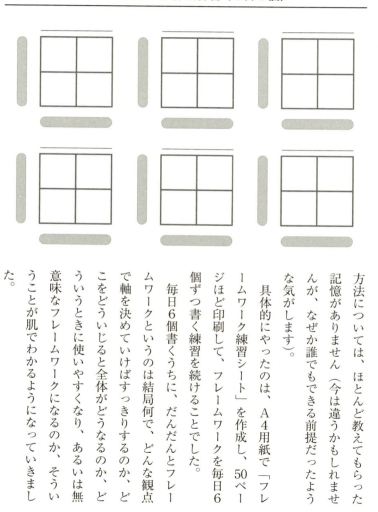

方法については、ほとんど教えてもらった記憶がありません（今は違うかもしれませんが、なぜか誰でもできる前提だったような気がします）。

具体的にやったのは、Ａ4用紙で「フレームワーク練習シート」を作成し、50ページほど印刷して、フレームワークを毎日6個ずつ書く練習を続けることでした。

毎日6個書くうちに、だんだんとフレームワークというのは結局何で、どんな観点で軸を決めていけばすっきりするのか、どこをどういじると全体がどうなるのか、どういうときに使いやすくなり、あるいは無意味なフレームワークになるのか、そういうことが肌でわかるようになっていきました。

即断即決、即実行できる姿勢、体制を普段からどう構築しておくか

即断即決、即実行の大前提は、仕事のスピードをともかく上げていくことです。後で詳しくご説明しますが、ホワイトカラーのほとんどの業務は数倍速くできるはずと理解しています。

書類・資料作成をスピードアップする

ホワイトカラーの仕事の5〜7割は、書類・資料作成に取られていると思います。会社の経営者・部門長は、ぜひとも、すべての書類・資料を棚卸しして、作成中止、ページ数半減、1ページ内の情報量半減などを推進されるとよいと思います。また徐々に増えるので、四半期ごとに半減させます。

自分では減らせない場合、テンプレート化が鍵です。一度作った資料は、構成などを残し、中身を消してテンプレートにしてしまうと、2度目から倍くらいのスピードで作成できます。

即断即決、即実行のベースとなる仕事のスピードアップ

書類・資料作成をスピードアップする
- 頭に浮かぶことをメモ20～30ページに吐き出す。それを並べて再構成し、いくつか書き直して、それからパワーポイントにする
- 情報収集は最初に1時間区切って気になる言葉で調べまくる。大事そうなものは全部印刷して赤丸をつけておく

メールを素早く書く、返信する
- 「来たメールは即座に返信する」
- 単語登録を200～300個する

会議時間を半分以下に
- 「自分が主催できる場合、あるいは社長・上司に進言できる場合、すべての会議時間の半減を宣言し、即時実施する
- 5分ミーティング、10分ミーティング、15分ミーティングを多用する
- 議論はホワイトボードを使ってリアルタイムで整理する

スルー力をつける
- 「スルー力(りょく)」をつける(受け流す)
- スルー力は、どうしても避けられない不可抗力が働いている時、心の安定させるために効果的。いつもいつもスルー力を発揮していると奴隷奉公になるが、時には必要

また、「再利用フォルダ」を作成しておき、また使えそうな文面、やや込み入っているがうまく整理できた文面などに日付をつけ、放り込んでおきます。そうすれば、ほぼ数秒で取り出せますので、スピードアップできストレスもまったくありません。

メールを素早く書く、返信する

メールは溜めれば溜めるほど悪循環が起きるので、すぐ返信するのがよいと考えています。もちろん打ち合わせ中とかはチェックできないので、席に戻った後、あるいは外部での打ち合わせが終わって移動中など、私の場合、一日に20~30回はチェックしてメールに返信しています。大変そうに

見えますが、やってみればそうでもありません。

何より、仕事のスピードがどんどん速くなる上、精神的にも安定します。追われているのではなく、こちらから追っている感覚が快適です。

すぐ返信すると、その返信・質問への返信もすぐなので、あっという間にやり取りが終わります。また、返信のスピードの速さに相手が驚き、こちらの熱心さや誠意を感じてくれることも頻繁です。

Thunderbird等でフォルダ分けをする方をよく見かけますが、私はやりません。分けるとそれをいちいち見ないといけないので手間を取りますし、チェックし忘れて大事なメールへの返事が遅れることも起きがちだからです。

また、メールに優先順位をつけて返信しようとする人もいますが、私はそうしないほうがよいと思います。端から返信するほうが無駄がなく、結局速いからです。

メールへの返信を書くことに時間がかかっている人が多いようですが、これは意識すると何倍も速くなります。「ゼロ秒思考」のA4メモ書きがいい練習です。相手のポイントが素早くつかめ、どう返信すべきかが瞬間的に浮かぶようになります。

スピードアップには、単語登録も大事です。200個以上すると入力が驚異的に速くなり、快適に仕事が進みます（Google日本語入力より速くなります）。

単語登録の鍵は、登録数が多くても素早く思い出す方法です。

頻繁に使う特別なものは、最初の1文字で六十数種類登録できます（ひらかな、アルファベット）。

「あ」→赤羽雄二
「ぽ」→ポジティブフィードバック

それ以降は、最初の2文字で登録します。たとえば、

「おは」→おはようございます。

「あけ」→明けましておめでとうございます。今年もよろしくお願いします。


最初の2文字で区別できない場合は、第1字＋第3字で登録します。

単語だけではなく文章も登録すると、メールや書類作成のスピードが大幅に上がり、あまり苦ではなくなりました。少ないキー数で書けて気持ちがよく、速くなるだけではなく、書くこと自体、楽しくなっていきます。

会議時間を半分以下に

日本企業の会議にはかなり改善余地があります。だらだらと時間がたちますし、発言が少なく、間が空いています。会議主催者がもっと仕切ればいいのに、なぜか皆、遠慮して誰かが発言するのを待ちます。

一方的に長いスピーチをする人もいます。発言が明快でなく、堂々巡りだったり、話の本筋からずれていったりしても、会議主催者はまず正そうとしません。全員が我慢して、大人しく聞いています。

さらに、議題が明確でないとか、あっても何をどこまで達成すべきか決まっていない会議が多く、何となく集まって何となくディスカッションをしていることも多く見られます。もっとも費用が大きく、会社にとって重要な経営会議でも、この状況はあまり変わりません。会議というより、社長の一人舞台だったりします。

こういうことから、会議時間を半分以下にする努力が常に必要ですし、効果があります。

スルー力をつける

「スルー力」というのは、不条理なこと、まともに相手をしてもどうしようもないことを受け流す力です。

仕事をしている中で、どうしようもないほど許せないこと、ひどいことがあります。心を込めて作った企画書で周囲の評判もよいのに、上司が気にいらず全面的な書き直しを要求されたとき、あるいは、顧客の理不尽な要求に身も心もずたずたにされそうになったときなどです。

そういう場合、その状況を真正面から受け止めず、さらりと受け流してしまうほうが傷つきませんし、後に引かなくなります。心が安定します。

嫌なことがあるたびにスルー力を発揮すると奴隷奉公になりますが、時には必要だと考え、受け流してしまってください。そうすると、気持ちが落ち着いて、仕事を安定して進めることができ、即断即決、即実行のペースを維持できます。

即断即決、即実行に必要な情報力強化

Googleアラートに関心のある言葉を30〜50個登録

Googleアラートは、関心のある言葉、関係のある会社・サービス、競合企業・サービスなどを登録しておくと、その言葉を含む過去24時間の記事を毎朝配信してくれる無料のサービスです。

キュレーションやFacebookのウォール投稿などと違って、指定分野の情報収集を確実にしてくれます。余計な記事をつい読んでしまうこともありません。

新規のプロジェクトが始まったり、職場が変わったり、新しい分野に関心を持ち始めたりしたときはすぐGoogleアラートに登録します。関心のある言葉を20〜30個登録するところから始め、だんだん増やしていくといいでしょう。

これだけで大事なことを見落とさなくなります。「え？ 知らなかった」「早く知っておけば」

と後悔することも、「なんでちゃんと調べておかないんだよ」と上司に叱られることもなくなります。大きなミスがなくなり、気持ちも安定しますので、自信が生まれ、即断即決、即実行につながりやすくなります。

Googleアラートでキーワードを登録する際、大切なのはプレファレンス設定です。デフォルトでは「上位の結果のみ」表示するので、これを「すべての結果」に変えます。これにより、配信される記事数が数倍に増えます。

海外の動向も知る必要がある場合は、日本語・英語の両方でGoogleアラートを設定します。たとえば「機械学習」についてすべてカバーしたければ、

(1)「機械学習 OR (Machine learning)」で、言語を「日本語」とすることで、この両方の言葉を含む日本語の記事が配信され、

(2)「Machine learning」で、言語を「英語」にすることで、英語記事が配信されます。

日本語記事が膨大にあるので英語記事など読まなくても、と思われる方が多いかも知れませんが、決してそんなことはありません。日本語記事は英語の一部の記事の焼き直しで、重複しているものが非常に多いです。

本格的に情報収集しようと思ったら、日本語記事だけではなく、「Autonomous car」「Robot car」「Driverless car」などを登録し、英語記事を読む必要があります。

そうやって初めて、仕事で使える本物の情報収集ができます。日本語だけですませようとすると限度があり、情報戦の出発点ですでに負けています。Googleアラートは英語の最新ニュースを漏らさず把握できるので、大変ありがたいものです。

自分が関連する分野は海外にまったく関係ないと思っても、インバウンドで海外からたくさんの人が来る時代ですし、海外企業が国内に進出して競争になることもあります。自社がある日突然、外資に買収されることもありえます。英語での情報収集をあまりしなくてもすむ時代ではもうないと思います。ちなみに、明治維新のときは皆、必死に英語で情報収集をしていました。日本人ができないわけではまったくありません。

Google翻訳があるからいいと言われる方もおられますが、英語と日本語の自動翻訳はまだまだむずかしく、英語の記事からの直接の情報収集は当分欠かせなさそうです。

毎朝・毎晩、自宅で30分ずつ記事を読む

仕事のスピードアップには、情報収集力の強化が欠かせません。優れた情報収集力を持っていれば、常に的確な状況判断をして、一番いい手を打ち続けることができます。情報収集を軽視すれば、間違った方向の努力を続けたり、気がついたときには顧客ニーズや業界動向にまっ

たくついていけなくなったりします。

情報収集が大切だとわかっていても、効果的に実践し仕事に活かしている人は、実はそこまで多くありません。

日中は人に会ったり、会議があったり、必要な資料を作成したりで時間に余裕がありません。仕事ができる人ほど忙しいでしょう。ネットでゆっくり情報収集をする時間はなかなか取れないし、取れたとしても、情報に集中する心の余裕はあまりなさそうです。

ですので、本気で情報収集力の強化に取り組みたい人には、毎朝・毎晩、自宅で30分、ネットからの記事を読むことをお勧めしています。

自宅ではあまり邪魔が入りません。「ちょっといいか?」という上司、「すみません。ここがわかりません」という部下、「この件なんですが」とコンタクトしてくる他部署の人間がいません。ノイズがほとんど入らず集中して読めるので、会社で読むのに比べると効率が数倍になります。

小さい子供がいたら、寝たあとや起きる前でないと集中できないということもあります。その場合は出勤前のカフェなどが次善の方法でしょう。

家では仕事をしない、という人もおられますが、家のほうが自由度が増し、生産性が上がることも多いと思います。ですので、仕事のスピードアップや成長を志す人は、自宅やカフェなどでも仕事ができる環境を整えるとよいと思います。そうしないと、仕事が終わるまでオフィスを出ることができないし、締切に追われて休日出勤になったりするからです。

仕事が終わるまでオフィスを出られない、ということだと、友達に会うのも制限されるし、勉強会やセミナーに参加するのもむずかしくなります。もちろん、彼氏・彼女・家族との約束もしづらくなります。日本人はあまりにも会社偏重なので、その是正のためにも、もう少し働き方の自由度を確保するとよいかも知れません。

家で仕事するほうがよほど会社人間だ、という考えもありますが、仕事の生産性を上げ、余裕時間でプライベートを充実させることもできるので、いちがいに家での仕事を否定できません。

反対される方には、「やってみないとわからないから、まあ一度やってみたら」と言うことにしています。やらずに、あるいは中途半端なやり方でやってみてうまくいかない、ということで終わらせるにはあまりにもったいないからです。

グローバル時代なので、24時間、どこからか重要なニュースがきます。たとえば、アップルやグーグルの規約が突然変わったり、新しい法規制が発表されて競争環境が激変したり、競合企業が突然現れたりすることもあります。

また、そういったニュース以外にも、毎日、何百何千の新しい記事が書かれており、仕事上参考になるものも多くあります。それらを読むことで仕事のしかたや経営方針の見直しができたり、アイデアを得られたりします。頑張るエネルギーを得たりもします。

毎日続けることで、朝や夜寝る前の歯磨きのように、情報収集が習慣化できるようになりますし、状況がよく把握できていれば、即断即決、即実行が自然にできるようになります。

なぜ朝晩30分ずつなのでしょうか。時間を決めないと、気になるニュース、参考になる記事が多すぎ、延々と読み続けてしまうからです。情報収集は、あくまで成長するため、仕事の方向性を確認するため、アウトプットの質と量を上げるためで、それ自体が目的ではありません。

昔は本を買ったり借りたりして大切に読んでいましたが、今は情報が溢れかえっています。参考になりそうな情報も洪水のように押し寄せてきます。

したがって、毎朝・毎晩、30分だけに制限して、その間、必死になって大事なものから吸収していくことをお勧めします。時間を決めて対応することで、情報洪水の中で溺れない方法、特に優先順位のつけ方が身につきます。そうなれば仕事のスピードはさらに上がります。

毎朝・毎晩自宅で30分、合計1時間は、じつはかなりの投資時間です。同じ時間で英語を必死に勉強すれば、かなり上達します。考えを深めること・まとめること、書類の完成度を上げること、人脈を広げること、ブログを書くこと、その他の仕事でも、これだけの時間集中すると結構はかどります。それを考えると、毎朝・毎晩の30分は貴重であり、これ以上時間をかけるとバランスが悪くなります。

一方で、これ以下に削ると、世の中の動きについていけず、後手後手になる恐れが大きくなります。一度そうなると、悪循環が始まります。そのぎりぎりの線が毎朝・毎晩30分だというふうに考えています。

毎朝の30分は、Googleアラート、メルマガ、Facebookのタイムライン等からの記事を読みます。毎晩の30分は、その日あれっと思ったり、ちょっと気になっていたり、ミーティングでわからなかった言葉をこまめにネットで検索し、次々に読んでいきます。これが頭と気持ちの整理に大変役に立ちますし、健やかな気持ちで寝ることができます。疑問点を持ち越さず、どんどん成長していく感じがしてきます。

できるだけノートPC1台とし、オフィス・自宅は大型ディスプレイを

仕事のスピードアップのためには、できればオフィス・外出先・自宅で同じPCを使うことです。PCが変わると、キーボードの配置や操作が違うためタッチタイピングのエラーが増えます。また、作成中のファイルをいちいち移動したり、クラウドからダウンロードしたりもせ

ずにすみます。

デスクトップでのアイコンの配置や、キーボードの違いをあまり気にしない人もいるようですが、私は重視しています。自分の机の上の資料や文房具などの配置を誰かが毎回変えたら探す時間が増え、スピードアップに差しさわるのと同じです。

また、何もかもクラウドですませる風潮がありますが、海外出張の機内でネット接続できない場合もまだ多いですし、あってもかなり使いづらいのが実態です。機内で仕事しない、という人ももちろんいると思いますが、グローバルな時代は、いつどこでもストレスなく仕事できる環境を作ることが重要だと考えています。そのほうが結局、自分の時間をコントロールでき、精神面も肉体面も健康を維持しやすくなります。

私はマッキンゼーに入社以来、幸い、常に1台のノートＰＣをオフィス、外出先、自宅で使えています。もともとクライアント先で仕事をしたり、海外に出張したりが日常茶飯事なので、これ以外考えられません。

会社によっては、ＰＣの持ち出しが禁止されていたり、持ち出し許可が必要だったりしますが、最新技術であれば1台のＰＣを持ち出しても情報漏洩の心配なく、生産性を犠牲にすることなく業務を続けることができます（たとえば、Eugrid株式会社のソリューションhttp://www.eugrid.co.jp/）。

どうしてもだめな場合、外出用のPCを自宅で使うといいでしょう。オフィス、外出先、自宅用のPCが全部別、というのはストレスが大きく、生産性が上がらずまずいと考えています。

もう一点、自宅では大型ディスプレイに接続して使う方法がお勧めです。作業中の画面の切り替えや移動が大幅に減るし、全体を見渡せるので、生産性が上がります。パワーポイントでの資料作成が速くなります。また、スペースが広いため、複数の記事を参照しつつ考えることができます。ブログの過去記事なども追加操作をあまりせず見ることができます。

ディスプレイは、私が愛用の24~27インチでも2万~3万円です。何年使っても壊れません。生産性が高く、疲れず、安く、メーカーには申し訳ないくらいです。

会社によってはオフィスで大型ディスプレイを提供しないところもありますが、私だったら強く交渉して用意してもらおうとします。だめなら、私物として無理にも持ち込もうとします。

オフィスがフリーアドレスになっているところもありますが、社長・上長・あるいは総務に強く交渉して、各デスクに大型ディスプレイを設置してもらうくらいのことをやります。そのくらいこだわっていますし、意味があると考えています。

毎朝記事配信をしてくれるメルマガを4~5個登録

メルマガも有用で、情報収集に欠かせません。例としては、ダイヤモンド・オンライン、東洋経済オンライン、ハフィントンポストなどがあります。

多すぎても読むのが大変ですが、4~5個程度はメルマガを登録するのがよいと思います。もし、これまであまりメルマガを読んだことがないという場合でも、意識すれば関心のある分野の記事を読んでいるうちに見つけることができます。

登録すると、毎朝あるいは週次などでメルマガが送られてくるので、これはという記事を端から読んでいきます。「読まれた記事週間ベストテン」なども、読みそこねたものを見つけるために役立ちます。また、関連分野の記事が掲載されているものも多いので、視野が広がっていきます。

上記で説明したものは全て無料メルマガですが、月800円程度の有料メルマガもあります。私は特に内容が豊富で、無料メルマガやネット検索等で読めず、かつ仕事に直結しているものに厳選して3つ購読しています。誰にでもお勧めするわけではありませんが、貴重な情報源となっています。

ブラウザを最適化する（100件表示、別ウィンドウ表示）

ブラウザは、Google の Chrome が検索スピードが一番早くストレスがないのでお勧めしています。ブラウザを使いやすくするプラグインの種類も豊富です。

ここで大事なのは、表示件数を100にすることです。Chrome で検索すると、右上に歯車マークが出てくるので、これをクリックし「検索設定」をクリックします。「ページあたりの表示件数」がデフォルトでは10なので、これを100にします。

10件のままだと、検索してもよい記事に出会わないことが多いです。せっかくのキーワードで検索しても、さらっと見て「あんまり面白くないな」「役に立たないな」で終わってしまいます。ページ下に「次へ」がありますが、これをクリックして次のページまでわざわざ行くのは意外と面倒なので、ついやらずじまいになってしまう人のほうが多いのではないでしょうか。

表示件数が100であれば、有用な記事に多数出会えるので、見逃すことが減り、興味がさらにかき立てられるようになります。

ちなみに、よいブログ記事に出会ったとき、私はその著者の過去記事をほぼ全部読むようにしています。よい記事を書く著者は、ほぼ常によい記事を書くからです（文章や分析力には再現性がありますね）。宝物に出会ったようで、すごく得をした気分になります。

もう一つのお勧めは、同じく検索設定で、「結果ウィンドウ」の「選択された各結果を新しいブラウザウィンドウで開く」にすることです。

こうすれば、クリックした際に別のウィンドウが開くので、読み終えたあとCtrl＋W（Windowsの場合）で閉じても他の検索結果を続けて閲覧することができます。そうしておけば、うっかり閉じても、検索画面は残っているので、余計な時間をかけることなく次へ進むことができます。

あらゆる記事は話半分で読む。必要に応じ、裏取りをする

記事を読む際は、本当にそうなのか、という疑いを常に持つ必要があります。記事の内容が意図せず間違っていること、表現が不正確なことはよくあるからです。書く人が不注意あるいは理解力が不足しているケースですね。

しかしそれだけでなく、書く人に悪意があって意図的に真実を曲げたりしている場合も頻繁にあります。特にSEO（検索エンジン最適化）関連、株価・投資関係、環境・エネルギー関係、あらゆる国際関係、特に中国・韓国関係、差別関係等の情報には注意が必要で、かなりのものが何らかの形でねじ曲げられていたり、意図的に自分に有利なように誘導したりしようと

しています。

ネットだけではありません。日本人は新聞、雑誌など活字になると鵜呑みにしがちですが、大変に危険です。日本人ほど新聞等のメディアを信じる国民は世界的にも珍しいとよくいわれます。国内の新聞にはかなり偏りがあるのは事実なので、海外の新聞、雑誌、ウェブなども見て、常にバランスを取る必要があります。もちろん、海外のメディアも常に偏向していますので、メディアだけではなく、なるべく現地の人と話し、議論もし、裏取りしながら、バランスの取れた意見を持つ努力が常に必要です。

何でも相談できる相手を上下5世代、それぞれ2名、計10名確保

毎朝・毎晩30分ネットで情報収集するだけでは足りないものがあります。それは生身の人間からの情報です。知見と洞察力のある方からのインプットと刺激は、何ものにも代えがたいものです。自分と同じ年齢、5年上、10年上、5年下でそれぞれ2人、何でも相談できる相手を見つけておくと、情報収集力、現場感、判断力が大いに強化され、視点も格段に広がります。

私自身は、次のようにして相談相手を見つけました。各年代でそれぞれこれはという人を4〜5人ピックアップします。同じ会社だけではなく、外部の方、なるべく違う立場の方も含め

ます。何らかのやり取りがあってお互いある程度好感を持っている状況で、「一度食事しながらお話しさせてください」とお願いすれば、よほどのことがない限り受けてくれます。すぐには無理でも数か月以内には実現すると思います（ほとんどの人から断られたり返事がもらえなかったりした場合は、自分の生き方、人への接し方、仕事のしかたを振り返る必要があるかも知れません）。

私自身で言えば、マッキンゼーに入社したころ、恐れ多くも日本支社のトップだった大前研一さんに一対一での会食をお願いしました。周囲からは怖いもの知らずと言われましたが、数か月後に実現したことが貴重な原体験になっています。大変忙しいのに新入社員の私に時間を取ってくれた大前さんに大変感謝しました。

4～5人と個別に食事の機会ができれば、何人かとは話が弾み、意気投合できます。相手が5年、10年先輩でも、こちらが熱心であれば、心配しなくてもそれなりに楽しく感じてくれると思います。ネットからの情報収集や、この本に書いてあるような活動をしていれば、こちらからも十分貢献できるからです。

そうやって見つけた相手には、半年に一度、最低でも1年に一度、食事か何らかのミーティングをして最新状況をご説明しておきます。助言に基づいて取り組んだ結果、こういう変化、成果があった、と伝えれば喜んでくれます。

それ以外に、数か月に一度はメールで相談します。私は何か知りたいことがある場合、ほぼ同文で何人にも依頼することがあります。もちろん失礼にならないように、ある程度挨拶などの文面を変えるのは当然です。

アンテナを高く上げる工夫をし続ける。展示会への参加など

関心分野の動向、最新状況を把握するため、カンファレンス、展示会にもこまめに行く必要があります。目安としては、月1回程度は行くとよいと思います。感度が上がり、知識が増え、ネットワークが加速度的に広がっていきます。心の余裕もでき、成長意欲も強くなるので、今すぐの業務に直結しなくても、上司や同僚に頼られるようになります。もちろん仕事の幅も急速に広がっていきます。

東京の場合は、千葉の幕張メッセ、東京ビッグサイト、有楽町の国際フォーラムなどで年中何らかの展示会が開催されています。展示会に参加することで、現物に触れ、関心分野に関して一気に状況を把握することができます。見るだけではなく、興味を引かれた展示物に関して説明員に思う存分質問することをお勧めします。説明員は手持ち無沙汰なので、普段なら聞けないようなこともいくらでも聞くことができます。東京以外の方でも、本気で成長したいなら、

3か月に一度は自費でも東京に来る価値は十分あると思います。

＊　＊　＊

本章は、『ゼロ秒思考』『速さは全てを解決する』『ゼロ秒思考［行動編］即断即決、即実行のためのトレーニング』（いずれもダイヤモンド社刊）をベースにしたものです。

本章を読まれた感想、質問をぜひ私あて（akaba@b-t-partners.com）にお送りください。すぐにお返事させていただきます。

また、この章の読者コミュニティをFacebookグループ上で作っています。「『仕事の教科書』意思決定力　即断即決、即実行の勧め」で検索していただければすぐに見つかります。活発な議論をしていますので、ぜひご参加ください。

仕事の教科書

ついていきたいリーダーになるために

岩田松雄

スターバックスコーヒー・ジャパンやザ・ボディショップなどの3社で、トップとして悪戦苦闘しながら、運よく業績を向上させることができました。現在はその経験を元に、「リーダー育成」「若手経営者育成」に力を注いでいます。ここでは、「リーダーシップ」とは何か、「ついていきたいと思われるリーダー」になるためのヒントを、事例を取り入れながら述べさせていただきます。

MATSUO IWATA

大学卒業後、日産自動車入社。UCLAビジネススクールにて経営理論を学ぶ。帰国後、日本コカ・コーラビバレッジサービス常務執行役員を経て、アトラスの代表取締役に就任。3期連続赤字企業を再生させる。その後、ザ・ボディショップ、スターバックスコーヒー・ジャパンでもトップを務め業績向上を果たす。『「ついていきたい」と思われるリーダーになる51の考え方』(サンマーク出版)、『ミッション 元スターバックスCEOが教える働く理由』(アスコム)はじめ著書多数。

リーダーにカリスマ性はいらない

あなたはすごいリーダー、尊敬できるリーダーというと誰を思い浮かべますか？

多くの人が、ソフトバンクの孫正義さん、スペースXのイーロン・マスク、アップルのスティーブ・ジョブスなどと答えます。

では、ナチスのアドルフ・ヒトラーはリーダーでしょうか？

こう聞くと戸惑われる人がいますが、80％以上の人がリーダーだと答えます。リーダーでは**ない**と答えた人に理由を聞くと「確かに人を率いたが、間違った方向にドイツを導いてしまったから」と答えます。

では次に、「天安門事件で戦車を止めようとした青年」について聞いてみると、約70％の人が彼はリーダーでは**ない**と答えます。（1989年、中国の北京市にある天安門広場で学生たちが中心となって民主化運動のデモを行いました。中国人民解放軍は、鎮圧のために戦車まで出動させましたが、一人の青年が戦車の前に立ちはだかり、轢き殺されました）

彼がリーダーでは**ない**理由を聞いてみると「彼は確かに行動を起こしたが、フォロワーはおらず、彼一人の単独行動だったから」だという答えがほとんどです。

次に映画『フォレスト・ガンプ／一期一会』の主人公ガンプ青年はリーダーでしょうか？（フォレスト・ガンプは、で軽度の知的障害がある主人公のガンプ青年が、走ることが得意で、起業を果たし、成功する物語です。映画の中では疾走シーンが多く描かれ、特にアメリカ大陸を東西に走りだしたところ、何百人もの人が彼の後ろを走りだす、というシーンがありました）

90％以上の人がリーダーではないと答えます。その理由は「彼は皆を導こうと思っていたわけではなく、勝手に人がついてきたから」と多くの人が答えます。しかし何人かは「彼は意図するかしないにかかわらず、人がついてきたのだからリーダー」だと答えます。

ナチスを率いたヒトラー、天安門事件で戦車を止めようとした青年、映画『フォレスト・ガンプ／一期一会』の主人公フォレスト・ガンプの3人は、それぞれリーダーでしょうか。皆さんはどう思われますか？

その人がリーダーかどうかは定義によって変わってくる

同じ人たちを見て「リーダーである」「リーダーではない」と、どうして意見が分かれるのでしょうか？　それは各人が思っているリーダー像が違っているからです。つまりリーダーを「どう定義するか」によって答えが変わってくるのです。「リーダー」という普段子供たちでも使っている言葉が、人によって定義が違うからこんなことが起こるのです。

いわゆる「ビッグワード」と言われる言葉は、必ず定義をして使わなければなりません。最近では「グローバル人材」という言葉が私は引っかかります。ある政府系の研修機関から「グローバル人材の育成」について講義をしてほしいと依頼がありました。私は、「ではグローバル人材とはどういう意味ですか？」と聞くと「わかりません」という答えが返ってきました。これではどんな講義をしていいかわかりません。ちなみに私の定義は「良き日本人であること」です。

私は研修やビジネススクールでは、ビッグワードを使うときは、きちんと定義をして使わないといけないと繰り返し伝えています。どんな議論をしていても、そもそも各人が使っている言葉の定義が違っていれば、答えが収束するわけはないのです。この問題の模範解答の仕方は、「私は、リーダーの定義を○○○と定義します。その定義に従うとヒトラーはリーダーで、天安門の青年とガンプ青年はリーダーではありません」というふうに答えるように指導しています。

組織がどうあるかを考え、組織の改善に尽くす人がリーダー

リーダーの定義はいろいろあります。

マネジメントの発明者と言われるピーター・ドラッカーは、**「リーダーに関する唯一の定義は付き従う者がいること」**としています。つまり、フォロワーがいる、ということです。ドラッカーの定義によると、ヒトラーもフォレスト・ガンプもリーダーということになります。

私が好きなリーダーの定義のひとつに、**「人に影響を与える人」があります。**組織に属していなくても、部下がいなくても世の中に影響を与える人はいます。作家の村上春樹さんは、多くの人に影響を与えています。ビジネススクールなどの教科書で使われている『組織行動のマネジメント』（スティーブン・ロビンス著）では、「リーダーシップとは、集団に目標達成を促すよう影響を与える能力」と定義しています。この定義では、天安門事件の青年は間違いなくリーダーです。（成功はしなかったかもしれませんが）

ドラッカーはリーダーシップについてこうとも言っています。

「リーダーシップとは、組織の使命を考え抜き、それを目に見える形で明確に確立することである。リーダーとは目標を定め、優先順位を決め、基準を定め、それを維持する者である」

また、ある進学校では、**「リーダーの定義は必ずしもトップに立つ人ではない。組織がどうあるかを考え、組織の改善に尽くすことができる人、すべてがリーダーである」**と定義しています。何も生徒会会長やキャプテンになって、先頭に立って旗を振る必要はない。「組織や会社、自分が属しているところが、少しでもよくなればと努力している人」がリーダーだと言っているのです。私はこんな学校に自分の子供を入学させたいと思います。

以上のように、リーダーに関する定義については、様々な定義があり、必ずしも一般的に思われているカリスマリーダーだけが、リーダーではないということです。ぜひ皆さんのリーダーのイメージを変えてほしいと思います。

リーダーが持つべき特質とは

次にリーダーが持つべき特質について考えてみましょう。良きリーダーになるために、皆さんは、リーダーにはどんな特質が必要だと思いますか。5つほど挙げてみてください。

ある30代半ばの係長クラスの方々を対象にした企業研修で聞いてみると、次のような項目が出てきました。「信頼」「説得力」「視野が広い」「行動力」「決断力」「熱意」「パッション」「魅力」「向上心」「努力」「誠実」「要領の良さ」「知的」「責任感」「人格者」「求心力」「俯瞰力」などです。特に「行動力」「決断力」「信頼」「説得力」などは、複数回答がありました。
その他で私が一番しびれた答えは「運が良い」です。確かにいくら素晴らしいリーダーでも「運の悪いリーダー」には、ついていきたいとは誰も思わないでしょうね？（笑）
これ以外にも皆さんが考えたリーダーに必要な特質も、あったのではないでしょうか。

では昔から国内外の古典などで、リーダーに必要な特質がどう書かれているかをご紹介します。

「リーダー論」において、世界的にも大きな影響を与えている兵法書で、中国古典の『孫子』があります。その中では、**「智」「信」「仁」「勇」「厳」**の5つを挙げています。智は才覚で頭が回ること。信は信頼感です。仁は愛で優しいこと。勇は勇気があること。厳は厳しさを持っているということ。「なるほど」と思うものばかりです。

『戦争論』を書いたカール・フォン・クラウゼビッツは、**「知性と情熱を兼ねる高度な精神」「危険を顧みず自身の行動に責任を負う勇気」「不確実な事態における洞察力」「洞察に基づく具体的な行動をする決断力」**と言っています。なかなかハードルが高いですね。

大日本帝国陸軍は、**「高慢の品性」「至深の温情」「堅確な意思」「卓越した識見」**を挙げています。連合艦隊司令長官の山本五十六（いそろく）がイメージできますね。

アメリカ海軍は、「忠誠」「肉体的精神的勇気」「信頼」「宗教的信仰」「ユーモアのセンス」「謙虚」「自信」「常識」「判断力」「健康」「エネルギー」「楽天主義」などをリーダー像として挙げています。特に「ユーモアのセンス」を挙げているのはアメリカらしいですね。クリント・イーストウッドの映画の主人公が思い浮かびます。

私が経営について多くのことを学んだ名著『ビジョナリー・カンパニー2』（ジム・コリンズ著）の中では、リーダーを5つの水準に分類しています。

まず、第1水準は「有能な個人」、第2水準は「組織に寄与する人」、第3水準は「有能な管理者」、第4水準は「有能な経営者」、これは一般的にカリスマ経営者のことを指しています。そして、第5水準として、「個人としての謙虚さをもち、職業人としての意志の強さを組み合わせ、偉大さを持続できる企業をつくりあげる人」と述べられています。

意外にも、カリスマ性を持った第4水準のリーダーは、多くの場合退任後、後継者が育っておらず、業績低下が指摘されています。オレがオレがというリーダーではなく、むしろ「謙虚さ」を持っていること。何かがうまくいけば、「運が良かったから」「部下が頑張ったから」と窓の外を見る。うまくいかない場合は、「すべて自分の責任」と鏡の中の自分の顔を見る。そういった謙虚さを持ちながら、強い組織を作り上げるという「不屈の精神」を持った人が、一番高いレベルのリーダーであるとしています。

この本はアメリカ人が書いた、アメリカの経営者のことを主に取り上げた本ですが、いわゆるアメリカンヒーローであるカリスマリーダーではなく、謙虚で控えめで、しかし内に秘めたる強い闘志を持ったリーダーが最高水準のリーダーであり、「凡庸な企業」が「偉大な企業」になっていく変化点に、必ず登場していたと結論づけています。

これはおもしろいことに、東洋のリーダー像にとてもよく似ています。

中国明代の儒学者呂新吾は、理想のリーダーの資質として次の3つのレベルを挙げています。

「深沈厚重は是れ第一等の資質。（落ち着いてどっしりしたリーダー）
磊落豪雄は是れ第二等の資質。（いわゆるカリスマリーダー）
聡明才弁は是れ第三等の資質。（頭の良い官僚タイプ）」

この第一等である深沈厚重の資質とは、なんとなく第5水準のリーダーという感じがしませんか？　日本人でいえば、西郷隆盛さんのイメージです。

『ビジョナリー・カンパニー2』は、スタンフォード大学という世界有数の大学の教授が5年間の歳月をかけて延べ何百年という会社の歴史を調べた結果をまとめた本です。

この本で言っているリーダー像と、中国の16世紀の儒学者が言っていることが、ほぼ同じなのです。私は、洋の東西を問わず、時代を問わず、求められるリーダー像は、同じであることに驚きました。

リーダーシップは後天的に身につけられる

リーダーシップに関する研究は1940年代からアメリカを中心に行われてきました。

リーダーシップ理論は、「特性理論」から始まり「行動理論」に発展し、「条件適合理論（コンティンジェンシー）」へと研究が進んでいきました。

「特性理論」は、リーダーは生まれつきの特性によるという研究です。確かに幼稚園の頃からリーダーシップを取っている子どもがいます。彼らを見ていると、リーダーというのは生まれつきなのかなと思ってしまいます。

実際世の中で活躍しているリーダーたちを調査してみると、たしかに生まれつきリーダーの特性を持っている人もいましたが、大部分のリーダーは生まれつきではないことがわかりました。

小さいころは泣き虫だったけれども、大人になって立派な経営者になったリーダーが大勢いるのです。「リーダーは生まれつきの特性である」という結論は見出(みいだ)せませんでした。

つまり、リーダーシップは、後天的に身につけることができるということです。

「特性理論」の次に出てきた理論は、「行動理論」です。

行動理論は、優れたリーダーの行動の仕方に見られる独自性を特定しようという研究です。どんな行動をすればリーダーになれるかがわかれば、リーダーを訓練で育てることができるという魅力的な理論でした。行動理論のひとつ、ＰＭ理論は、リーダーの行動を大きく生産性重視と人間関係重視の２軸に分け、どこに位置するのがいいかを考えた理論です。生産性と人間関係の両方を重視したリーダーが良いとしますが、実際調べてみると、リーダーシップの行動パターンと集団の業績に間には、一貫した関係を見出すことができませんでした。状況によって結果が大きく異なっていたのです。

素晴らしいリーダーは状況に応じて、リーダーシップのスタイルを変えている

次に出てきた学説は、**「条件適合理論」**です。

この理論は「あらゆる状況に適応できる唯一の普遍的なリーダーシップの型は存在しない」「集団の特性や直面している状況に応じて、リーダーシップの型を変えるのが有効なリーダーシップである」という理論です。言い換えると、有能なリーダーは、ゴールやそのときの環境、組織のメンバーの特質によってリーダーシップの型を柔軟に変えているということです。

たとえば、戦争が起きているときと、平和なときとで、リーダーシップのスタイルを変えるべきかどうか？　聞くまでもなく変えるべきですね。戦争のときはいちいち皆と相談するのではなく、トップダウン型の強いリーダーシップを発揮して部下に命令しないといけません。一方で平和のときは皆の意見を聞いて、できるだけ自主性に任した方が人は育っていきます。

戦争のときと平和なとき、会社が潰れかかっているときと順調なとき、チームが試合で負けているときと勝っているとき、いろんな状況があります。

その時々によって、司令官として、リーダーとして、キャプテンとして、求められているリーダーシップは違います。

条件適合理論について、※フレームワークを見ながらもう少し詳しくお話しします。

※「フレームワーク」：ビジネスや経済学を勉強したいと思ったときに大事なのは、このフレームワークを覚えることです。フレームワークは、わかりやすくいうと「枠組み」「ひな形」のこと。

ここでは詳しく書きませんが、戦略なら定番の「SWOT分析」、マイケル・ポーターの5F（ファイブ・フォース）分析、マーケティングなら「3P」「4C」などがあります。ほかにもいろいろありますので、様々なフレームワークをぜひ覚えて、使ってみるようにしてください。フレームワークに沿って話をすると話が逸（そ）れなくて、議論がしやすくなります。

次ページの図は、条件適合理論のひとつ「パス・ゴール理論」のフレームワークを説明したものです。パス・ゴール理論は、「有能なリーダーは、部下が目標（ゴール）を達成するまでの

パス・ゴール理論（条件適合理論の１つ）

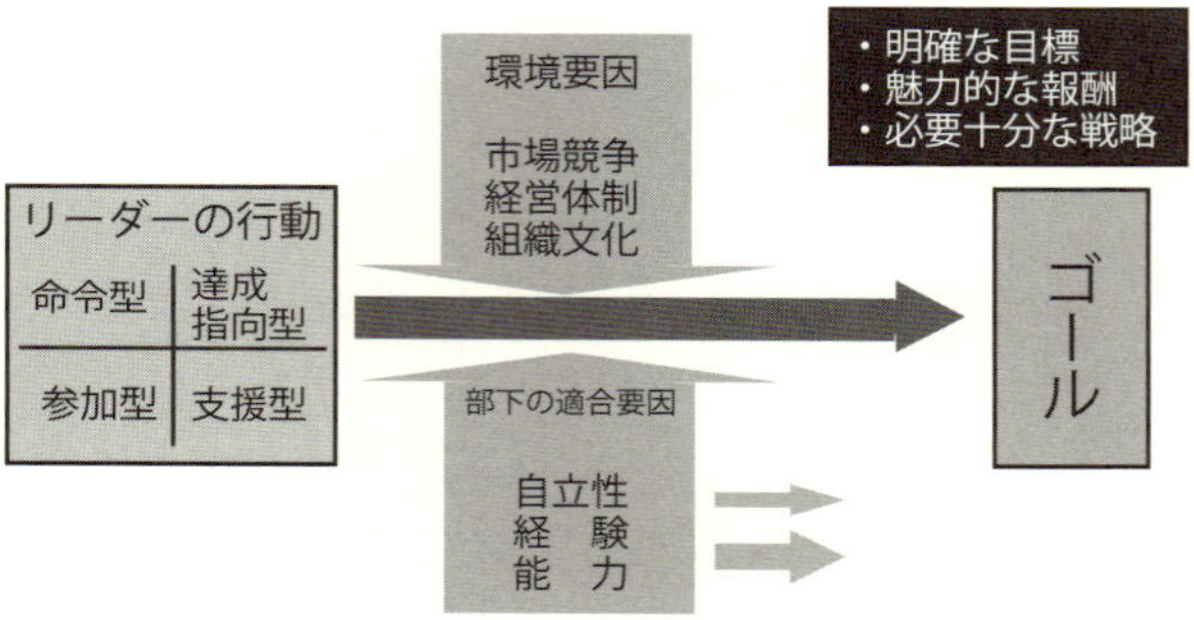

「有能なリーダーは部下の目標（ゴール）を達成するまでの道筋（パス）を示し、必要な方向性が支援を与える」という確信に基づき、リーダーの行動と２つの状況変数を提案している。リーダーの行動はこれらの変数を補うべきものとしている。

道筋（パス）を示し、必要な方向性や支援を与える」という理論です。その上で「リーダーの行動」と「リーダーを取り巻く2つの状況（「環境要因」と「部下の適合要因」）」に分けて分析しています。

端的に言えば、ゴールや2つの状況によってリーダーの取るべき行動が変わってくる、ということです。

具体的には、まず、組織のゴール（目標）を確認します。

状況によって、「今日、明日の売上を上げる」というゴールもあれば、「10年後の我が社はどうあるべきかを考える」というゴールもあります。今何が組織に求められているゴールなのかを考えます。

次に、現在の環境を分析します。一番わ

かりやすいのは、「戦争中」か「平和なとき」かです。会社でいえば、業績が「良い」のか「悪い」のか、あるいは、試合に「勝っている」のか、「負けている」のかを判断します。当然戦争状態のときは、強いトップダウンで指示型のリーダーシップのスタイルが必要です。調子の良いときはできるだけ、口を出さないで見守るだけでいいのかもしれません。

次に、部下（メンバー）の適合要因を考えます。ゴールを達成するためには、どういう人たちが、組織メンバーかによって相応（ふさわ）しいリーダーシップの型も違ってきます。たとえばベテランの多い組織と新人ばかりの組織でもやはり違います。ベテランに細かく指示を出せば嫌がられますし、逆に昨日入った新人に、好きにやりなさいと言っても、何をどうやっていいかわかりません。私は血液型がＢ型で、人に細かく言われると嫌になるタイプです。言われれば言われるほど嫌になる（笑）。逆に「岩田に任せた」と言われれば、「この人のために頑張るぞ！」とファイトが湧いてきます。

以上を総合的に考えながら、適切なリーダーシップの４つのスタイル使い分けていくことが大切です。

それぞれの状況に応じてリーダーシップの型を変える

パス・ゴール理論では、リーダーシップのスタイルを次の4つの型に分類しています。

命令型……いわゆるトップダウン型。仕事があいまいで、ストレスを感じさせるような場合に有効とされます。たとえば、戦争のときなどです。ただし、「部下の能力が高い、経験が豊富」といったケースでは、有効性は低いとされます。（カリスマリーダー）

達成志向型……仕事の構造が複雑で、あいまいなときに有効性が高くなります。たとえば、数字ありきの営業部長です。いちいち細かいことは指示できませんから、大きな数字目標を決めて、部下に全力を尽くさせ、結果を求めるタイプです。（外資系で出世するタイプ）

参加型……皆に集まってもらい、議論をして意見を聞いてから決断するスタイルです。業績が良かったり、平時などは、できるだけ皆の意見を聞いて議論をしたほうが、人も育つし衆知が集まります。また、部下が意思決定権は自分にあると認識している場合も有効です。逆に、意思決定権が自分にないと思っているケースでは「命令型」のほうが有用性が高まります。（合議型の話を聴いてくれるリーダー）

支援型……後ろに下がって部下に任せるスタイルです。コーチングをイメージするとわかりやすいでしょう。もちろん、部下が困らないように適宜サポートします。部下が明確化された

職務を遂行している場合や、指揮命令系統が厳格な場合に効果が高くなります。（いわゆるサーバントリーダー）

この4つのうちからひとつを選択するというよりは、その組み合わせの強弱だと思います。ゴールを決め、環境と部下の適合要因を分析し、その時々によってリーダーシップの型を使い分けるのが条件適合理論です。

※参考図書
『組織行動のマネジメント』スティーブン・ロビンス（ダイヤモンド社）
『ビジョナリーカンパニー2　飛躍の法則』ジェームズ・C・コリンズ（日経ＢＰ社）

リーダーとマネージャーの違いを理解する

「リーダー」と「マネージャー」、どちらもよく使う言葉ですが、皆さんは、どのように言葉を使い分けていますか?

これも研修などで聞いてみると意外と皆さんきちんと説明できないようです。

「マネージャー」と「リーダー」の違いは、その動詞である、「マネージする」と「リードする」の意味を考えるといいかもしれません。一般的に次のように定義されています。

- マネージする……何かを引き起こし、成し遂げ、義務や責任を引き受け、実行すること。
- リードする……人を感化し、方向や進路、方向、意見をみちびくこと。

また、次のように考えるとわかりやすいかもしれません。

リーダーは「建築家」。マネージャーは「建築業者」。建築家は設計図を書きます。それを実際に形にするのは建築業者で、家やビルを建てたりします。そもそも、間違った設計図であれ

マネージャーとリーダーの違い（ウォーレン・ベニス）

【マネージャー】
1、「管理」する
2、「模倣」する
3、「維持」する
4、「秩序に準拠」する
5、「短期的な成果」にこだわる
6、「いつ、どのように」を問う
7、「費用対効果（損得）」に目を向ける
8、現状を「受け入れる」
9、規則や常識通りにする
10、「能吏」

【リーダー】
1、「革新」する
2、「オリジナル」である
3、「発展」させる
4、「秩序を創り出す」
5、「長期的な成果」にこだわる
6、「何を、なぜ」を問う
7、「可能性」に目を向ける
8、現状に「挑戦」する
9、最善を求め「規則を破ることも辞さない」
10、「高潔な人格」が求められる

ば、間違った建物ができてしまいます。

あるいは、目標を立てるのがリーダーの仕事で、目標を予定に変えるのがマネージャーの仕事です。リーダーが「あの山を登るぞ！」と決め、マネージャーは、「どうやって、どのルートで、食料をどれくらい持って、どこでキャンプをするか」を決める。

ドラッカーは、「マネージャーは、ものごとを正しく行い、リーダーは正しいことをする」と言っています。リーダーは正しいこと（効果）を考え、マネージャーは正しく（効率的に）行うのです。ビジョン（何をするか？）を考えるのがリーダーで、戦術（どうやってするか？）を考えるのがマネージャーと言ってもいいでしょう。

また、リーダーシップ研究の第一人者ウォーレン・ベニスは、マネージャーとリーダーを、項目を対比させながら前ページのように分けて定義しています。

ちなみにリーダーとマネージャーのどちらが上かという議論ではなく、時々の自分の役割に合わせてどちらの機能を果たすべきかを考えることが大切です。

最低限リーダーに求められるのは一所懸命さ

ドラッカーはマネジメントの名著を何冊も書き、世界中の経営者たちに大きな影響を与えてきました。大ベストセラーである『マネジメント』の最後では次のように結論づけています。

「マネージャーにできなければならないことは、そのほとんどが教わらなくても学ぶことができる。しかし、学ぶことができない資質、後天的に獲得できない資質、初めから身についていなければならない資質が、一つだけある。才能ではない。**真摯さ**である。」（ピーター・ドラッカー『マネジメント』より）

「真摯さ」は、原文の英語では、integrity（インテグリティ）となっています。とても訳しにくい言葉だと思いますが、私は、「一所懸命さ」と訳しています。

リーダーとして、10やるべきことがあったときに、10全部をやろうとすることです。10やっても、もちろん失敗することもあります。しかしintegrity（インテグリティ）とは、やるべきことを全力でやる姿勢のことだと思います。リーダーはまさにこの「一所懸命であること」が最低限求められているのです。

私はドラッカーをとても尊敬していますが、この「真摯さ（integrity）」は後天的に獲得できないと言っている点だけは、私はそうではないと思っています。

自分がリーダーになるという覚悟を決めて、「よし、全力でこのチームのためにやるぞ」「組織に対して全力を尽くそう」と覚悟した瞬間、リーダーになるのです。私は真摯さも後天的に獲得できると思っています。どんな状況だったとしても、真摯さ、一所懸命さが何よりも「ついていきたいリーダー」になる原動力だと思います。

「ついていきたいリーダー」の考え方

ここからは私が考える良きリーダーに必要な考え方や行動について、私の経験を含めて具体的にお話ししていきます。

私はリーダーが、まず持っていなければいけないのは、「一所懸命さ」に加えてなんとかなるという楽観的でポジティブな気持ちだと思います。「努力をすれば、必ず報われる」と自分を信じる強い気持ちです。

私は大学で属していた硬式野球部でこのことを実感しました。

私は、上級生が少ないこともあり、1年生から外野手として試合に出ることができました。ところが、右膝の半月板を損傷したために、手術をし、1年ほどリハビリをしなければなりませんでした。

復帰するときに、私はひとつの決意をしました。それはピッチャーを目指すことです。私は幼いころから野球をしていましたが、ずっとピッチャーに憧れていました。高校時代もやってみたかったのですが、エースがいたために思いはかないませんでした。

大学でケガをして、同じ一からやり直すとすれば、夢だったピッチャーを目指したいと思ったのです。そして、チームメートからの反対にもかかわらず、ピッチャーに転向しました。

とはいえチームが所属していた一部リーグのレベルはとても高く、たまに練習試合で短いイニングで登板することはあっても、一度も公式戦では投げさせてもらえませんでした。それでも、あきらめずに練習が終わってから5㎞を走ったり、試合中にもブルペンで投げ込みをしていました。試合には出られなくても、練習だけは腐らずに一所懸命続けていました。

人を動かすより自分を動かす

あるとき、チャンスがとうとう訪れました。

3年生の秋のリーグ戦の最終戦の試合前突然、先発を命じられたのです。コツコツ練習を続ける私の姿を見て、チームメートが監督に進言してくれたようです。

私は初先発で相手打線を2点に抑えて完投することができました。試合に出られなくても、いつでも投げられる準備をしていたおかげで、このワンチャンスをものにすることができたのです。

このとき、「地道にコツコツがんばっていると誰かが見ていてくれる。いつかは報われる」という実感を持つことができました。その努力が、いつかは実を結ぶと信じられるから、努力は続けられるのです。

リーダーというと、すぐにどうやって人を「引っ張る」ことや「管理する」ことを考えるかもしれません。しかし人を動かす前にまず自分自身を動かす必要があるのです。

「人を治める前に、自分を修める」。自分を修められない人に、人を治めることはできません。第一、そんなリーダーに人はついてきません。

人一倍努力を重ねている姿を人は見ています。そして周囲からリーダーとして推されるようになるのです。私自身、新チームでキャプテンから「新人監督」を頼まれたのも、こういった姿勢があったからだと思います。

自分のできることをコツコツ努力し、修養することが、「ついていきたいリーダー」になる第一歩だと思います。

部下が見ているのは上司の人間性

日産自動車入社2年目のときに、今なお心の師匠といえる上司に巡り合いました。その上司は、私より10歳ほど年上で、とても仕事ができる方でしたが、学歴が影響してか、ずっと係長のままでした。

しかし、本人は不満を一切外に出すことはありませんでした。自分が果たすべき仕事と部下の育成に情熱を持って、真摯に取り組んでおられました。

とても勉強家で私は心から尊敬していました。私利私欲がなく、自分を大きく見せようとか、自分の出世のためとか、という類のことは一切ありませんでした。時に上司に向かって正論を言っていました。いつも「日産のため」「取引先のため」「部下のため」になることを考えていました。そして、自らの仕事に誇りをもち、部下に仕事を任せ、時には厳しく叱っていただきました。私が部下を持ったときに、その上司に比べ、なんと頼りない未熟な上司なのかと愕然としたことを実感しました。部下は、その上司の人間性を見て、「ついていきたいリーダー」か、どうかを見極めているのです。

謙虚でいる人こそ、かっこいい

私は入社3年目に販売応援のために、販売会社で約1年半車のセールスマンをしました。そのときの、販売会社の社長も、大変印象に残っているリーダーです。

その方は、日産自動車本社からの出向でしたが、「オレはこの会社に骨を埋める」とおっしゃっていました。何としてでもこの赤字の会社を立て直すという覚悟を感じました。元々は東京の出身ですし、早く本社に戻りたいと思うのが普通です。

この社長はのちに、本社に呼び戻されて国内販売部門のトップである常務になりました。しかも、それだけのポジションにいても偉ぶる様子は少しも見られませんでした。

私も本社に戻った後も、時々役員室から電話がかかってきて「岩田、ちょっと来てくれ」と呼び出され、「今度の新しい車について、意見を聞きたい」と言われました。私などが教えられることは何もないのですが、謙虚にそう問うてこられるのです。偉くなっても、気さくに色々私の話を聞いていただきました。

「リーダーになったら弱みを見せてはいけない」とか、「何でも知っていないといけない」と思っている人がいるかもしれません。でも、そんなことはありません。時には謙虚にありのままの自然体を見せたほうが、むしろ部下はついてくる。私はそう思います。

ついていきたいと思われるリーダーのコミュニケーションとは

一般的にリーダーというと、「オレについてこい」とカリスマ的リーダーをイメージする人が多いかもしれません。しかし、目指すべき第5水準のリーダーは、決してそういったリーダーではありません。

「オレについてこい」というワンマンリーダーでは、部下は委縮し、怒られるのが嫌で何事もお伺いを立て、それでは人材が育ちません。できるだけ「意見を聞かせてほしい」「君はどう考える」と聞いてみるべきです。将来リーダーになったときのために、自分だったらどう考えるのかを訓練してみるのです。

私はスターバックス時代、お店に行くと「何か困ったことはない?」と御用聞きをしていました。本社でも各部署を回って同じように聞いていました。まずリーダーは聞く姿勢を示すことがとても大切です。

私が、会議でも気をつけていたことは、この「聞く」ことです。

最初に自分の意見を言うのではなくて、先に若い社員を指名して、意見を積極的に聞くようにしました。リーダーが先に意見を言ってしまっては、どうしても皆が反対意見を持っていても、流されてしまいがちになります。時間的制約がないのであれば、リーダーはできるだけ最後に意見を言うようにすべきです。

私が考える良い会議とは、たくさんの異なった意見の出る会議です。多様な意見がぶつかり合うことで、より良い結論が生み出されるからです。結論は同じでも反対意見を聞くことにより、その結論の弱点を補強することができるからです。

そして私は、部下の意見はどんな意見であっても、できるだけメモを取るようにしていました。メモを取られると、自分の意見を真剣に聞いてもらえた感じ、意見を言うことへのモチベーションはアップします。

話をよく聞いてくれるリーダーは間違いなく、ついていきたいリーダーなのです。

大切なことは繰り返し言葉で伝える

私はいつも大切なことは、繰り返し繰り返しメッセージとして伝えるようにしていました。

私が社長をしていたザ・ボディショップでは、環境保護のポリシーからシールを貼るだけの簡易包装をお客様にお願いして、できるだけレジ袋をお渡ししないようにしていました。ところがあるとき、マネージャーの日誌を見ていると、「今月は出た袋の枚数が多い。コスト削減のために、簡易包装をも、お願いしなければ」と書かれていたのです。

私は本来の趣旨がお店に伝わっていないと思いました。簡易包装は、コスト削減のためではなく、「環境保護」というザ・ボディショップの理念を守るためのものでした。

きちんと理念として掲げていても、それがいつのまにか忘れられてコスト削減のツールになってしまっていました。大切なことは、正しく繰り返し言わないと、こういうことが起きてしまいます。

もちろん私はこのマネージャーに直接注意することはしませんでした。実際名前も確認はしていません。ただ、ひとりが間違えているということは、同じ発想のスタッフが他にもいるはずだと考え、営業責任者に、簡易包装にご協力いただく趣旨について全社に再確認するよう指示しました。

部下を叱るときは「あなたらしくない」「あなたでさえ」のニュアンスで

リーダーにとって部下を褒めたり、叱ることも大切な役割です。

原則は「褒めるときは皆の前で、注意を与えるときは個別に」ということです。

特に普段あまり目立たないお店の人や、立場が弱い人に対して積極的に褒めるようにしていました。「ありがとう」「すごいね」とみんなの前で褒めることで、本人の自信にもつながります。

また皆の前で褒めることは、もちろん本人の名誉になることですが、他にも理由があります。それはある人を褒めるということは、ほかの人ができていないから褒めるのです。ある意味ほかの人を叱っていることにもなるのです。

個別に注意を与えるときにも、自尊心を傷つけない叱り方をするように気を使っていました。たとえば、「あなたらしくない」という言い方をして、「あなたの能力は認めている。大きな期待をしている」という気持ちを込めました。

あるいは、「あなたでさえ」という言葉も使うようにしていました。

「あなたでさえできなかった。よほど、大変な問題だったんだろうね」と相手に寄り添うような気持ちを込めました。

また、必ずネガティブなフィードバックをするときにも、何か良いところをまず褒めた上で、「こうすれば、もっと良くなる」という伝え方をしていました。いきなり間違いを指摘すると、相手が心を閉ざしてしまう場合もあるからです。まず普段の行いに感謝した上で、注意を与えるようにしていました。

ただし、人としてどうしても許せない行動をしたときには、時には声を荒らげて叱ることもありました。会社の理念に合わないことや、ずるいやり方をしようとしたとき、適当に物事をごまかそうとしたときです。

まず部下に関心を持つ

リーダーとして部下を持ったときに何よりまず大切なことは、「部下に関心を持つ」ということです。人間関係の第一歩は相手に関心を持つことです。

マザー・テレサは、「愛の反対は無関心」だと言ったと伝えられています。関心を持たれていない、興味を持たれていないというのが、部下としては一番つらいことなのです。難しいことではありません。いつも気にかけ「ひと声かける」ようにすればいいのです。

そもそも顔色を見れば、相手の状況はなんとなくわかるものです。

疲れていたり、元気がなかったりしたら、「大丈夫ですか?」と声をかける。新人だったら、「仕事に慣れましたか?」と肩を叩く。顔色の明るい社員がいれば、「今日は機嫌がいいですね。何かいいことあったの?」と聞いてみる。カバンや時計が変わっても「それいいねえ」と褒めてあげる。ちょっとした変化を見逃さずに、声をかける。それだけで、部下は自分に関心を持ってくれていると感じてくれます。

日産自動車時代から、私はどういうわけか、受付の女性やアシスタント職の女性たちと仲良くしてもらっていました。出張したときのチョットしたお土産を渡したり、すれ違ったときに、「元気？」「その上着素敵だね」とか、必ず話しかけるようにしていました。来客中、お茶など入れてもらったときにも、必ず「ありがとうございます！」とお礼を言っていました。

職場を去るときに書いてもらった寄せ書きには、「岩田さんが何気なくかけてくれたひと言でいつも救われました」という言葉をいくつも見つけました。頼まなくても、お客様にすっとお茶を出してくれたり、会議室を優先的に取ってくれたりしてくれ、とても助かりました。

部下には、結果以上にプロセスをきちんと評価してあげる

リーダーに求められるのは結果です。リーダーとしてはそういった厳しい覚悟が必要だと思います。ただし、部下については、結果だけではなく、きちんとプロセスを見てあげる必要があります。

また日産自動車時代に販売会社にセールス出向していたときのことです。来る日も来る日も飛び込み営業を続けても、最初の3ヶ月は一台も車が売れませんでした。それでも地道な努力が実り、出向者歴代最高の販売記録を作り、日産自動車の社長賞を受賞することができました。出向期間が終わり、本社に戻るときに、前述の販売会社の社長が、全社員の前でこう褒めてくれました。

「岩田は誰よりも多く名刺を配った。普通の人の100倍の2万枚を配った」と。

名刺2万枚を配るというのは、それだけコツコツ飛び込み訪問をしていた、まさにプロセスです。のちに日産の常務になる販売会社の社長は、何台売ったかという結果ではなく、過程を褒めてくださったのです。ついていきたくなるリーダーは結果だけではなく、そのプロセスもきちんと見ているのです。誰よりも多く飛び込み訪問したことが報われた瞬間でした。

リーダーの人物評価方法

リーダーはどのように人を評価したらよいのでしょうか。

仕事が「できる」「できない」を横軸に、人間性が「良い」「良くない」を縦軸にマトリックスを作ってみてください。すると、「仕事ができて、人間性が良い人」「仕事ができるけど、人間性が良くない人」「仕事ができないけど、人間性が良い人」「仕事ができずに、人間性が良くない人」の4つのゾーンができます。リーダーにとってどのゾーンの部下がありがたいか。

もちろん一番は、「仕事ができて、人間性が良い人」でしょう。では、次にありがたいのは、どこか？「仕事はできないけれど、人間性が良い人」というと、リーダーとしては手間がかかるからと、敬遠する人もいるかもしれません。しかし、実際には、今の仕事が合っていないだけかもしれないので、得意分野を見つけて適性に合う仕事を割り当てればいいわけです。むしろ上司の能力が試されます。

もっともやっかいなのは、「仕事はできるけれど、人間性が良くない人」です。

能力はあるが、協調性がなく、自己中心的な人です。今、大企業や官僚たちの中で不祥事が頻発しています。「能力が高くて、人間性の良くない人」は社会に与える害毒が、とても大きなものになります。会社の中でも同じです。勉強さえできればいいという学校教育から変えていかないといけない問題だと思います。有能な経営者として有名なGEのジャック・ウエルチは、「ビジョンに賛同しているが、成果の出ていない人は、もう一度チャンスを与える。しかしいくら仕事ができても、ビジョンに賛同できない人は即刻クビにする」と言っています。

ついていきたいと思われるリーダーに求められるもの

私の考える「ついていきたいと思われるリーダーになる」ために必要な心構えをお伝えしましょう。

「この人のために」「この人についていきたい」と部下に思ってもらうためには、優れた人間性がまず必要です。お金や地位などの報酬で人を惹きつけることは、一時的にできても長続きしません。もっと良い条件があれば、人はさっさと他に移っていきます。

また逆に権力や恐怖で人を押さえつけても、外見上従っているように見えても、心底そのリーダーに心服しているわけではありません。隙あらば、寝首を掻こうと思っています。

部下たちから尊敬を集め心服されるリーダーは、誠実さや徳を持ったリーダーです。

・高い志を持つ（ミッション）

リーダーは「高い志を持つこと」が大切です。単に金持ちになることや出世を目指すのではなく、「世のため」「人のため」という志です。西郷隆盛や坂本龍馬など幕末のリーダーたちは、欧米列強の植民地政策から日本を守るために立ち上がったのです。だから志士たちは命懸けでついていったのです。

ただ私は初めから世のためというような大きな志ではなくても、まず自分のため、家族のため、仲間のためでいいと思います。ミッションを少しずつ成長させていけばよいのです。ただし、いつまでも自分の欲望を満たすだけの低いミッションにとどまっているようではダメです。

・徳を高める努力をする

よくリーダーシップとか、マネジメントの話をするときに、どうやって人を引っ張っていこうとか、どうやって人を管理しようという話になりますが、そんなことを考える前に、まずは、自分自身の「徳を高める」ことが大切です。**「人を治める前に、自分を修めなければならない」**のです。

昔は、大人が学問するといえば、読み書きそろばん（今でいう国語や算数）ではなくて、人間としての徳をどう高めていくか、だったのです。読み書きそろばんは、子供の頃に終えておくべきことでした。リーダーが目指すべきは、地位やお金などではない、いかに人に尽くすか、社会に尽くすかということです。

論語に、**「民は由らしむべし、知らしむべからず」**という言葉があります。由らしむべしは、信頼される、知らしむべからずは、知らせることはできないという意味です。リーダーの気持ちは、みんなに伝えきれません。人事情報や機密事項など言えないこともあります。しかし、あの人が言うことだったら、やってみようと思ってもらえるような信頼関係を一人ひとりとつくることが大切です。非常に難しいことですが、一つだけヒントを言うと、**「小さな約束を守る」**ことです。リーダーは、言ったことは、必ずやるということです。もちろん全部が全部は約束を守れないでしょう。守れないときは、ちゃんとできない理由をみんなに伝えて謝る。そうやって一人ひとりとの信頼関係をつくるしかないと思います。

・無私の心を保ち続ける

リーダーは、世のため、人のためと無私の心を持ち続ける必要があります。私心をできるだけなくすということです。何か意思決定をするときに、もし自分の中に私心があれば、決断が鈍ってしまいます。自分の中に一点の曇りがないと思って決断すると、後でどんな批判に対しても耐えることができます。私心のないリーダーに人はついていきます。

坂本龍馬が今も絶大な人気を持つのは、「日本を今一度洗濯いたし申候」と彼自身出世や金儲けに興味がなかったからです。勝海舟に弟子入りでき、薩摩の西郷隆盛も長州の桂小五郎も彼を信用し、不可能と思われた薩長同盟がなったのです。

・素直さや謙虚さを持ち続ける

伸びるリーダーは偉くなった後も、素直さや謙虚さを持ち続けています。松下幸之助さんも言っているように、素直な心がとても大切です。素直な気持ちがあればこそ、色々人から学ぶことができるのです。常にまだまだ自分は未完だと認識し、努力しなければいけないと思う謙虚な気持ちがとても大切です。そういう姿勢を持っているからこそ、常に成長を続けることができます。

高い地位に就くと、勘違いして、尊大に振る舞ったり、傲慢になったりするリーダーがいます。地位というのは役割であって、その人自身が決して偉くなったわけではありません。謙虚さを持ち続けることが大切です。

・悪口や自慢話はしない

リーダーは人の悪口を言ってはいけません。本人にしてみれば、言えばすっきりするかもしれませんが、聞いているほうにとって、悪口は決して気持ちのいいものではありません。悪口を言うことは、自分自身をおとしめる可能性が高いことを知っておかなければなりません。悪口を聞いた人からすると、きっと自分も他で言われているのだと思い、信用をなくします。

自慢話も同様です。人の自慢話を聞いて気持ち良くなる人はいません。「やった実績を語るな」ということではありません。淡々と過去の事実が語られるのなら、自慢話には聞こえません。

私自身もつい悪口を言ったり、自慢話をしたりして、あとで自己嫌悪に陥ることは少なからずあります。難しいことだからこそ、人間力が試されるのです。

•「恨みに任ずる覚悟」を持つ

リーダーは時に「恨みに任ずる覚悟」を持たなければいけません。高い志を持って、みんなのためだと思って、耳の痛いことを、言ったりやったりしないといけないときがあります。そのときは、どんなに反対意見があっても、恨まれても、やらないといけません。一番端的なのは、リストラです。会社を存続させるために、ある事業部を閉める。ある工場を閉める。そのときに恨まれますが、やらないといけないときがあります。

私が日産にいたときに、赤字の工場がいっぱいありました。そのときの担当役員は、自分がいる間に工場を閉めるのが嫌だから、延命策でその場しのぎをしていました。でも、ゴーンさんが来たら、あっという間にきれいになりました。リーダーは、恨まれてもやらないといけないという覚悟を持たなければなりません。リーダーは皆に迎合してはいけないのです。

・後継者を育てる（組織に良いDNAを残す）

リーダーの仕事を大きく2つにまとめると「実績を上げること」と「人を育てること」です。特に自分の後継者を育てることは、とても大切な責務です。人材を見出し、仕事を任せたり、自分の側に置いてやっているところを見せたりして、意識的に人を育てなければなりません。

カリスマ社長が長くその地位に留まることが多いのは、部下に任せず全部自分で決めてしまうからです。リーダーになるためには、様々な意思決定の経験が必要です。カリスマリーダーの元では後継者が育ちにくいのは、リーダー自身が原因になっていることが多いのです。

また一流大企業の後継者を外部から連れてきたり、まして外国人を連れてきて胸を張っている経営者がいますが、自分の無能を宣伝しているようなものです。少なくとも入社時点で最優秀な人たちを、20年、30年かけてしっかり育てることができなかったわけですから。

・意中に人あり

リーダーは常に孤独です。色々な悩みがあっても、多くの場合周りにも打ち明けることができません。相談できるメンターのような人を外部に持つべきです。またリーダーとして、どんどん偉くなればなるほど、自分に耳に痛いことを言ってくれる人が減っていきます。ですから自分に直言・進言してくれる「逆命利君」の部下を大切にしなくてはなりません。

昔から「お天道様が見ている、神様が見ている」という言葉があるように、「誰かに見られているという感覚」を持ち続けるべきだと思います。法律やルールには、いろいろな抜け穴があります。「バレなければいい」というような感覚を持ってはいけません。

今自分がやろうとしていることを、自分の子供やお母さんに話せるかどうか、もし話せないのなら、いくら社長の命令だろうと、取引先の要望だろうとやっぱりノーと言わなくてはいけません。それは基本的に法律に触れることです。

最後は自分を信じ続けよう

リーダーになるということはとても大変なことです。国のトップである首相を見ているとわかるように、リーダーは何をしても、必ず批判が出たり、揚げ足をとる人がいます。しかし負けていいては、いけないのです。皆のためという無私の気持ちさえあれば、恐れることはないのです。ある目標を成し遂げ、皆が喜んでいる姿を見たときに、リーダーにしか持ち得ない満足感が得られるのです。

時々、自分はリーダーになれる器ではないと尻込みする人が見受けられます。カリスマリーダーをイメージして、「リーダーはこういうものだ」と完璧にやろうとして、プレッシャーに押しつぶされてしまうのです。しかしリーダーは単なる役割に過ぎないのです。

もしあなたが、小学生10人と無人島に流されたら、リーダーにならざるを得ないでしょう？チームのために皆のために頑張ろうという気持ちさえあれば、誰にでもリーダーは務まるのです。リーダーを命ぜられたなら、きっといいリーダーになる。きっと自分にはできる。そう信じてください。

最後に何があったとしても、きっと自分の人生は最終的にうまくいく。そう信じて努力を続けてください。自分自身を信じ続けてください。

私も今まで多くの挫折をしてきました。その都度立ち上がれてこられたのは、自分を信じてあきらめなかったからだと思います。結果として、その辛（つら）い挫折が貴重な経験になり、人に優しくなれたり、謙虚になれるきっかけを与えられました。あきらめたらそこでおしまいです。ゲームセットです。

リーダーになってもならなくても、自分を信じて、今後も努力を続けてください。

最後にニーチェの言葉をお贈りします。

「どこから来たのか」ではなく、
「どこへ行くか」が最も重要で価値のあることだ
栄誉はその点から与えられる
どんな将来を目指しているのか
今を越えて、どこまで高く行こうとするのか
どの道を切り拓き、何を創造していこうとするのか
過去にしがみついたり、
下にいる人間と見比べて、自分を褒めたりするな
夢を楽しそうに語るだけで、何もしなかったり、
そこそこの現状に満足してとどまったりするな
絶えず進め。より遠くへ。より高みを目指せ

フリードリヒ・ニーチェ

「人類の問題の多くは会話で解決できる」―バックミニスター・フラー博士

クリア（明確）な会話ができないからいつまで経ってても会話が先に進まない。

社会生活を送る上で、避けることができないのが「会話」です。その上で、人類が持っている問題の9割は、会話で解決できると言われています。今回は、臨床心理博士の立場から脳科学を活用したコミュニケーション術をあなたは手に入れます。

これからお話しする内容の目的は会話自体をクリア（明確）にして、効率良く、互いを尊重した会話方法、CLEARの頭文字で5つのステップをご紹介していきます。

CLEAR

1. **Clear the intention**―クリア、会話の意図を明確にする。
2. **Listen to their uncontrollable message**―リッスン、コントロールできない相手のメッセージに耳を傾ける
3. **Empower each other**―エンパワー、互いに力を与え合う会話、奪い合うゼロサムゲームを行わない。
4. **Act first to gain**―アクト、最初にあなたが行動することで、得たいものを得る。
5. **Request Directly with Gratitude**―リクエスト、感謝の意を持ちながら直接、分かりやすく提案をする。

本題に入る前に、まず自己紹介をさせてください。

法廷臨床心理博士の遠藤Ｋ・貴則です。アメリカ・オレゴン州の治療ライセンスを持っています。アメリカでは心理学者も治療資格を得て医者と肩を並べ病院や施設で働いています。法廷臨床とは、犯罪者の更生、交渉、プロファイリング、検査などを行ったり、民事裁判の場での真偽を心理学的に測定する専門家です。これまでに３０００人ほどの患者を一対一で診てきましたし、講義や講演会の場では19万人以上の方にお話をしてきました。

その中で、いちばんつらかったのが連続殺人犯、性犯罪者、薬物依存者など犯罪者への講義です。相手には聞く気などほとんどありませんし、一つ間違えると物が、二つ間違えるとこぶしが飛んできます。三つ間違えると暴動が発生します。非常に緊張感のある仕事です。

ある日、勤務している依存センターの病院で、58人の依存者（ほぼ全員犯罪者）が暴動を起こしていました。そんな日に私は90分間の「アンガーマネージメント（怒りを制御する）」のクラスを教えなければならず、私に渡された選択肢は二つ、部屋に入り暴動を抑えるかクビになるか、院長とのやり取りで時間をつぶし、私に残された時間は残り20分……。ここで私の人生は変わりました。私はふと閃(ひらめ)きＴＥＤトークで聞いたスピーチをそのまま22分間行いました。それは、58人との「本物の会話」でした。すると、聞く気がなかったタトゥーだらけの男たちすらも、前のめりになり話に耳を傾け始めたのです。実際のスピーチが22分だったので、20分経った時点で私は「今日はここまでです、病室にお帰りください」と言うと、「待ってくれ!! 最後まで終わらせてくれ」と部屋がざわめきたち、終わらせた瞬間、58名全員からスタンディングオベーションを受けました。嵐のような拍手と共に私の全身に鳥肌が立ちました。この日を境に私は「人を変えることのできる本当の会話」、影響を与える会話とは何なのかに興味を持ち、それを調べる長い旅路に出ます。

かつて、「会話」から逃げ出したい、やりたくない、興味がないと思っていた私が、結果として、全国展開していた病院でのベストスタッフ賞を受賞し、市から賞を受賞し、州で最も治療成功率が高いセラピストと言われるようになり、現在はビジネスでの交渉の現場にも最も多く呼ばれる人となりました。そのエッセンスが何なのか、私の旅路の先で発見したものを共有します。

1. Clear the intention―クリア 会話の意図を明確にする

何故人間の脳は簡単に会話を理解してくれないのか？　人間には、大きく分けて脳のモードが二つある

相手が「やる」と口で言ったのを鵜呑みにして失敗したことはありませんか？　または、「やる」と言ったのにやらなかったことは？　そもそも、会話自体成り立っていない経験はありませんか？　人間関係が成り立ち、会話が成り立つ前提には信頼関係、相互理解と有言実行、言っていることが真実である必要がある。しかし、私達の日々の会話はこの約束事が平然と破られている。それほどまでに、社会は「嘘つき」、「詐欺師」、「信用できない大人」、「言っていることが曖昧な人」で構成されているのではないでしょうか？

そんなことはありません。

その真実を解き明かした心理学者がいます。脳科学的会話の真実を知れば、あなたは相手の話す言葉の聞き方、そして喋り方が一変し会話するべき「本当の相手」と会話できるようになるでしょう。それは、会話に翻弄されない、騙されない、期待を裏切られない世界。それは人間の脳のモード（機能）をしっかり理解できるか否かです。

ノーベル経済学賞を受賞したアメリカ人心理学者ダニエル・カーネマンは、人の脳には働き方の違う二つのモードがあると考えました。ニューロ（脳科学）マーケティングではこれを基礎として理論が展開していきます。

カーネマンは、二つのシステムの名前を「システム1」と「システム2」と名づけました。会話においては、相手の脳がどちらのシステムにいるかによって結果が左右されます。

システム1の人間は、「行動」してくれます。素早い脳みそです。

システム2の人間は、「考えて」くれます。想像したり、何かを作り上げたりするときに役立ちます。アイデア出しのために行うブレーンストーミングなどでは大事な働きです。

システム1は人間の無意識を指します。エゴイストで怠惰な脳みそ、自己中心的な脳みそです。自分も相手もデフォルトでこの脳みそのモードになってしまっています。そこで、この脳みその特徴を知ってほしいのです。

1. 自己中心的で利己的、自分の話にしか興味はないし、自分の利点しか気にしない。
2. 自分が選択したという事実を好み、押し付けられることを拒む。
3. 怠惰で考えることを嫌う。現状維持を大事にし、現在の習慣を変えようとしない。

4．5～7才児と同じくらいシンプルなことしか理解しない。1、2、3以上のものを一杯と思い、考えることを止める。つまり、ここまで読んでいるあなたはこれを意識し、システム2で読んでいる。

こう考えると、自分も相手の脳みそも相当幼稚であることが分かります。意識的には大人のつもりで複雑なことを考えているつもりでも、日々の生活で意識しなければ、子供です。だから言って、子供に話しかけるようにお互いに話せというわけではありません。しかし、話しかけている脳みそは子供であると覚えておいて、その子供の脳に何を理解してもらい、やってもらいたいかを意図しながら会話した方が効率が良いのです。

人生には選択肢がたくさんあります。例えば、マイホームを買うか買わないかのその一つをとっただけでも考えなければいけないことがたくさんあります。お金のこと、物件のこと、周囲の環境のことなど、複雑な要素が絡まってどちらにするべきか悩みます。しかし、結論を出さなければなりません。システム1と2では、どちらの成功率が高いと思いますか？

答えは、システム1です。複雑な問題だからこそ、システム1の脳と素早い決断の方が成功率は高くなります。考えれば考えるほど、人は思考から抜け出せなくなり、自分に最も良い決断ができないと研究結果があります。

逆に、簡単な選択肢のときは深く考えた方がいい。それがシステム2です。

システム2のエラーとしては、例えば、悩む必要がないほど「得」しかない儲け話や、毎週末やっている飲み会に行くか否かなど。しかし、簡単に決めてしまって、後悔したことはありませんか？　プロジェクトを受け持つことや、できるか分からない口約束など。私達は深く考える必要のないことを深く考え、考えるべきことを即断して失敗します。

何を気にしたら私達は明確に脳みそを使い有用な会話を行えるのか？

私達の日々の生活はこの脳みそのモードが不利に働いています。私達は明確にどちらを使うかを意図していません。全ての人生の不幸がこのモードの使い間違いと言っても過言ではありません。どちらのモードに自分がいるか気づくことはどんな人にも可能です。

突然ですが、簡単な算数の問題です。ちょっとテストしてみましょう。

ここに、ボールとバットがあります。二つ合わせて、110円です。いつの時代だ!?　というツッコミは受け付けません。バットはボールよりも100円高いです。では、ボールの値段はいくらでしょうか。

数字はパッと出たはずです。10円ですね？　ところが、答えが出た瞬間、「あれ、違うな」と思った方もいるでしょう。もしかしたら、何を私が言っているのだ？　と思っている人もいる

脳の二つのモード

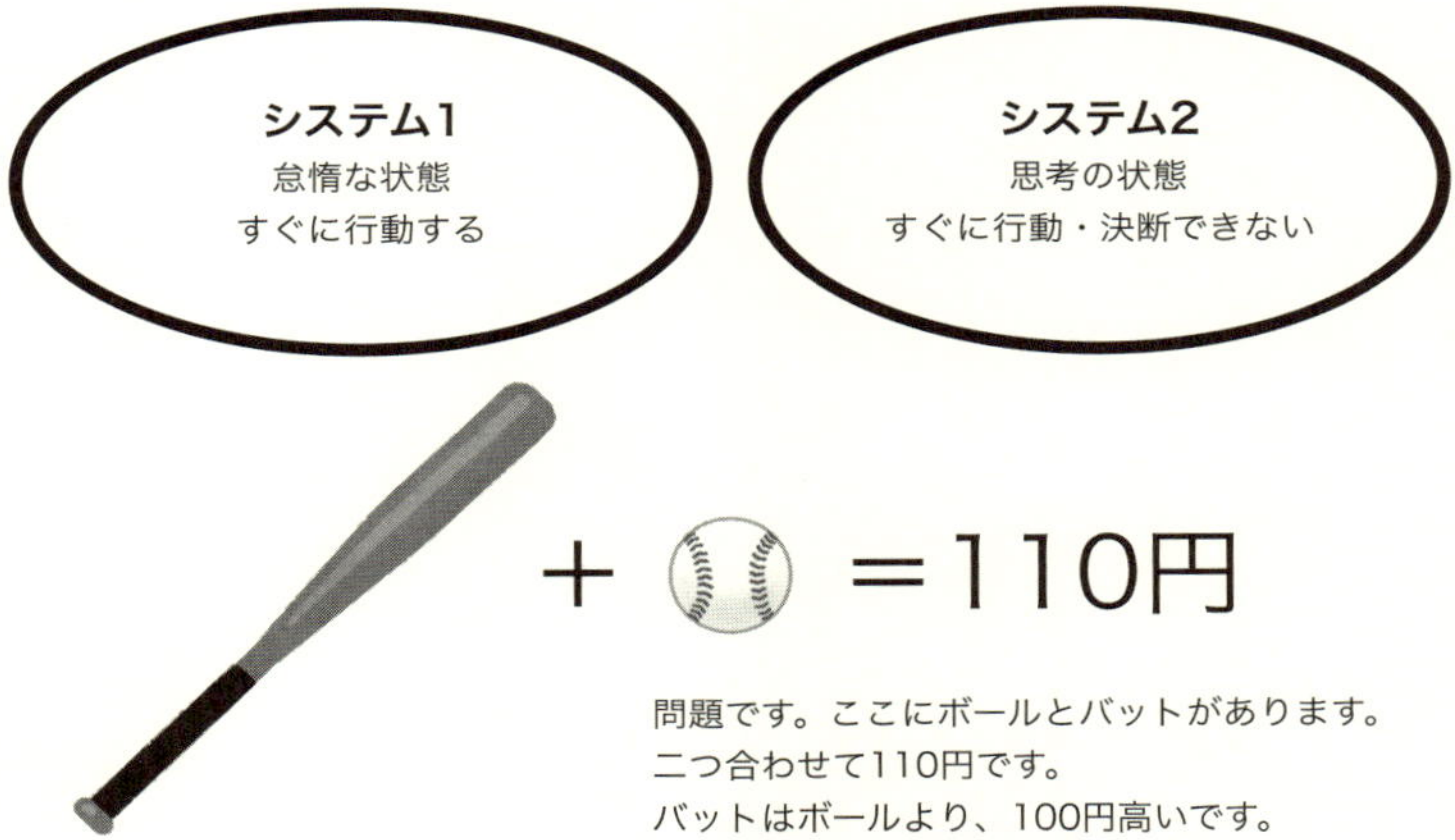

問題です。ここにボールとバットがあります。
二つ合わせて110円です。
バットはボールより、100円高いです。
ボールはいくらですか？

可能性はあります。ともかく、この「あれ？おかしいな？」と切り替わった瞬間に、脳の中ではシステム1からシステム2に移行したのです。もう一度、よく考えてください。計算自体は小学生でもできる計算です。正解は、5円です。

あの瞬間、10円と思ってしまった脳の働きが、システム1の脳です。特徴としては、短絡的にショートカットをしようとする脳です。理由もあります。情報過多にならないため、普段の生活を簡単にするために存在するのです。

次に、「あれ？」と考え始めたのがシステム2です。最終的に質問に答えてくれたのはシステム2でした。その切り替わった瞬間を、少しだけ感覚として覚えておいてください。

会話では、内容が複雑になればなるほど行動には移されません。重役会議で出てくる案は、どれも実行不可能な机上の空論が多いと思います。あるいは、いつまで経っても実行されるような案が出てきません。深く考えれば考えるほど問題は大きくふくらみ、複雑化すればするほど人は迷路に陥っていくのです。そうなると、会話は成り立ちません。交渉の場面でも同じです。相手の動きを止めたければ会話を複雑にする、何かアクションを取ってほしいならシンプルにするのです。

人の脳は、具体的な提案には合意しない

どうでも良いことで友達や同僚とケンカしたことはありませんか？　または、同じ趣味や嗜好の人と同族嫌悪のようにいがみ合うところを見たり、聞いたり、体験したことはありませんか？　そう、同族嫌悪、専門家同士のいがみ合い、矛盾した専門家の意見。これらは起こるべくして起きているとしたら？

例えば、家庭内でよくもめるのが、トイレのフタ問題です。妻は閉めておいてほしい。夫はフタを持ち上げるワンステップ動作が面倒だから、上がっている方がいい。お互いの合意もな

く、単に「トイレのフタを使用後には閉めておいてね」では衝突が起こります。

人間の脳には、いきなり具体的なことを言われても合意しないという性質があります。ですから、「えーっ」と声が出た瞬間、脳的にはシステム２に行っていることが分かります。合意はありません。

知らない営業マンが来て、「これ、買ってください」と言っても突然すぎて反発が起きるだけですが、「検討してください」と言うと、検討くらいはしようかなと思ってくれます。それと同じです。相手に何かしてほしいときは、抽象的で反論のしにくいものから入るのがベストなのです。

昔から、心理学の世界ではこれをフット・イン・ザ・ドア手法と言い、使い古されています。小さい同意、ＹＥＳから積み重ねて最終的に大きなまたは具体的なＹＥＳをもらうという手法です。

私の友人で、女性の方でかれこれ10年近く結婚したいと言い続けている人がいます。美人で器量よし、問題らしい問題を持っていない方です。

そんな彼女に結婚の話を聞いたら、何と彼女は結婚式場、披露宴会場、ハネムーン先、そのホテルと旅行プラン、そして出産先の助産院まで決まっているそうです。そう、彼女は今まで、付き合った男性との初デートで小出しではあるもののこのプランを説明してしまうのです。

2. Listen to their uncontrollable message—リッスンコントロールできない相手のメッセージに耳を傾ける

何故私達は人の話を真剣に聞くべきなのか？

聞くにたえない話ってありませんか？　いつ終わるんだ！　この拷問！　と思うような話。俗に校長先生の話というやつです（世の中には話が面白い校長先生もいるのでしょうけど）。自分もやっているかもしれないと思ったことはありませんか？　これは、聞き手の【メッセージ】を真剣に聞いていないからです。

私の先生の一人にゾルタン・ホトコ（Zoltan Hrotko）という方がいます。国連の代表にコミュニケーションを教える方なのですが、彼が人間の会話の問題をシンプルに教えてくれました。

約90％の人が「Talk at a person（人に向かって喋り）」、約9％の人が「Present to a person（人へプレゼンテーションを行い）」、約1％以下の人が実際に「Communicate with the person

（相手とコミュニケーション／会話を行う）」のだそうです。

問題は何に対してフォーカス（焦点）を行っているかです。「at」に対して行う喋りは、自分の興味と快楽にしか興味がありません。自己中心的なフォーカスということです。一方的に話してまったくやり取りがないか、聞き手は喋り手にしか同意できない状態です。「ねぇ、この前の映画○○で△△じゃなかった～？」「うん、そうだよねー」「でさー……」といった感じです。これは会話ではなく「駄弁（だべ）っている」と言います。たまたま、趣味が同じであるか、エンタメ要素があるものでもない限り会話が続きません。

次に相手へプレゼンテーションを行う。これは、喋り手の焦点、興味はプレゼンの情報にあります。だから、資料やプレゼンに視線が行くのです。相手が理解しやすいように、プレゼンは行われますが、聞き手はやはり会話に参加することができません。最後のQ＆Aくらいでしょう。学会とかの発表はこういうのが多く、理解はするのですが、行動は伴わないことが多いです。

本当の会話は相手と一緒に行う行為です。喋り手のフォーカスと興味は相手に向かいます。つまり、相手への問いかけや、相手のボディランゲージなどを見て、理解しているのか否か？相手に合わせて使う言葉、喋り方、トピックの進め方、スピードを決めます。ゾルタン・ホトコ氏曰（いわ）く、ほとんどの人の不幸が会話をしているつもりで会話を行っていないことだそうです。

「つまらない」と感じる会議は、会議のファシリテーターやプレゼンターがあなたに興味がないからでしょう。聞き手はエゴイストで自己中心的です。私達の脳みそはすべてエゴイストです。システム1もエゴイストです。故に、喋り手は相手に興味を持ち、相手の脳みそを尊重して、相手の利点にフォーカスを当て、相手が言わずとも伝えようとしていることに気づかなければならないのです。

何に私達は意識を向けたら本音が分かるのでしょうか?

私達の脳みそは視覚情報、聴覚情報：主に音の性質、触覚情報、言葉、最後にデータの順番で重要視します。理由としては人類の歴史がその順番で進化しているので、脳はそれに合わせて進化してきたからです。

1967年に研究を発表したアルバート・メラビアン（Albert Mehrabian）とスーザン・R・フェリス（Susan R. Ferris）が視覚情報で理解できるものが最もコミュニケーションにおいて大事であると発表しています。バンドワゴン効果（メディア的間違った解釈）により、実際の研究発表と内容が異なることが広まってしまうものの、非言語の大事さを教えてくれています。

ブルガリア人医学博士ゲオルギー・ロザノフ（Georgi Lozanov）は1978年に提案学（サジェストロジー）を提唱し、こう述べています。

「すべて何かしら提案している」

つまり、ボディランゲージだけでなく、着る服、臭い、味、環境などが全てが相手からのメッセージであり、相手へのメッセージとなるのです。

そこで、相手が言っている真意を理解するため注目してもらいたいものは以下のものになります。

視覚的に分かるものは顔色（血色が良いか悪いか）、筋肉のハリ（左右対称か非対称か）、目の焦点（合っているかいないか）と瞳孔（開いているか閉じているか）、下唇（ふっくらしているか乾燥しているか）、最後に呼吸のスピード（遅いか速いか）と位置（深いか浅いか）。

聴覚的には相手の声の音量（大きいか小さいか）、声のピッチ（どこで高くなったり、低くなったりするか）、声のテンポ（速いか遅いか）、最後に声質（滑らかか粗いか）。

言語的には相手の口癖や言葉遣いです。

これらの変化の多くは意識的に行えないか、行わないものばかりです。故に、相手の会話の変化を読むのに適しています。

どうやって相手の真意に気づけるのか？

見るべきこと、聞くべきポイントが分かれば、あとは意外と簡単です。やってはいけないのは最初から相手が「笑顔で頬が赤みがかっていたら私の話に興味がある」のような決めつけをしないことです。相手によって変化は変わります。

法廷臨床心理学を学んでいたとき、ウソの発見の仕方を学びました。それは、相手に一度絶対的真実を語ってもらいそこでの変化を計り、今度は絶対的ウソを言ってもらいそこでの変化を計ります。最後に「この場所（犯罪現場）を見たことがあるか？」という聞きたい問いをして相手の答え、例えば「いいえ見てません」が真実のときとウソのときのどっちに数値が似ているかで判断します。

交感神経（緊張状態）が刺激されたときと副交感神経（リラックス）が刺激されたときどういう反応を基本的に人はするのかを覚えておけば相手の言葉と相手の状態が一致するか否かで真実が大体わかります。

これらを知った上でセクション1と合わせると、緊張したシステム1は戦うか逃げるかしかしません。何かの競争でもしていない限りは逃げるや回避する、つまり目の前のことをやらない選択肢をしてしまいます。リラックスしたシステム1は他の行動を取ってくれます。緊張し

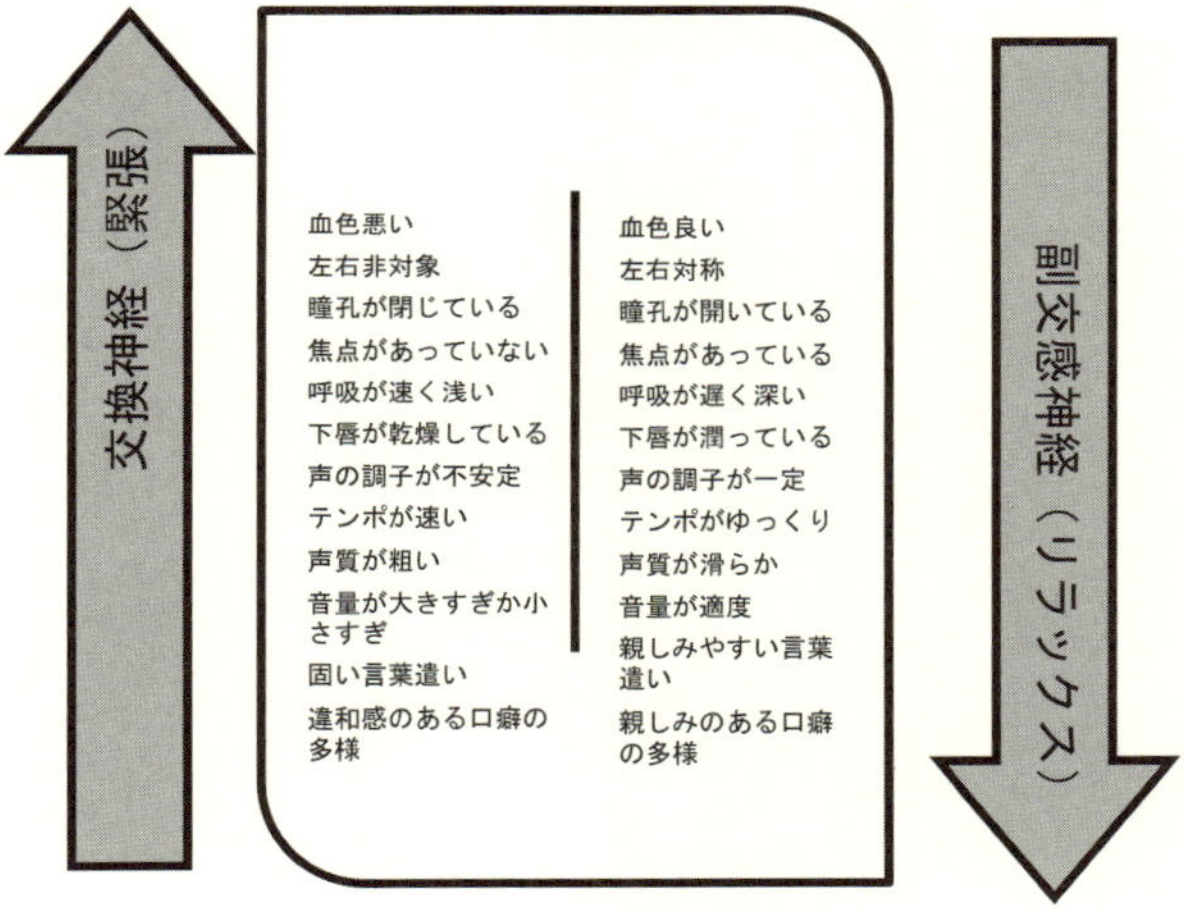

たシステム2はアイデアや解決案に固執します。リラックスしたシステム2は新しいアイデアを受け入れてくれる可能性が高くなります。

多くの場合はリラックスした状態にいる相手の言葉の方が有用なことが多いのです。これから先はただ相手の言葉「やります」、「行きます」、「できます」を鵜呑みにするのではなく、相手の身体から読み取れるメッセージと複合して解釈してみてください。

六つのボディランゲージ

視覚情報がコミュニケーションにおいて大事であると前のセクションで学びました。ならば俗にいうボディランゲージも大事なのではないか？　その通りです。その上で、私達の脳に影響の大きいボディランゲージをご紹介しましょう。

バージニア・サティヤという心理療法士がいます。家族療法の第一人者で、ボディランゲージや夫婦の会話の研究で有名です。あるとき、彼女はいつも同じタイプのボディランゲージが人々の会話の中に出てくることに気づきました。しかも、そのボディランゲージを目にすると、私達の脳は何か意味があると勝手に思ってしまうのです。こんな便利なものを会話で使わない手はありません。

1．ニュートラル

左右対称で同じことをやっている状態のことをいいます。手を上げていても、ポケットに入れていても、左右で同じ動きならニュートラルの状態です。メッセージ感は特にありませんが、聞き手が話に集中できるメリットがあります。人の脳は、動きが少なければ少ないほど相手の話に集中する性質があるからです。

表現力が豊かな人が「奈良の大仏は大きいですね」と言うとき、「こんなに」と大きく手を広げたりします。このときの腕の動きは左右対称のはずです。

ところが、会話が下手な人は、同じことをやっても動きが左右非対称になりがちです。と言うより動きが左右非対称のために意識がそちらに向いてしまい、「大きい」ことが相手にうまく伝わりにくいのです。人の脳は、相手の動きが非対称になった瞬間に、言っていることに信憑性を感じなくなります。

大事なことを言うときには、できるだけ動きは少なく、もし動くときには左右対称を心がけてください。

2. ブレイマー

相手のことを指で差すのがブレイマーです。英語（Blamer）では、責任をなすりつける人、指摘する人という意味があります。強いボディランゲージのため、ブレイマーをされて気分がいい人はほぼいません。ほとんどの人が嫌いな行為の一つです。

これが会話の中で出てきたら、危ないと思ってください。相手からは拒絶されるはずです。

私自身もお客さんに対して指は差しません。もしやるとしても、お客さんの上か横を指差すか、ノッカーといって指を曲げて差します。もしくは下を差します。

ちなみに、下を指差すのは行動を促す動き、つまり命令です。私はアメリカ軍士官候補として3年間訓練を受けた経験がありますが、そのときの軍事教官もこの動きをしていました。「やれ」という指示です。ケネディ大統領が「月に行く」と宣言した有名なスピーチでも、キング牧師の演説でも、何かしらやってほしいことを指示するときは地面に向かって指を差しました。

会話で使うには、指示を出したり命令などリーダーシップを発揮するときがいいと思います。

例えば、

「今月の売上が目標に達しなかったら、うちの会社は完全になくなります。すべては皆さんにかかっています。新規開拓をやってください」

というような場合は、「今月中に」など特に強調したいところ、やってほしいことを言うときに地面を指差します。

3. プレケイター

両手を広げて、手の平が上を向いている状態が「プレケイター」です。「お願いします」という意味があります。英語では、「乞う者」という意味です。

カップルの間で、一人がプレイマー（指差し）、もう一人がプレケイター（手の平が上を向く）をしながら会話をしていたとしたら、その二人はうまくいくと思いますか？　店員と客の関係ならどうですか？

私がその現場にいたとしたら、すぐに危険信号を出します。どちらかの手が動いた瞬間に、「はい、指差さない」「手を上げない」と言うと思います。このコンビネーションが発生した時点で、夫婦なら離婚に傾きそうですし、セールストークのうまい販売員が客に商品を販売したとしても、後になって、「買わされてしまった」とクレームが来る可能性が高いからです。それくらい危険な組み合わせだと思ってください。

講義の間、私はよく「質問はありませんか」と言いますが、そのときはこのプレケイターの動きをしています。どうぞ、質問をしてください、お願いしますという意味です。もし、手の平が下を向いていたら？　ちょっと想像してみてください。

4．レベラー

レベラーには「平らにする」という意味があります。動きとしては、しわくちゃのテーブルクロスを平らにならすイメージで、手の平を水平に動かします。両手でも、片手でもかまいません。この動きには、言っていることが「普遍的真実であると思わせる」効果があります。人間の脳は、平らな動きを目にするとなぜかそう思い込んでしまうのです。

会話の相手がこのレベラーの動きをしていたら、その人はかなり話すのがうまい人と思っていいでしょう。ですが、同時に注意が必要です。相手が意図的ではなくナチュラルにやっているとしたら、説得する能力が相当高い人だからです。このとき、もしも自分の脳がシステム１の状態だったら、内容を問わず了承してしまうかもしれません。

5．コンピューター

近代彫刻の父、ロダンの「考える人」を思い出してください。「コンピューター」は、その考える人の状態です。頭のてっぺんから顔の中心点、そして胸の辺りまでの体の中心線が通る部分のどこかに手を置いているのがコンピューターです。その情報は正しいと思わせる効果があります。

一つ前のレベラーと似ていますが、レベラーが普遍的な真実なのに対して、コンピューターは「データに関する情報」の場合に使います。

ちょっとしたネタばらしを一つお話ししましょう。私はメガネをかけていますが、実はメガネがなくてもさほど不自由はありません。割とよく見えています。では、なぜメガネをかけているかというと、メガネのブリッジ部分に触れて位置を直すため、という名目で顔の中心に手を置きたいからです。データ情報を説明するときに疑問を持たれないため、進行がスムーズに行くようになど、割と頻繁に手が伸びてもメガネがあるとあまり気づかれません。そういう使い方もあるということです。

6. ディストラクター

最後の「ディストラクター」には、「惑わすもの」という意味があります。これは1番のニュートラル、左右対称の対になる、左右非対称の動きを言います。例えば、ボディランゲージでコンピューターをやっていても、それが非対称の動きの場合は相手はその内容がジョークであるか、内容に信憑性がないと感じます。

ただし例外もあります。プレゼンやスピーチなど、片手にマイクを持って話す場合は見た目は左右非対称です。ところが、持ち手を頻繁に替えるなど激しく動かさなければ、脳はマイクを持った形に納得して、非対称であることを無視し始めます。マイクを持った状態をデフォルトとしてスタートするので、ディストラクターには当たりません。

これが基本となる六つのボディランゲージです。

ボディランゲージは、国や地域、文化の違いによってさまざまな形として構成されています。しかし、ここで紹介したボディランゲージは、どんな文化圏でも関係なく人間の脳が反応してしまうものです。ぜひ、意識的に相手のボディランゲージを見て、自分でも意識的にボディランゲージを使ってください。

3. Empower each other—エンパワー
互いに力を与え合う会話、奪い合うゼロサムゲームを行わない

なぜ私達は時に互いに力を奪い合うのか？

私達の先祖、新人が現れた20万年前と現在では、人類の豊かさには大きな差があります。日々、生きるか死ぬかを目の当たりにし、食べ物が十分にない。生命の危機に陥っている間、私達は他人の心配をする余裕もなく、周りより優位であることを確認することで、生き続けられる証明を探し続けてしまいます。

１９４３年に心理学者アブラハム・マズローは自己実現論を発表します。その中で人間の最も大事な欲求が生理的欲求（飲食、睡眠、子孫を残す、など）と安全欲求（自分と家族の安全、収入の安定、など）だと述べています。高尚なことを言えるのはこれらの欲求が満たされてからだと述べています。

現在どの先進国に行っても、人間は豊かに暮らせます。そうそう生きるに困るということは

起きにくい「はず」なのです。しかし、肥満な人がいる中、先進国でも飢餓に苦しむ人たちがいる謎が発生しています。何故なら、いまだに20万年前のように食べ物がないと思い貯めこむ人達がいるからです。食べ物だけではなく富、物、情報を循環させず貯めこむ癖が存在します。会話の中では相手にすべての情報を開示しないことによる優位性の保有や、知識や知恵の量を誇示するために相手を馬鹿にしたり、自分の富、物、情報の量が多いことを再確認するための自慢などを行うのです。

結果、お互いに不毛なディスパワーが行われ、最終的に解決すべき問題、それが日々の仕事の問題であろうと、社会問題、環境問題であろうと解決されなくなってしまうのです。そろそろ、現在に適応した会話をしませんか？

何を私達は行ったら相手はエンパワーされるのか？

エンパワーの方程式は結果よりも原因側にいることである。どういう意味でしょうか？　多くの人は自分の人生が周りや状況の結果でしかないというディスパワーされた状態が常であり、運命が決まってしまっていて抗えないと思っています。なので、会話の内容はどこか諦めた感があり、やる気が見られず、主体性はなく、責任を取る気がほとんどなく、少なくとも今が良ければすべて良いと思い込んでいる節があります。

まずは自分がエンパワーの状態であることが大事になります。それは責任を取ること、責任の擦り付けをせず、正当化をせず、否定をせず、恥だと思わず、諦めない状態を指します。自分自身が責任を取る、原因側にいると信じることにより、運命の選択肢があるという自由を手に入れます。

さて、これで自動的に相手がエンパワー側に行くかというと、そうではありません。信頼関係のある会話でしか自分で責任を取ろうとする努力をしないため、相手との信頼関係を構築しておかなければなりません。その上で、相手の気分、気持ちがポジティブな状態であったならば、人は責任を取るだけのエネルギーが得られます。

相手に話すときは、相手に選択させるという自由を渡してください。注意してほしいのは丸投げではないということです。こちら側のある程度やってほしいことを含んだ選択肢を出したり、意見を取り入れたりするための具体的な質問をすることが重要になります。

4．Act first to gain ーアクト
最初にあなたが行動することで、得たいものを得る

何故自分から行動する必要があるのか？

殴られるリスクよりも、結果が分からないリスクが怖い、あなたが相手に良いことをしようという人間であったとしても疑われる。

私はアメリカで犯罪者の更生と同時に、被害者の心のケアも行ってきました。

ある女性の話ですが、彼女は夫から家庭内暴力を受けていました。法廷の人に話を聞いて驚いたのが、彼女はこれが3回目だったということ、それも3回とも違う夫から暴力を受けたという事実です。3回結婚して、3回とも暴力的な相手を選んだわけです。

彼女は決して暴力を望んでいるわけではありません。それなのに、もしかしたら殺されてしまうかもしれないくらい、リスクの高い相手を選んでしまうのです。何故なら、彼女の脳にとっては、そういうリスキーな男だからこそ、付き合ったのです。何故なら、過去の経験から結

果・未来が分かるから、慣れている相手なので安心なのです。むしろリスクは低いと判断するのです。

逆に、治療のために会った私は、彼女にとって初めて出会う、知らない人です。彼女の利点をどれだけ考えていても、理屈的にリスクなんてなくても、そんな私の言うことなんか聞いてはくれません。

治療に当たっては、彼女に私のことを知って、好きになって、信頼してもらわなければなりません。次のページからは、そのための三つの鍵についてご説明します。これがあると、お客さんはあなたのことを信頼してくれます、それが嫌らわれている相手であったとしても。

何をしたら私は相手から信頼されるのか？　信頼を得るための「興味・共感・理解」三つの鍵

講演会や研修などで、次のようなワークを取り入れることがあります。

まず、二人一組のペアを組みます。膝と膝が当たるか当たらないかくらいの距離で向かい合って座り、そのまま黙って相手の目を3分間見つめます。終了後、何を感じたのか参加者の方に聞いてみると、

「相手とつながる感じ」

信頼を得るための三つの鍵

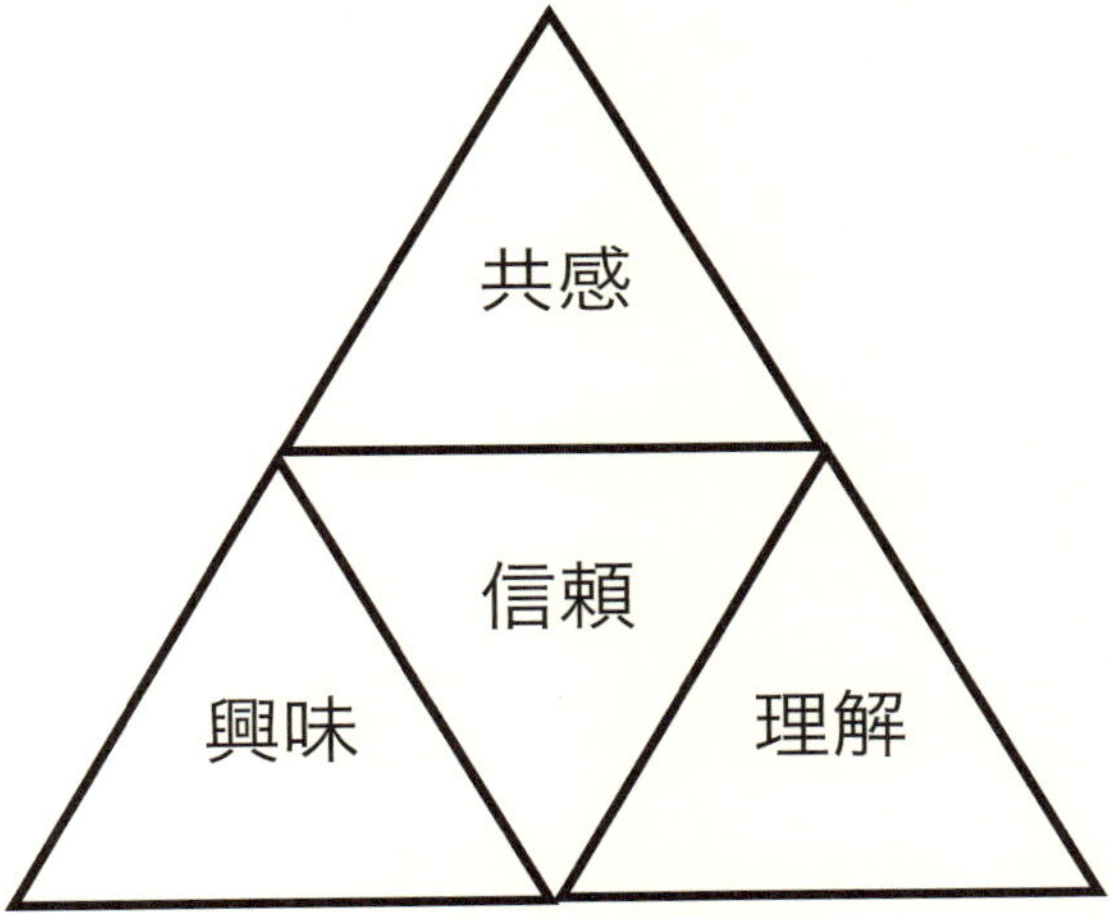

「温かい」

「柔らかい。ほわっという感じ」

という感想がありました。

注目すべきは「温かい」という声です。ある実験では、愛は体温を上げることが分かりました。愛されていると感じるだけで、1℃から2℃上がるのです。

同じように、人は信頼関係ができ始めて安心してくると自律神経がリラックスするので、温かく感じます。温かくなってきたというのは相手を信頼している証であり、自分が感じたことは、相手も感じている可能性が高くなってきます。

中には温かくなった箇所との比較で冷たい部分が気になり、感じるという人もいますが、脳科学的には見つめ合うことで、お互いにリラックスの方向に行くことが分かっています。

この状態に似ているのが、温泉です。温泉宿に行って、「とりあえず温泉に入るか」と最初にひとっ風呂浴びたときの、思わず「うーん」と声が出た瞬間をイメージしてみてください。あの感覚が、人との会話で何故か起きているのです。

笑顔になってほしいなら、まずは自分の笑顔を見せる

私には小さな娘がいます。周囲からは「すごく笑う子だね」と言われます。実は理由があります。娘には生まれた当初から人間の顔のデフォルトとして笑顔を見せてきました。私も奥さんも、うちの家族全員です。そのうちに、娘は私たちの真似をして、笑顔を見せるようになりました。これは人間にある鏡神経（ミラーニューロン）の働きによるものです。

人間はまずは形から、そのうちに相手が感じている感覚も真似するようになります。社会的な生き物なので、脳の働きとしてそうなっているのです。そのおかげで、うちの娘はよく笑うのです。

私や家族たちは、娘の顔を見て笑顔になりました。まず自分たちが娘への愛を感じました。すると娘も愛を感じて、娘自身も笑顔になりました。自分が最初に相手を愛すると、相手は勝手

に心を開いてきます。相手に心を開いてもらうには、最初に自分が心を開くのがいちばん簡単で確実で、早いのです。愛している感覚があると、相手もそれを感じてきます。これを言葉で行うことを自己開示と言い、自分からプライベートなことや問題を打ち明けることにより相手にも同じことをしてもらうという方法です。

信頼関係は、そうした共感から生まれます。相手に信頼してほしかったら、まず自分が相手を信頼することです。

ワークではお互いの膝が触れ合うくらいに座って見つめ合ってもらいましたが、この行為は二人が同じ形、同じ動きをすることです。その結果、共感が生まれたのです。

どう具体的に三つのカギを使うのか？　相手への「興味」「共感」「理解」が信頼を招く

興味、共感、理解。これが人間が信頼してもらうのに必要な三つの要素です。

1．相手に「興味」を持つ

信頼を得るためには自分にフォーカスを当てるのではなく、相手にフォーカスを与えます。相手に対して興味を持つのです。具体的には、相手はどんな人なんだろう、何をする人なんだろうと興味を持って、「質問」をします。

普通の会話では、質問をたくさんする人は、相手から「あの人は自分に興味がある、好意を持っている」と思われます。これが、信頼の第一ステップです。

先ほどのワークでは、自己紹介は済んでいたので「お互いに知ってはいる」関係でした。次の段階に進むなら、相手に対して、「私はあなたのことを好みに思ってます。好きです」という気持ちを伝えるために質問をします。「何をしてるんですか」「ここ最近どうですか」「そうなんですか」 その質問が、相手への興味なのです。

ただし、興味深い人間であろうとするのはダメです。自慢話をやたらとする人、いわゆるウザイ人がそうです。そこまで興味深いことはしていないのに、興味深い人間であろうとする人は論外です。それが許されるのはハリウッドスターなど一部の有名人だけです。

まずは相手に興味を持ってください。

2.「共感」する

相手と何か共通のものがあると、人間は共感します。共通の趣味や話題があると仲間意識が出るので強いのですが、ボディランゲージでも同様の効果があります。

例えば、男性が女性を口説こうとするとき、動作やボディランゲージを真似するとうまくいく確率が高いです。相手がコップを取ったら、同時にコップを取るといった具合です。そのうちに会話をするようになり、共通の話題で盛り上がったりします。

人は信頼があればあるほど、同じような動きをし始めます。恋人同士や夫婦の場合は筋肉の使い方が似てくるので、顔の形も似てきます。見つめ合って瞬きもしないといいますが、瞬きを同時にしているから行動が全く同じになるのです。まさに共感です。

3.「理解」する

理解というのは、自分一人では完結しません。相手が私に言っていることを、「ちゃんと理解していますよ」と相手に思わせて初めて成立するものです。そうでないと、「この人は私の言っていることが本当に分かっているのかな」と、少しずつ不安になっていくからです。

不安を解消する簡単な行動が「うなずく」ことです。これもいいのですが、もっといい方法があります。「相手が言ったことをそのまま復唱する、そのまま返す」というものです。

ただ言い返すだけでなく、「つまりは、こういうことですか」と、自分の理解を少しだけ相手に伝えてもかまいません。その場合は、「合っています」という返事があると、お互いに同じことを話しているのが分かります。そこから信頼へとつながるのです。

相手に興味を持つこと、共感を得ること、そして最終的に理解をすること。これが信頼してもらうのに必要な三つの要素です。

私がアメリカで犯罪者を相手に仕事を始めたとき、彼らと共感することなどないと思っていました。正直に言えば、「犯罪者の何に共感するんだ」「ありえない」とまで思っていました。

しかし、次第に犯罪者も人間であり、一般の人なんだと思うようになりました。普通の人と同じように趣味も持っていますし、バスケを見るのが好きで、フライドチキンが好きといった自分たちとの共通点に気づいたからです。

気の合わない人との会話でも、探してみれば共感できる部分が確実にあります。ケンカをしているときでも、相手を拒絶してはダメです。相手にも正義があります。相手に興味を持つことができれば、どこかに共感できることも見つかります。それを理解して、受け入れることができれば、会話はうまくいきます。

5. Request Directly with Gratitude―リクエスト
感謝の意を持ちながら直接、分かりやすく提案をする。改善点もしかり

何故私たちは恩を感じてからしか提案を受け入れず、そして回りくどい言い方を理解できないのか？

会話している相手に何かしらの提案を受け入れてもらい、助けてもらったり、改善してもらいたいと思いませんか？　しかし、無意識、システム1、私達の脳みそは基本、自己中心的です。他人からの提案は受け入れたくありあません。貢献や良いことはしたいが、自分を犠牲にしてまでやりたくないし、それには明確な命令が必要なのです。

集団的生き物である人類は自分の同族のためには貢献したり、助けたりすることは自然に行うように脳科学的にプログラムされています。しかし、同族ではないものに対してはこの行動を行いません。大事なのは相手の脳みそにとって自分が同族、同じ民族の人間であるという風に認識してもらうことになります。

その上で、無意識は分かりやすい明確な指示でないと行動に移せない習性があります。そし

て、同時に傷つきやすい性質もあります。故に、あなたを助けるための指示を明確にすれば行ってくれるのですが、自分の欠点を指摘された上での改善を頼まれると傷つき、その精神的痛みが過ぎるまで行動に移さない性質もあります。なので、改善点を指摘する場合はそれを理解した上でのアドバイスをしなければならないのです。

ポジティブ心理学の父であるマーティン・セリグマン博士の本『Flourish（開花）』では人の才能を開花させるためには相手に言うポジティブなこととネガティブなことの割合が最低3対1以上でなければいけないと述べています。そして、決していっぱい褒めればいいというわけでもなく、割合が13ポジティブ対1ネガティブを超えた時点でポジティブな意見や言葉に効果はなくなるそうです。

何をしたら、相手は提案を受け入れるのか？

私達の脳は互いに同族だと、仲間だと思ったらアイデアも意見も受け入れやすくなります。そして、同族と思われるためにやることはシンプルです。相手のためになることを行い、相手のリクエストに応えるのです。そもそも、セクション4の方法を使って信頼関係を高めたなら、相手はあなたが同族か否かをチェックするために、助けてくれるか否かを試すリクエストを投げます。そして、そのリクエストに応えたならば、あなたは同族と見られ、相手はあなたの提案を受け入れる準備ができました。

もし、ここで相手に何かやってほしい、助けてほしいならば、まず、「リクエストがあります。今、時間よろしいでしょうか？」と聞き、相手がリクエストを聞く準備がある状態にする。このとき、相手が忙しかった場合は「では、何時が都合がよろしいでしょうか？　今日中可能なのか明日以降なのか？」という風にアポイントメントを取ってください。

相手がリクエストを聞く準備ができたならば、シンプルで明確な提案を行ってください。そうすれば相手はあなたのリクエストに対してどうにかアクションを取ろうと助力してくれます。もし、相手が言った通りのアクションを取れない場合は別の案を出してくれるか、それを互いに考えればよいだけになります。

もし、相手に何かしらの改善が必要である場合は「フィードバック・サンドイッチ」と言われる技法で相手の無意識にフィードバック、つまり改善してほしいことを受け入れてもらいます。概念はシンプルで、相手の良かった点、引き続きやってほしいことを最初に言ってから、次に改善点を言い、最後にまた全体的に良かった点で終えます。フィードバック、改善点がポジティブな良かった点でサンドイッチされています。これにより真ん中の改善点、指摘が心を痛めずにすんなり入っていきます。

どうやったら、相手は言ったことをやってくれるのか？

提案を出す戦略は提案を出す前準備の方が大事であり、準備ができた後はやらないといけないことはそんなに多くはありません。

準備段階：

1．何かしてほしいこと、改善して欲しい人物が誰かを決める。

2．具体的に何が欲しいのか、改善してほしいのかを決める。

3．それを行うことにより何故相手が得をするのかを考える。

4．ターゲットとの信頼関係を構築した後、相手にリクエストをしてもらいそれに応える。

提案をする：

5．相手に連絡を入れ、リクエストがあるのですがよろしいでしょうか？　というような文面や台詞を言う。「助けてほしいことがあるのですが、お時間よろしいでしょうか？」「あなたに不合理なリクエストがあります、聞いてくれませんか？」「○○について、是非伝えたいことがあるのですがよろしいですか？」「○○を向上するための、フィードバックがあるのですが、よろしいですか？」など、相手の許可が出るまで本筋の提案を言わない。

5B．相手の都合が合わなかった場合は別の具体的な話す時間（アポイントメント）を用意する。「では、本日中か明日どちらがご都合よろしいでしょうか？」。※注意：メールやメッセンジャーなど一つの方法で反応がなければ別の方法を取る。

6．提案の場合は「ありがとうございます、頼みたい（助けてもらいたい・おすすめしたい）のは……」

6B．改善点や指摘の場合は「ありがとうございます、○○についてなんですが、（良かった点1）に（良かった点2）に（良かった点3）が素晴らしかったです、その上で、（改善点）をしたらより良くなると思います。全体的には（総合的に良かったこと）が良かったです」という風な指摘をする。

会話の結果への対処：

7．相手の身体反応、表情や返答を観察して、提案、改善点が受け入れられたかを確認する。受け入れられたなら「ありがとうございます、では……（詳細を決める）」。提案や改善点に対する反論があった場合は次のステップに移る。

8．相手の返答を聞いた後で「ありがとうございます（返答と意見に感謝）、そうですよね（同意をする）、その上で（付け加える）……（何かしらの提案の受け入れや改善点の理解を明確化するための質問や詳細を言う）」

最後に

ここまでお話ししたこと、CLEARの頭文字で大事にしないといけないこと、クリア（明確）、リッスン（聞く）、エンパワー（選択肢を与える）、アクト（先に行動する）、リクエスト（提案する）が、脳科学にまつわるコミュニケーションの基本的な部分です。会話に困ったとき、どれかに問題があるので、どれをやっていないかを把握して、効果的なコミュニケーションをしてください。もし、まだ質問があるのでしたら、フェイスブックのビジネスページやYoutubeで無料で脳科学的会話方法、営業方法、ニューロマーケティングの動画講座が上がっていますのでそちらを参照してください。

Facebook：https://www.facebook.com/mindlifesolutions/

Youtube：http://bit.ly/youtubemls

HP：http://mind.life/

仕事の教科書

インバスケット思考による問題解決

鳥原隆志

問題発見力、意思決定力、問題分析力、洞察力など、ビジネスパーソンが習得しておきたい力がインバスケット思考である。一流企業の管理職登用試験にも使われるインバスケットゲームを実施することでその思考力は高まる。身につけると「時間が足りない」「同じ失敗を繰り返す」「頑張ってもできない」などの悩みの解決も可能になる。自己の能力向上にぜひ役立ててほしい。

TAKASHI TORIHARA

大学卒業後、株式会社ダイエーに入社。販売部門や企画部門を経験し、10店舗を統括する食品担当責任者として店長の指導や問題解決業務に努める。管理職昇進試験時にインバスケットに出会い、株式会社インバスケット研究所を設立。日本のインバスケット・コンサルタントの第一人者として活動中。著書は『究極の判断力を身につけるインバスケット思考』(WAVE出版)をはじめ、40冊以上累計70万部を超える。

トラブル処理ではなく、本当の問題解決をしよう

社内でトラブルが発生したとき、きちんと問題解決ができていますか?

私は、新卒で当時、流通大手だったダイエーに入社しました。様々な部門を経験したのち、店舗指導員(スーパーバイザー)という立場になりました。簡単にいうと問題解決屋です。店舗で解決できないクレームや複数の店舗にまたがる問題を解決していくのが仕事です。

しかし、当時の私は、問題解決とトラブル処理を混在して考えていました。

ある店にマネージャーとして着任したときのことです。任されたのは加工食品と呼ばれる売場で調味料やお菓子などを販売する部門です。多くの食品の中に、お湯に溶かすだけでできるカップスープがありました。

同じメーカーでもポタージュ、コーン、クリームなどの種類がありました。

通常は、ひと箱298円のものが、たまに特売になって、たとえばポタージュだけが198円という日がありました。

ところが、私が着任した店では特売の値段をつけたにもかかわらず、レジを通ると298円になってしまうといった価格設定ミスが頻発していました。

しかも、1日に1件や2件ではない。多いときで十数件ありました。そのたびにレジに呼ばれたり、お客様のご自宅に行ってお詫びをしていました。

何とかしなければと、全製品をかごに入れて、スーパーのバックルームに持っていき、そこにあったレジで1個1個値段を調べて合っているか全品の確認をすることにしました。全従業員を投入して、数千種類の商品をチェックして、間違っていれば修正していったのです。

すると、次の日には価格設定ミスが一件も発生しませんでした。

ようやく解決したかと思いましたが、3日後からまた1件、2件と価格設定ミスが発生するようになり、1ヶ月後にはほぼ元と同じ件数に戻ってしまいました。

私がやったことは問題解決でも何でもない。ただのトラブル処理だったのです。「チェックをして間違いがあれば直す」のは表面的な処理に過ぎなかったということです。

私はさらに考え、なぜ、こういうことになったんだろうと調べました。

すると、製品を並べる人と、価格をつける人と、価格をパソコンで設定する人が、それぞれいて、別々に仕事をしていたことがわかりました。そこで、連絡ミスなどがあったために、価格設定のミスが発生していたのです。

そこで、一人の担当者が補充、値段つけ、価格設定をするという仕組みに変えました。これはすごくパワーが必要でした。スタッフを教育し、仕組みもオペレーションも変えなくてはならない。パートさんからは不平もでました。すべて改善するのに2ヶ月という時間もかかりました。しかし、効果てきめんでした。売価設定ミスはゼロにこそなりませんでしたが、多くても1日1件、1週間に1件というレベルにさがったのです。

私たちは、普段、問題解決をしてると思っていますが、それは問題解決ではなくてトラブル処理の場合が多い。そこで、本当の問題解決というものを「インバスケット」という問題解決の楽しい方法で伝えたいと思います。

インバスケットとは何か

「インバスケット」は、直訳すると「未処理箱」のことです。かつては、部長や取締役といった管理者のデスクの上には、決済されていない書類が雑多に入った未処理箱が置かれていました。現代風にいえば、未処理箱イコール「まだ開封されていない未処理のメールがたくさん入った受信箱」と考えるとわかりやすいでしょう。

本書でいうインバスケットは、そういった未処理の案件を制限された時間の中で、架空の立場となってより精度を高く、処理を行っていくゲームのことをいいます。

もともとインバスケットは、1950年代にアメリカの空軍で使われ始めたのがルーツといわれています。当時、アメリカ空軍では、パイロットや兵士を教育訓練して戦場に送り出していました。

ところが、しっかり訓練したにもかかわらず、なぜか現場でミスをおかす。戦場でのミスは死に直結します。優秀な兵士がなぜか戦死をするという問題が起きていたのです。

原因を究明したところ結論が出ました。実際に覚えたことと使えることとはまったく違うということです。そこで、習得した技術や教育、スキルが実際に使えるかどうかを測るツールが必要となり、インバスケットが開発されたといわれています。

このツールは、軍から民間企業で使われ始めました。管理者、リーダーの教育ツールとして、もしくは昇格試験、アセスメントツールとしても活用されはじめました。ここ数年は官公庁や中小企業でも教育研修ツールとして、活用をされています。

インバスケットで得られるスキルとは？

インバスケットで培われた能力を「インバスケット思考」といいます。インバスケット思考を使うことで問題の本質にせまり、根本的に解決するという本来の問題解決能力が上がります。ハーバード大学教授のロバート・カッツは、仕事をする上で必要な能力として、３つの能力をあげています。

- テクニカルスキル

特定の仕事をするのに必要な能力。業務遂行能力や業務知識とも呼ばれます。

- ヒューマンスキル

対人関係能力。具体的には、コミュニケーション力や交渉力、調整力などがあげられます。

- コンセプチュアルスキル

概念化能力。知識や情報を整理分析して、総合的に判断を行うことで、物事の本質を見極める能力のことです。

インバスケットはヒューマンスキルとコンセプチュアルスキルを強化するツールです。

インバスケットで発見したい10のスキル

インバスケットではこれら3つのスキルを構成する要素でもある、次の10の能力を強化できます。これらがインバスケット思考です。ビジネスパーソンにとって極めて重要な能力です。

・問題発見力

「何が問題か」を見定める力です。「問題解決」というと、解決に重きをおいてしまいますが、解決することよりも、まずは「何を解決するべきか」を把握することが大切です。これこそが、問題発見力なのです。たとえば、取引先からお叱りのメールが届いたとします。

この問題をどう捉えるかで、解決策も成果も変わってきます。「怒っていることが問題」と表面的な問題だけを捉えても、決して解決はできません。「なぜ、怒っているのか」を考えて本質的な問題を見つけて対応しなければ、本当の解決はできないのです。

・問題分析力

起きた問題に対して仮説を立て、仮説が正しいかを調べる力が問題分析力です。雷が鳴っている最中に突然部屋の照明が消えた場合、「雷が電線に落ちて、停電したのだろう」と仮説を立て、実際に窓を開けて周囲の建物でも明かりが消えているかを確認するのが、問題分析力です。

・創造力

問題分析を行ったあと、課題にそって具体的な対策を立てることになります。対策を立てるには、創造力を発揮してアイデアを出す必要があります。

・意思決定力

限られた時間の中で優先順位を決定するには、常に決断をしなければなりません。どの案件を処理するのか、あるいは処理しないのか。自らの論理的な考えにもとづいて、判断を下していくのが意思決定力です。素早い意思決定ができると生産性向上も期待できます。

・洞察力

洞察力とは、「次にどうなるか」と先を考え、さまざまな情報をつかんで、全体の流れの中で現象を観察する力のことです。「次にどうなるか」を考えることで、視野は広がります。視野が広がると、事前にリスクを察知でき、大きなトラブル発生を未然に防ぐことができます。

・計画組織力

仕事には自分で処理することと、周りを巻き込んで処理することの2種類があります。新人のうちは、自分で仕事を完結させてもいいかもしれません。しかし、後輩ができたり、職位が上がるにつれて、自分のすべきことは行い、業務内容によっては適任者を選んで指示をすることも求められます。つまり、組織を使って、仕事を成し遂げていく力が求められるのです。自分で判断したことを計画に落とし込み、組織を使って達成させる力が計画組織力です。

・当事者意識

当事者意識とは、自分自身に求められていることを察知する力のことです。仕事には与える側と与えられる側があります。上司が仕事を与える側とすれば、上司が何を求めているかを察知する必要があります。わからなければ、確認する必要があります。

仕事のできる人は、会社から求められていることを的確につかんでいる。だから、評価されるのです。

・ヒューマンスキル

ヒューマンスキルとは、対人関係能力のこと。仕事をする上で、欠かせないスキルです。感受性や人に対する配慮も含まれます。

感受性とは、喜びや悲しみ、相手に対する愛情など、人間や物事に対して感情を表現する力のことです。目標を達成したら部下や同僚と喜びあい、悲しいことが起これば一緒に悲しむ。人間として当たり前のことです。ただし、感情を前面に出すということでありません。感情をコントロールして表現することです。人に対する配慮とは、たとえば、職場では、部下や後輩の情報を把握して、彼らの仕事を適切な方法でサポートすることです。

・生産性向上力

生産性とは「限られた時間の中でどれだけ成果を出したのか」です。これを上げる力が生産性向上力です。スピードアップして今まで3つしかできなかった仕事が4つできるようになるのもいいでしょう。しかし、私は「今までなかった仕事のやり方を考え出して成果が2倍になった」ほうが生産性が高いと考えています。

・優先順位設定力

どの仕事を優先して行うかを設定する力のこと。特に大切ですので、370ページから詳解していきます。

インバスケットの4つの効果

インバスケットで10の能力を強化することで、得られる効果は大きく4つあります。

1つが「優先順位設定力の向上」です。優先順位設定力を上げていくことができます。

2つ目が、「問題解決力の向上」です。問題解決力とは、既述したようにトラブルをうまく処理する能力ではありません。一度起きたトラブルが二度と起きないように、根本的に処理をしていく能力のことです。

3つ目が、「洞察力の向上」です。全体を見る力を上げることです。もっといえば、大局的な視点を持つ力といってもいいでしょう。これを身につける効果もあります。

4つ目は、「判断に自信がつく」ということ。インバスケットでは、判断のスタイルを学ぶので、自分の判断に自信がついたという人が多くいます。

本書では、ページ数が限られていますので、特に2番目の「問題解決力」とそれに関わる「優先順位設定力」を中心に話をしていきます。

仕事の優先順位を決めておけば、そもそも問題が発生しなくなる

ここからは、「優先順位設定」の話をしていきます。問題解決で大事なのは、実は数をこなすことではありません。影響度の高い重要な問題から処理をしていくことです。この順番を決めていくことを「優先順位設定」といいます。つまり、何からするべきかを決めることです。

多くの問題が押し寄せたとしても、「きた順番通りに処理をしていこう」とか、「すべて処理していこう」という考え方はしないようにします。まずは、優先順位を決めるようにしてください。優先順位を決めることは、仕事をする上でも、問題解決をする上でも、鉄則です。

仕事を取捨選択し、仕事の量を減らす

なぜ優先順位が重要なのか。

たとえば、蛇口から水がジャバジャバと出ていて、その下に置いてあるコップに入り、どん

どんあふれてしまっているとします。

みなさんだったら、この状況が眼の前で起きているときに、どんな行動を取りますか。

だいたい、「蛇口をしめて水を止める」「容器の大きさを変える」の2つに分かれます。

多くの方は、「目の前に蛇口があってあふれているのを止めるには、しめるのが早い。問題の元凶を解決するのが一番」「容器の大きさを変えていっても、いつかは水はあふれてしまう」という理由で前者を選びます。


この状況をみなさんの現状に置き換えてみましょう。

蛇口から出てくる水は、「仕事」や「タスク」「上司からの指示」です。

コップはみなさんの時間です。どんどん仕事がきているときに、私の講座に参加している多くの方は、自分の時間を少しでも多く仕事に割こうとする。つまり、コップを大きくしようとします。できるだけコップを大きくして（＝自分の時間をギリギリまで仕事に費やして）、なんとか、仕事をやり遂げようとしています。

でも、仕事はそれ以上にきますので、私がお会いする半数近くの方は、すでにコップから水がこぼれています。こぼれた水を拭くのが精一杯で、コップの中に何が入っているかもわからなくなっている方もいるのです。それでも、容赦なく水があふれ、まったくらちがあかない人もいます。

もしかすると、今はそれでなんとかなっているかもしれません。

しかし、仕事を覚えて、ステップアップしていくとうまくいかなくなります。上位職になっていくほど仕事は増えるからです。つまり、出てくる水の量は増える一方なのです。

では、どうすればいいのでしょう。これに対処する唯一の方法は、やり方を変えることです。器を変えるのではなく、こぼれた水を拭き続けるのではなく、まず蛇口を閉めましょう。

つまり、仕事を減らすのです。そのために必要になってくるのが、「仕事を取捨選択する」という考え方です。

全体の上位2割の仕事が残りの8割に影響を及ぼしている

では、どのように取捨選択をすればいいのでしょうか。

「パレートの法則」というのがあります。

経済学者ヴィルフレート・パレートが発見した法則で、全体の2割の高額所得者が社会全体の所得の8割を占めるというものです。「20：80の法則」ともいわれます。

これを応用すると、全体の上位2割の仕事が残りの8割に影響を及ぼしているともいえます。

この法則は、組織改善やマーケティングなどにも活用されています。

私は、以前、勤めていたスーパーの食品売場でこの法則に従って仕事をしていました。売場で扱う商品数は多く、たとえば、加工食品という分野だけでも数千種類ありました。数千種類すべてのデータを毎日見てチェックして発注するのは不可能です。そこで、売れ筋といわれる全体の約20%の商品に目をつけてチェックしていました。

すると、品切れはほとんど発生しなくなったのです。

これは普段の仕事でも活用できます。たとえば、処理すべき10本のメールの案件があったとします。朝の1時間で処理しなければなりません。もしかしたら、すべてを時間内に処理できるという人もいるでしょう、悪くはありません。生産性が高いということです。

私もかつてはすべてを処理しようとしていました。

ただし、パレートの法則に置き換えると、決してすべてを処理することが大事ではなくて、優先順位の高い全体の20%くらいを処理すればいい。案件数でいうと上位1~3位くらいを確実に処理しておけば、点数として80点です。

逆にいえば、重要でない案件を8割やり遂げたとしても、数的には大きく見えますが、成果はたったの20点です。

みなさんは、日々重要な2割に力を入れて仕事をしていますか。それとも、あまり重要でない8割に力を入れているのでしょうか。はたまた以前の私のようにすべてを処理しようとしているのでしょうか。

インバスケットでは、10の案件を一定時間に処理してもらいます。それぞれの案件について、返信をするという方法で回答してもらうのですが、参加した方の回答用紙を並べて見ると、一目瞭然でパターンがわかります。

見るポイントは、各案件に「処理が何行書かれているか」です。ほとんどの案件が2行〜3行で書かれている場合は、数の8割に力を入れがちな方かもしれません。

あるいは上から順番に3案件くらいまでは非常に多く書いていて、どんどんと少なくなって途中で終わっている方もいるかもしれません。これは以前の私と同じで、すべてをやろうとするパターン。逆に、ある案件は4〜6行。ある案件は1行。もしくは飛ばしている。そういうメリハリをつけられている方は、おそらく重要な2割にしっかり力を注いで仕事をされている方でしょう。インバスケットを実施すると、こうした傾向も一目でわかります。

インバスケットでは、10の案件に優先順位もつけてもらいます。

優先順位の観点から回答用紙を見るときのもうひとつのポイントは、優先順位の1位2位に書いてある行数と、その他の案件に書かれている行数です。

通常、優先順位が高い1位2位の案件と他の案件との差は、3倍くらいあって然りといわれています。優先順位で1位をつけているのに、2〜3行で処理が終わっている場合は、少しさびしい。おそらく、優先順位はつけられるけれど、力の配分が十分でない方です。仕事では、この配分が大切であり、配分を少し変えるだけで、仕事の成果は大きく変わってきます。

「緊急度」と「重要度」で仕事の優先順位を決める

全体の上位2割の仕事が残りの8割に影響を及ぼしているとお伝えしました。では、その重要な2割である優先順位の高いものは、どのような基準で選べばいいのでしょう。仕事によっていろんな基準があると思いますが、インバスケットでは大きく2つの基準で決めていきます。

ひとつが、「緊急度」といわれる時間軸です。「期限」「締切」「約束の時間」などです。

もうひとつが「重要度」といわれる軸です。ただし、この「重要」という言葉がくせものです。自分で「重要」なものを決めようとすると、「すべて重要」と判断しがちだからです。すると、大きく的はずれな優先順位になってしまいます。そこで「影響度」で考えます。

どのくらいの影響があるかを定量的に考えるのです。たとえば、「この仕事をしなかったら誰に迷惑がかかるのか」を考えます。自己満足の仕事なら、迷惑がかかるのは自分だけかもしれません。しかし、仕事では多くの場合、その仕事をしなかったら何らかの損失が出るはずです。

定量的なものさしを使って影響度を考えていくと、重要度の順位はガラッと変わります。

「重要度は高いが緊急度は低い」案件を最優先に行おう

「緊急度」と「重要度」の軸があるとき、私たちは、緊急度に重きをおきがちです。インバスケットでの優先順位は少し違います。

「緊急度」と「重要度」の軸でマトリックスを作ると、左ページの図のようになり、大きく4つの領域に分けられます。

Aは「重要でかつ緊急度の高い」案件です。Bは「重要度は高いが緊急度は低い」案件。Cは「重要度は低いが緊急度は高い」案件。Dは「重要度が低く、緊急度も低い」案件。

さて、みなさんは、どこを最優先でやらなければいけないと思いますか?

多くの方はAを優先するといいます。しかし、インバスケット的には違います。中長期的な視点で考えると、最優先でやらなければいけないのは、AはなくBです。

重要度は高いが、緊急度が低い案件です。

Aは重要で緊急ですから、実はもう問題が発生している領域なのです。大事なのは「問題を

優先順位実行マトリックス

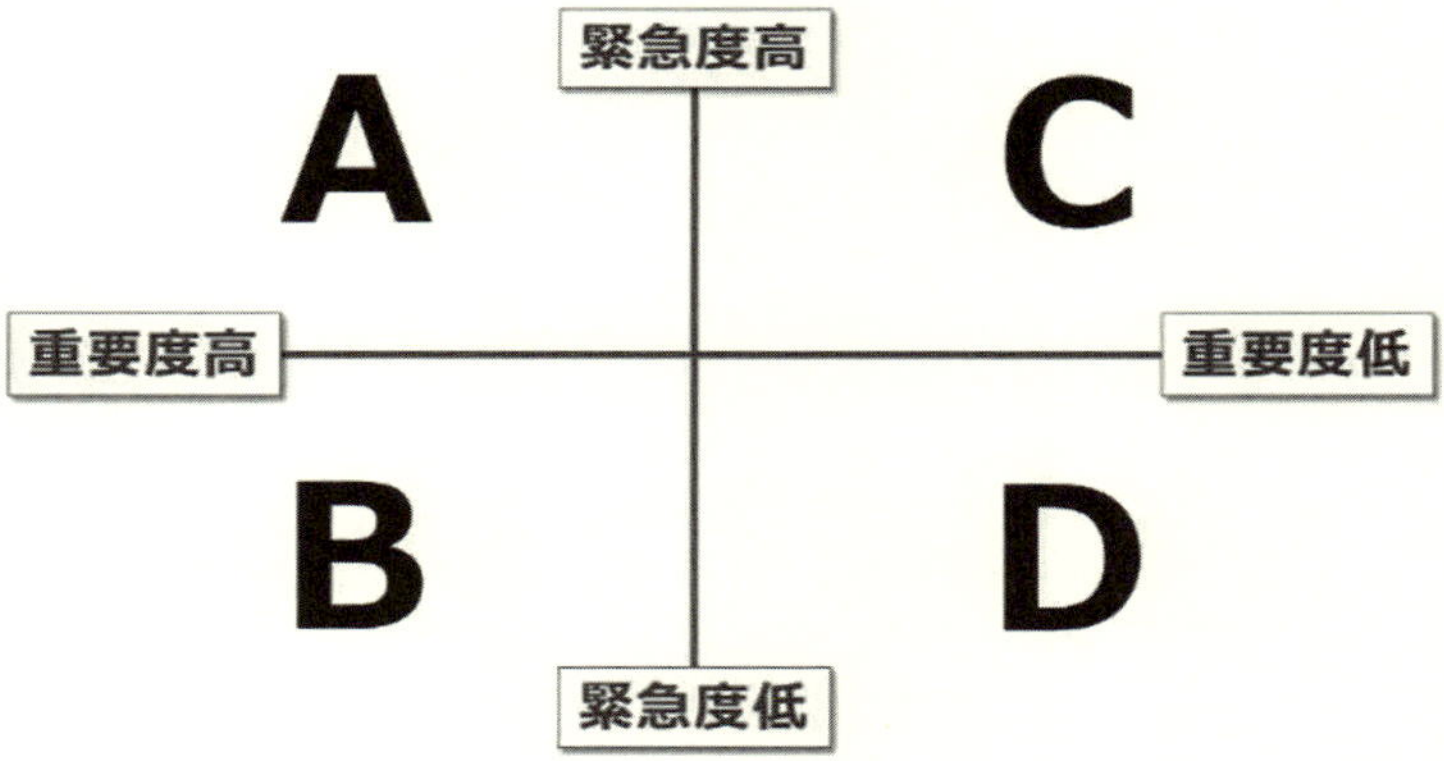

発生しないようにする」案件に力を入れることです。

Bの領域のものは、放置しておくと上がってきてAになります。

A、つまり、「緊急度が高く重要度が高い」領域の仕事は、具体的にいうと、病気や事故、クレーム、機械や装置の故障などです。なぜ、起きたかといえば、B（重要度が高くて緊急度が低い仕事）が十分にできていないからです。

Bの領域には、次のようなものがあります。

「部下の育成」「有益な人間関係・信頼関係の育成」「予測される危険の回避行動」「組織としての行動計画」「メンテナンス行為」「財産保全」「企業としての社会的発展」「賞

賛される企業への発展行動」「今後の飯の種」「部下の自発的行動の補助」

これらは、しっかりと対応しておかないと、A領域に上がってきて名前が変わって出てきてしまうのです。たとえば、部下の育成をしておかないから、顧客対応が不十分となり、お客様からのクレームの発生へとつながってしまうのです。

問題が発生したときにうまく解決することが仕事ではありません。本来は、問題を発生させないようにするのが、本当の問題解決なのです。ここをしっかり頭に入れておきましょう。

「重要度は高いが緊急度は低い」案件はすぐに手帳に予定を入れなさい

とはいっても、B領域の仕事をしっかりできていない人がほとんどでしょう。そこで、B領域をしっかり対応する秘訣(ひけつ)を2つお伝えします。

1つは、今の自分の仕事の棚卸しをすることです。自分が仕事にどれくらいの時間をかけているのかを知るために、マトリックスのA〜Dの領域に自分の仕事をあてはめてみましょう。おおよその見当がつくはずです。

2つ目は、すべての仕事をマトリックスに入れたら、スケジュール表を開いて、先にB領域の仕事を計画に入れてしまうことです。

先に細かい予定を入れてしまうと、あとで大事な大きな案件が入れられなくなります。

コップに小石と砂を入れていく場合、先に小石を入れてから砂を入れると、石のすきまに砂が入っていくので、全部入りきります。ところが、同じ分量であっても、砂を先に全部入れてしまうと、小石が入らなくなってしまいます。小石の間に隙間ができて、いくつかの小石がコップからこぼれ落ちてしまうのです。

小さい予定から入れていくと、大きな予定は必然的に入らなくなります。先にB領域の仕事を計画に入れることが大事です。「部下の教育は、時間があったらやろう」と思っているとおそらくやりません。ですから、たとえば、「毎週月曜日は夕方5時から6時まで部下教育」と入れてしまいます。

マニュアルを作る必要があるのなら、先にスケジュール帳に作る日を入れて、時間を確保してしまうのです。そうしなければ、いつまでたってもマニュアルはできないでしょう。

もちろん、突発的なことがあって実行できないときもあるでしょう。ですが、「いつかはやろう」と予定を入れないでいるよりも、入れたほうが、B領域の仕事ができる確率は高くなります。B領域の仕事を予定に入れることを習慣づけましょう。

これが本来の中長期的な時間のかけ方です。

8つのプロセスをたどっていけば、ほぼすべての問題は解決する

ここからは、優先順位を高くした案件を解決するための具体的な方法についてお話しします。問題解決をするには、次のプロセスをたどる必要があります。

1．問題発見 ↓ 2．仮説 ↓ 3．情報収集（裏付けを取る）↓ 4．対策立案 ↓ 5．調整 ↓ 6．意思決定 ↓7．行動 ↓8．適任者決定

このプロセスをたどると、ほぼ問題は解決します。

自分の弱点を見つけて強化し、対策立案ができるようになろう

問題解決のプロセスの具体例をご紹介しましょう。

私は講座を行うとき、商売道具のマイパソコンを持っていき、講座中も使います。長く使っているとときどきトラブルがあり、突然動かなくなることがあります。そのときは次のような

プロセスで解決していきます。
1）問題発見↓パソコンが動かなくなった。
2）仮説を立てる↓動かなくなった理由は、おそらくハードディスクがいっぱいだから。そのために、固まってしまったのだろう。
3）情報収集し、裏付けを取る↓パソコンに詳しい人に見てもらう。やはり、仮説があっていたことがわかる。
4）対策を立てる↓ほかのパソコンを借りて講座を続けるか。修理をするか考える。
5）調整↓受講生の方に「すいません、今パソコンがちょっと調子悪かったので5分間お待ちいただけますか」と断る。
6）意思決定↓すぐに直りそうなので、その場で直すことに決める。
7）行動↓別室にいたパソコンに詳しい人のところにパソコンをもっていく。
8）適任者決定↓パソコンに詳しい人に修理を任せる。

日頃の問題解決の中でこのプロセスがきちんとたどれている人は意外と少数派です。逆にいえば、抜けや漏れが多かったり、プロセス内を行ったり来たりする方が多いのです。

仮説を立てたのはいいけれど裏付けを取らない。せっかく対策を立てたのに根回しをしていない。仮説を立てて裏付けを取ったのにまた仮説に戻ってしまう。あるいは、問題が起きたらすぐに行動をしてしまう……。

みなさんに心当たりはありませんか。おそらくたいていの人に、プロセスの弱いところや抜けているところがあるはずです。インバスケットで、自分の弱い部分や傾向を見つけて強化していくことで、対策が立てられるようになります。

見えている問題の後ろにある「背景」を見つける

ここからは、問題解決をする際に気をつけていただきたいポイントをお伝えします。

1つは、本質的な問題をしっかりと見つけることです。ひとことで「問題」といっても、大きく2つに分かれています。「見える問題」と「見えない問題」です。

見える問題は、目の前で起きている現象のことです。トラブル、クレーム、経費オーバーなどがあります。これは誰でも見つけられます。

見えない問題は、「なぜ、それが起きたのか」という背景の部分です。「本質的な問題」と言い換えられます。特に、部下や後輩ができたら意識して問題の背景を見つける必要があります。

理由は、見える問題は表面的な問題であり、それをいくら解決しても根本が変わっていなければ、また同じことが起きてしまうからです。

表面的な問題しか見つけられない場合は、応急処理や上司への報告だけで終わっていることがほとんどです。それでは何ら問題解決になっていません。ビジネスでは、見えない問題（＝本質的な問題）を見つけ、根本的な処理をすることが求められます。根本的な処理では、再発防止にも努めます。

インバスケットでは、これらを「二階建て案件処理」と呼んでいます。

- 表面的な問題→応急処理、報告
- 本質的な問題→恒久的な処理、再発防止

問題を表面と本質とに分け、それぞれについての視点を持ち処理することが重要です。

重要な判断が必要なときは必ず現場に足を運ぶ

もうひとつ大切なポイントは、情報の種類をしっかり区別することです。

情報の種類には、「定量情報」と「定性情報」の2種類があります。

定量情報は、数値化し、分析できる情報のことです。たとえば、製品のエリア別売り上げ情報は、定量情報に入ります。

一方、定性情報は、捉え方によって性質が変わる情報です。たとえば、「なるべく早く処理をしてください」といわれたとします。「なるべく早く」はいつまでのことでしょう。人によっては「明日まで」と思うかもしれませんし、「今日中にやっておけばいい」と思うかもしれません。ビジネスでは、人によって捉え方が変わってくる言い方は避けます。

「なるべく早く」ではなくて、できるだけ数値化します。つまり、「1時間以内に」「本日17時までに」などのように、誰もが同じ尺度で捉えられるように情報を伝えるのです。

また、問題解決をする際、手元にある情報が人の主観だったり、曖昧(あいまい)な情報だった場合は、確実に裏付けを取るようにします。たとえば、同僚が「サクセスなんとかいう会社があって」といってきた場合、勝手に「ああきっと、サクセスマップという会社だろう」などと決めつけないこと。勝手な決めつけで判断をミスる可能性があります。

正式にはなんという名前の会社か、しっかり裏を取るようにします。

情報の種類だけでなく、情報は取り方によっても2種類に分けられます。

「顕在情報」を取るか、「潜在情報」を取るかです。

顕在情報は、すでに出回っている情報のことです。ネットやテレビ、新聞などの情報、部下の報告です。潜在情報は、自分の足や耳、目で直接確認した情報です。「駅の近くにおいしい蕎麦屋さんができた」というのは顕在情報です。「実際に自分で行ってみたら、情報通りにおいしかった。でも高かった」というのは、自分の目で見て分かった情報、潜在情報です。

企業で働き、上位職になっていくと、どんどん現場から離れていきます。しかし、重要な判断が必要なときには、「自分の足」「自分の目」で確認することが重要です。

企業のトップがふとっと現場にくるのは、潜在情報を自分の目で確認しようとしているからなのです。

2つ以上立てるから、「〝対〟策」という

「問題解決の8つのプロセス」の4つ目の対策立案も重要です。

対策は必ず複数を立てます。「対策」の〝対〟は、「つい」と読みます。「対」は2つそろっているもののことをいいます。つまり、2つ以上立てるから、「対策」なのだと覚えておいてください。対策はいろんなアイデアを出す必要があります。

なぜ、2つ以上出す必要性があるのか。比較をするためです。A案、B案と2つ出してはじめて、判断ができます。A案ひとつだけではいいか悪いかの判断はできません。

対策を立てたら必ず根回しをする

対策を立てたあとには、必ず根回しをします。問題解決をスムーズに進めるためには、根回しが不可欠です。根回しをする相手は「利害関係者」です。

新しい対策を進めるにあたって「物言いが出る人」「困る人」など利害が発生する方に根回しをします。根回しといっても難しいことではありません。

問題が発生する前に先回りして連絡をしておけばよいのです。

たとえば、ホテルの宿泊でダブルブッキングが発生しそうなケースがあるとします。万一ダブルブッキングが出た場合には、グループ内のほかのホテルで宿泊客を受け入れてもらう、と決めたとします。その場合、各ホテルの支配人に次のようなメールを出しておきます。

「各ホテルの支配人さまへ　現在、ダブルブッキングが発生しそうな案件があり、困っております。万一、発生した場合には、何人かのお客様をお願いするかもしれません。その際には、どうかご協力をお願いいたします」

ダブルブッキングが発生してから、急に「部屋を空けてください」といわれるとカチンとくる可能性が高い。しかし、一報を入れておけば、いざというときに相手は心の準備ができていますから、「ああ、その件は聞いてるよ。部屋を空けてあるからどうぞ」とスムーズになります。

意思決定は「YES」「NO」だけではない

問題解決の6つ目のステップ「意思決定」も重要ポイントです。意思決定とは、決めることです。意思決定というと、「YES」「NO」の2つの判断だと思われがちですが、インバスケットでは次の7つがあります。「了承する」「拒否する」「保留にする」「延期する」「条件付き承認」「一任する」「無視する」です。私は「7つの箱」といっています。

7つのうち、わかりにくい項目について説明していきましょう。

まずは、「保留にする」です。保留は、情報を集めたり部下同士で討議させたりして、判断の精度を上げるための判断です。後で判断するということ、問題の先送りともいいます。

次は「延期する」。期限を延ばすことです。たとえば、「7月11日までに入金をしなければならない」という期限があったときに、期限を延ばすという選択もあるのです。ただし、延ばせないときもあります。必ず、代替案も考えた上で、初めて延期するという判断をします。

「条件付き承認」は、ある条件をクリアすればOKという判断のことです。個々の条件は、必ず明確に決めておく必要があります。「うまくいきそうであれば進めてください」といわれてもよくわかりません。「費用が20万円以内に収まるなら進めてください」のように定量的な基準を決めておきます。

みなさんに部下がいれば、「一任する」という判断もあるでしょう。部下に任せるということです。ただし、部下に判断を任せるときには、少なくともするべき行動が4つあります。

「方向性を出す」……大きな方向性や目標を出します。たとえば、タクシーに乗ったときに、乗り込んですぐに「出してくれ」とはいいません。まず、行き先をいう。それから、到着までは運転手さんに任せます。「任せる」はこれと全く一緒です。目標や大きな方向性を出した上で、部下に任せるのです。

「責任は自分で取る」……「お前に任せたからあとは何とかしろ」では、一任ではなく、ただの仕事の丸投げです。最終的な責任は自分で取るようにします。

「報告を受ける」……事後でも途中経過でもいいので、必ず報告を受けます。

「支援をする」……支援といっても自分が手助けをするのは、最後の究極の手段。たとえば、情報を与える、人をつける、予算をつけるといった支援をします。

「一任する」は、意思決定の中でも、難しい判断です。

「無視する」は、「判断しない」という判断です。

意思決定をしなければならないときには、この7つを頭に浮かべて、現状と照らし合わせてどれがふさわしいかを考え、明確に判断をしてください。その上で、判断に準じて行動します。

上に立つ人であれば、場合によっては問題解決の適任者を選びます。

ここまでで問題解決のプロセスは終了です。

インバスケットを実際にやってみると、自分ができていないところに気づいて、がっかりする人がかなりいます。でも、少しがっかりしたほうがいいのです。私自身も、自分のできない問題解決の手法は、判断の仕方を見つけて、自分にはできていなかったので、がっかりしました。しかし、そこから「なんとかしなければ」と思って今に至ります。

まずは、「気づく」ことが大切です。それが改善の第一歩です。人は自分の内部からしか改善はできません。自分が変わろうとしなければ、変えることはできないのです。

一番困るのは、気がつかないことです。気づかなければ、何年経ったっても、永遠に同じ間違ったやり方をつなげていくことになります。自分もチームも苦しみます。ですから、インバスケットに興味をもったのなら、実際にやってみて、自分のできていないところを直視し、気づいてください。それによって、本当の成長、大いなる飛躍ができるのです。

また、見えない問題の背景を探り、B領域の仕事に力を入れましょう。そうすることで、不思議と仕事は減っていきます。同時に、それが本質的な問題解決につながっていくのです。

インバスケットのワークってどんなもの？

最後になりましたが、実際に私が講座で行っているインバスケットゲームについて具体的に説明します。最初は、インバスケットトレーニングの特徴とルールからお話しします。

インバスケットには大きな4つの特徴あります。

まず1つ目は、受講者とは異なる業種、役職を設定しています。たとえば、メーカーに勤めている人の場合は、病院の院長の役割をやる。逆にスーパーに勤めている人の場合、メーカーの工場長の役目をやったりする場合もあります。自分の慣れている業種にしてしまうと、問題解決力のパターンが見えにくくなるために、あえて違った業種、役職を演じてもらうのです。

2つ目は、無理のある時間設定を設けています。通常、インバスケットは60分で20案件を処理するなどタイトな設定です。限られた時間の中でいかに多くの案件を処理していくか。もしくは、その中でどんなものに優先順位をつけて処理をしているかを見るための設定です。

3つ目は、直接案件処理をできない設定を設けています。たとえば、「主人公が明日から1週間海外出張に行くので、1週間分の指示をこの1時間で処理をしてください」などです。

ありえない設定かもしれませんが、周りに対してどんな指示を出すか、どんな解決の巻き込み方をするかを見るための設定です。

最後ですが、インバスケットは「絶対的な正解が存在しない」という最大の特徴があります。案件処理の結果ではなく結果に至るまでのプロセスを評価しているからです。

インバスケットの3つのルール

インバスケットには守るべき3つのルールがあります。

1つ目は、主人公になりきること。今の立場や今の仕事の価値観を一旦クリアにして、判断をしていきます。2つ目は、時間を意識することです。必ず時間計測をしてやっていきます。限られた時間の中でどれだけできるかが大事だからです。

3つ目は、絶対的な正解はないと思って進めていくことです。インバスケットは、日頃の仕事と常にリンクしています。回答そのものではなく、回答時の机の使い方、取り組み方などまで、普段の姿と全く同じであることがほとんどであり、それだけ個人の思考やプロセスというのは偏っています。まずはそこに気づくことが重要なのです。

実際のインバスケットゲームの例

では、ここからは、実際に講義で使われたインバスケットの問題を紹介します。

日常では、複数の出来事（案件）が同時進行で起こります。一件の案件の処理が済んだ後に、次の案件が発生するというわけではありません。このゲームでは、同時に起った架空の出来事をどのように乗り切るか、自分が主人公の立場になって制限時間内に回答を出します。

制限時間は20分。どの案件から処理するかは、自分で決めます。限られた時間の中で、「重要な案件」は必ず処理しなければなりません。一方で、「重要ではない」と判断した案件は、無視することも必要かもしれません。

今回、例として取り上げるインバスケットゲームのタイトルは、「HOTEL CORDOVA ～支配人～」です。ゲームでは、まず、自分が置かれた立場が示されます。

【あなたの置かれた立場】

あなたは林原誠です。現在、大島観光株式会社で経営企画課長を務めています。あなたは今日7月7日から4泊5日の管理職昇格研修に出かけようと準備をしていました。そこに突然、専務からあなたの携帯電話に連絡が入りました。あなたは、驚きながらも電話に出ました。

「林原さん、ホテルコルドバの三河支配人が3日前に交通事故に遭って現在入院中なのは知っていると思うが、実はどうも容態が芳しくなく現在も集中治療室に入っている。そこで、本日の取締役会でホテルコルドバの支配人後任は君に任せることに決まった。発令は本日行う。申し訳ないが研修出発前にホテルコルドバ支配人のメールを開けて、部下に指示を出してから研修に参加してほしい」

といわれました。あなたは研修をキャンセルできないかを専務に打診しましたが、1年に1回のチャンスであることから研修には参加するように指示を出されました。

戸惑いながらも、専務から聞いたホテルコルドバ支配人のメールＩＤとパスワードでメールを開きました。まだ開封されていないものが10件あります。

時計を見ると、研修に参加するためにはあと20分しか案件処理に充てられません。とにかく支配人としてできる限りの案件を処理し、指示を出してから研修に参加しようと思います。

ただし書きも追記されています。
※本日、ホテルコルドバは施設点検のために休業しています。従業員はすべて教育研修参加のため連絡が取れません。

※あなたがいる本社からホテルコルドバまでは電車で1時間ほど掛かります。
※あなたは研修中や研修に向かう途中、ホテルとの連絡は一切とれない状態です。
※あなたがホテルに出勤できるのは7月12日からです。

次ページ以降の資料①〜③を見た上で、397ページから始まる案件①〜⑩を読み、案件の処理をしていきます。

具体的な処理は、一案件ごとに「意思決定シート」（402ページ）に書き込みます。メールに返信するという設定です。誰にどんな指示を出せばいいのかを考えて書いていきます。

意思決定シートには、10の案件のうち、どれを優先してやっていくのか、優先順位を入れる欄もあります。必ず書くようにします。興味がある方は、ぜひ、挑戦してみてください。

私の講義を受けた方々が何を優先事項と考えたのか、傾向をマトリックスにまとめています（410ページ）。自分のつけた優先順位と比較してみるといいでしょう。絶対的な正解はありませんが、自分の回答と比較することでなんらかの気づきがあるはずです。あなたが書いた回答は先に説明した問題解決のプロセスの観点で確認し、抜け漏れがないか確認してみてください。そして実際にインバスケットをやってみたいと思われた方は、次のURLをご覧ください。

http://www.in-basket.jp/

資料①／ホテルコルドバ パンフレット

HOTEL CORDOVA　　　大人の隠れ家 HOTEL CORDOVA

静寂のひと時をあなたに…
大人の隠れ家、ホテル コルドバ

ホテルコルドバは、自然の中で
時を忘れ、上質なひと時をお楽しみ
いただくことをコンセプトにした
リゾートホテルです。

■当館の温泉について
地下200メートルからわき出す
黄金の天然温泉で
旅の疲れを流してください。

■当館のお料理について
落ち着いた自然の中で、
ちょっと贅沢なお食事を
心ゆくまでご堪能ください。

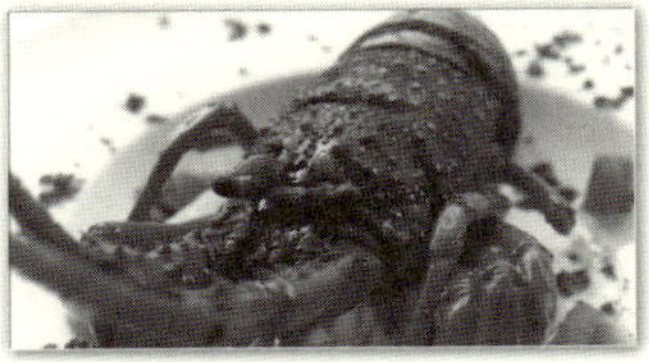

■おもてなしについて
当館のモットーは
「上質な空間のご提供」です。
内装はもちろん、温泉やレストラン、
全 110 室ある客室の細部にまでの
こだわりもすべて、上質な空間を
お客様にお届けするためです。
上質な空間で、どうぞごゆっくりと
おくつろぎください。

資料②／大島観光株式会社 組織図

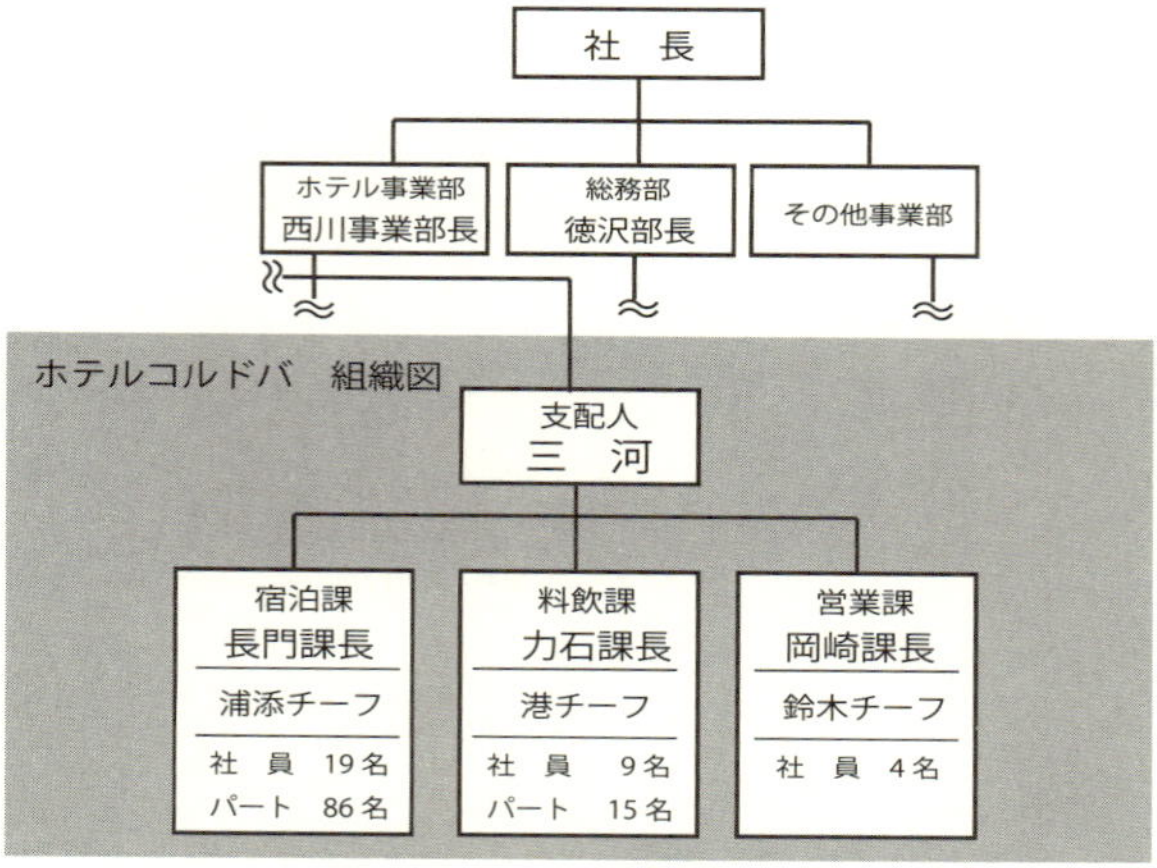

資料③

コルドバ営業数値（直近５年間） （単位：万円）

	5年前	4年前	3年前	2年前	昨年
売上高	56,700	54,500	55,000	51,500	52,000
経 費	49,900	47,500	49,000	50,000	49,800
利 益	6,800	7,000	6,000	1,500	2,200
客室稼働率(%)	40.4	37.0	38.7	45.9	35.9

宿泊客属性比率（直近５年間） （単位：万円）

	5年前	4年前	3年前	2年前	昨年
個人客	23	25	32	38	42
家族客	58	48	45	42	35
ビジネス客	3	4	2	2	5
ツアー客	16	23	21	18	18

グループホテル事業別データ比較（昨年年間） （単位：万円）

	コルドバ	ソフィア	ダブルイースト	ダブルウエスト	アミーゴ
客室数（室）	110	100	150	120	130
客室稼働率(%)	35.9	98.0	43.5	19.8	39.5
平均宿泊価格	26,000	22,000	25,000	19,000	17,000

案件①

差出人	営業課　岡崎課長
題名	ご報告
宛先	三河支配人
ＣＣ	
送信日時	20ＸＸ年７月３日

支配人
嬉しい報告です。
新規の旅行会社のサクセスマップより団体の注文を取りました。
70 室のツアーです。久しぶりの大型案件です。
宿泊は 8 月 2 日より 2 泊です。
契約の際に仲介手数料となる宿泊料の 1 割を 7 月 11 日までに入金しなければなりませんが、私から本社経理担当に支配人了承でおねがいしてよろしいでしょうか。

案件②

差出人	宿泊課　長門課長
題名	ご確認　年末年始のキャンペーンについて
宛先	三河支配人
ＣＣ	
送信日時	20ＸＸ年７月４日　13：57

お疲れ様です。長門でございます。
年末年始のキャンペーンパンフレットの最終原稿が回ってきました。かなりいい感じになっています。
ご指示の通り、キャッチコピーとタイトルは以下のように修正していますが、何か追加でございましたらおっしゃってください。

（修正前）
家族でほくほく、財布もほくほく
「年末年始リーズナブルプラン」

（修正後）
ちょっと贅沢をしたいプライベート
「おもてなし 自分にご褒美プラン」

案件③

差出人	本社　総務部　徳沢部長
題名	重要：募金箱設置状況報告の件
宛先	ホテルコルドバ　宿泊課　長門課長
ＣＣ	ホテルコルドバ　三河支配人
送信日時	20ＸＸ年７月４日　16：12

総務の徳沢です。

先日メールでお願いした募金箱設置の状況報告まだとどいていません。

大至急、「自然環境への募金」の募金箱がいくつ設置可能か報告をください。

前回のように募金箱を送付したにもかかわらず、設置する場所がないということのないように。

案件④

差出人	宿泊課　浦添チーフ
題名	ご依頼
宛先	三河支配人
ＣＣ	宿泊課　長門課長
送信日時	20ＸＸ年７月４日　10：24

支配人お疲れ様です。

今回はお願いがあり、課長の許可のもとご依頼を申し上げます。

７月11日にイベントとして振る舞い餅を行います。

一階のロビーにて餅をついてお客様にお配りをするのですが、宿泊課だけでは手が回りません。

７名ほど他の課より人員を手配していただけないでしょうか？

よろしくお願いします。

案件⑤

差出人	福本和菓子連合会　会長
題名	連合会定例会のご案内
宛先	関係各位
ＣＣ	
送信日時	20ＸＸ年7月6日　17：02

関係各位　　　　福本和菓子連合会定例会のご案内

盛夏の候、皆様いかがお過ごしでございましょうか。

さて、先月は80名の方にご参加頂き、盛大に実施いたしました定例会の余韻も冷めない中、早くも次回のご案内をさせて頂く時期となりました。

下記のとおり開催いたしますので奮ってご参加の程、お願いいたします。

1. 日程：平成ＸＸ年8月18日　18時～20時

2. 場所：福本町老人会館

3. 会費：5,000円

4. 内容：今回は干支にちなんだ和菓子をご堪能頂きます。
　　　匠の味をご期待ください。

5. お申込み：7月19日までに当メールご返信でお知らせください。

ご参加お待ちしております。

案件⑥

差出人	毎朝テレビ　製作局　竹内
題名	取材のご依頼
宛先	ホテルコルドバ　三河支配人
ＣＣ	
送信日時	20ＸＸ年7月5日　18：39

先日はご挨拶させていただきありがとうございます。

正式にご依頼をさせていただきたく思いますので、よろしくお願いします。

番組名は「ひろみの格安ホテルの旅」です。先日ご紹介いただいた特別格安プランを含めて、取材をさせていただきます。格安なのには理由があることを視聴者に紹介したいので、できるだけ古い部屋やひなびた雰囲気を撮影させてください。取材は7月13日です。クルー含めて約20名ほどで伺います。昼食のご手配をご配慮いただければ幸いです。

案件⑦

差出人	宿泊課　長門課長
題名	お客様からのご意見（7月3日）
宛先	三河支配人
ＣＣ	
送信日時	20ＸＸ年7月3日　11：33

支配人殿
お疲れ様です。

お客様よりご意見カードを頂きました。常連の大猿渡様からです。

共有します。

（内容）

今回の宿泊は満足でした。前回宿泊した時より家族連れが少なく、静かなところがよかった。貴ホテルが打ち出しているように「大人の隠れ家」だからこそ、このホテルを利用しているので、期待しています。
※フロントの三橋さんの接客が最高でした。

案件⑧

差出人	宿泊課　長門課長
題名	温泉協会の打診がありました
宛先	三河支配人
ＣＣ	
送信日時	20ＸＸ年7月4日　14：51

支配人
昨日温泉協会の今西理事より連絡があり、今年の定例会は当ホテルで行う方向らしいです。

ライバルの竹川観光ホテルにここ3年連続で取られていたので、奪還した気分です。9割方は決まりらしいので、仮予約でお受けします。

2泊で60室、日時は8月3日からです。

温泉協会の規定で、黒字ぎりぎりの受注ですが、温泉協会公認のホテルとして格式が上がります。

料飲課の港さんとも粗相のないように詰めていきたいと思います。

案件⑨

差出人	営業課　岡崎課長
題名	ご返信のお願い
宛先	三河支配人
ＣＣ	
送信日時	20ＸＸ年７月３日　９：46

支配人宛

不要な書類の入った段ボール、新入社員がやることがあまりないようですのでシュレッダーさせておきますね。

案件⑩

差出人	宿泊課　フロント係　石田
題名	奥田さんからの情報
宛先	宿泊課　長門課長
ＣＣ	三河支配人
送信日時	20ＸＸ年７月４日　10：05

予約受付の奥田さんからの情報ですが、
温泉旅行を扱う旅行会社で、ツアー代金詐欺が起きているとネットで炎上してるようです。
サクセスなんとかという会社で、高齢者などから多額の予約金を振り込ませたあと連絡が取れなくなる手法らしいです。
うちは取引がありませんが、これで温泉旅行ブームに影が落ちると困りますね。

意思決定シート（見本）

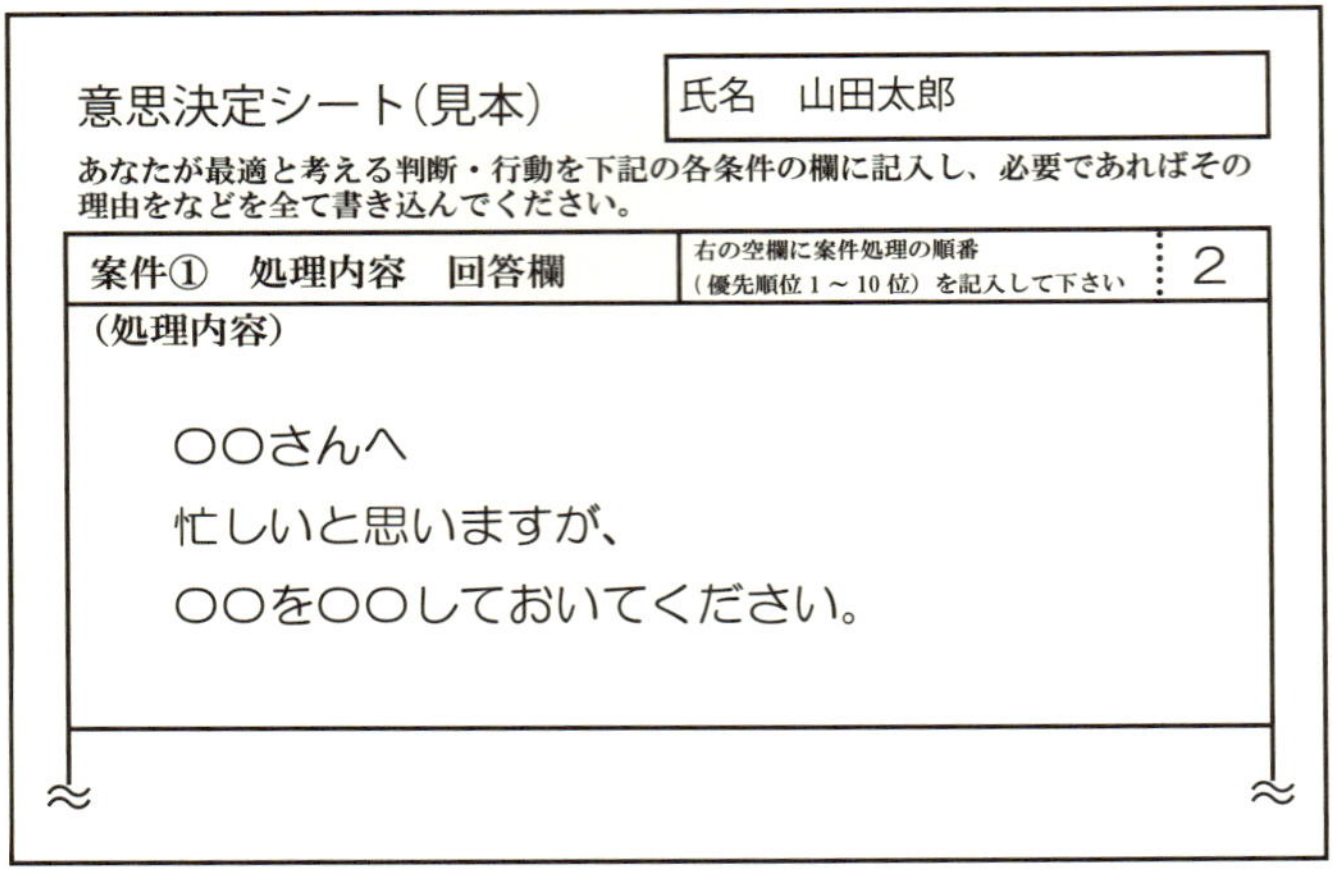
意思決定シート（見本）

氏名　山田太郎

あなたが最適と考える判断・行動を下記の各条件の欄に記入し、必要であればその理由をなどを全て書き込んでください。

案件①　処理内容　回答欄	右の空欄に案件処理の順番（優先順位1～10位）を記入して下さい	2

（処理内容）

〇〇さんへ
忙しいと思いますが、
〇〇を〇〇しておいてください。

優先順位実行マトリックス

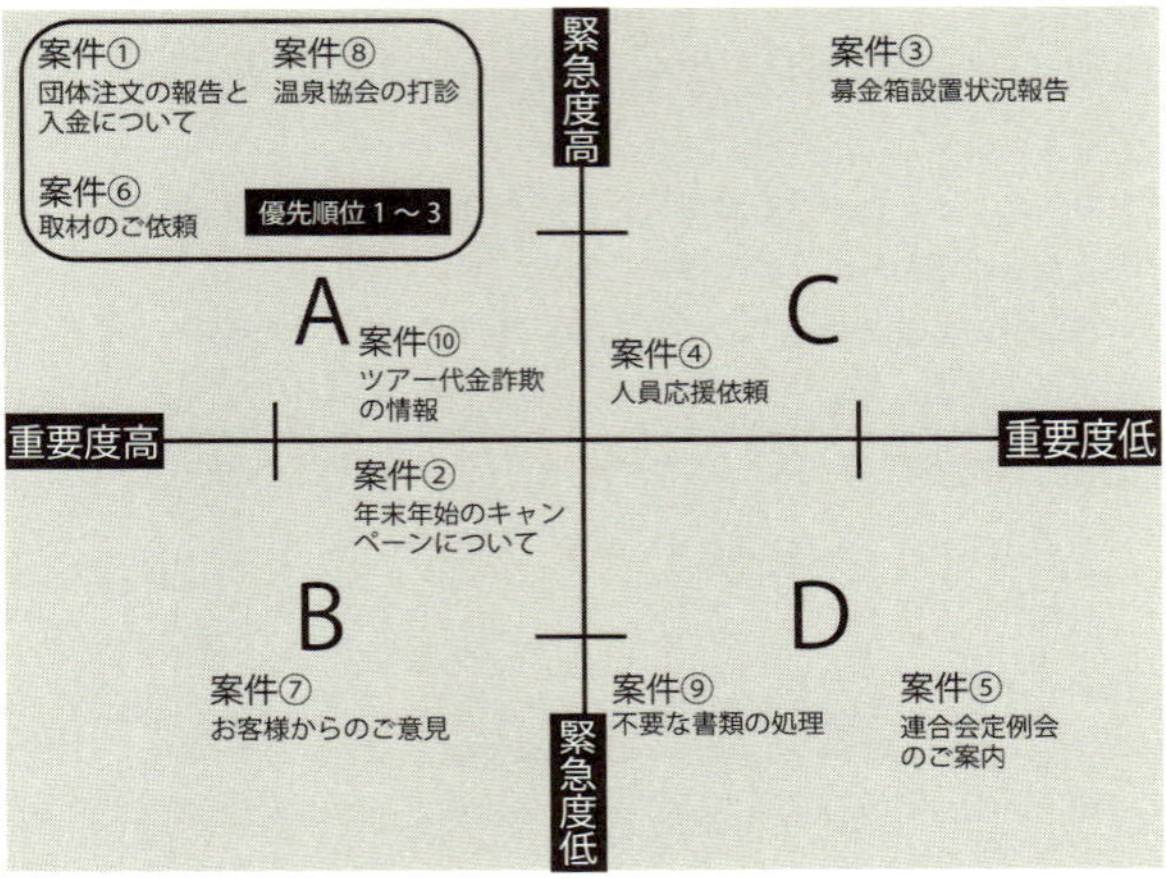

仕事の教科書

ビジネスが飛躍する
プレゼンテーション術

大森健巳

上手にプレゼンテーションができなければ、影響力がなく、良い商品でも売れないし、良いアイデアでも受け入れられない。商品や提案の魅力を周知させるために必要なのはプレゼンテーションの技術である。これこそがビジネスの成否を決める力だといっても過言ではない。しかし、日本人の多くがプレゼンテーションを学ぶ機会のないままに仕事をしている。このスキルを学んだ人と、学ばない人ではビジネスの結果で天地の差が開く。影響力のあるプレゼンテーション術を身につけて、ビジネスを飛躍させてほしい。

TAKEMI OMORI

ワールドクラスパートナーズ株式会社代表。特定非営利活動法人日本交渉協会特別顧問。アンソニー・ロビンズ、ジェイ・エイブラハム、ロバート・キヨサキなど、世界的に有名な講師とともに舞台に上がりセミナーを行った唯一の日本人。ワールドクラスの講師から得た学びを駆使し、政治家、起業家、アナウンサー等々に指導し影響を与える。インターナショナル・スピーカーとして、イギリス・オーストラリア・中国・タイ・シンガポール・マレーシア・ベトナム・カンボジアなど、世界各国でビジネス・マスターマインド・グループを展開し定評を得ている。著書に『なぜあの人が話すと納得してしまうのか？　価値を生み出す「バリュークリエイト交渉術」』(きずな出版)がある。

これからの時代、プレゼンテーション力が決め手となる

あなたは人前で話すことは得意ですか? それとも苦手ですか? **「来週プレゼンをよろしく」**と言われて、困って頭を抱えこむのか、自信にあふれた顔で**「はい、まかせてください」**というのでは、大きな違いがあります。

ビジネスでプレゼンテーションの技術は必須科目です。なぜなら、あらゆるビジネスのあらゆるシーンで、プレゼン力が求められているからです。

私はインターナショナル・スピーカー(国際講演家)として、日本をはじめ世界中でセミナーや講演をしています。

海外での講演は、少人数から数千人規模で国籍もさまざまです。話は通訳を通じて行いますので、必要なのは語学力よりも、プレゼンテーション力であると断言します。

よく、「何千人も前にして緊張しないのですか?」と聞かれますが**まったく緊張しません。**

私のメンターであるアンソニー・ロビンズは、何十カ国もの人が、数万人いても同時に影響をあたえられる偉大なスピーカーです。彼は人前で話すのが緊張するのは「ありえない」と答えます。私の中国の友人は10万人の講演会をやっています。

なぜなら私達には、どれだけ大勢の人を相手にしても、対応し影響できるプレゼンテーショ

ン・システムがあります。

今回は、何千人に影響する方法より、おそらく日常的に使うことの多い、数人から50人程度の人に向けたプレゼンテーション・システムをご紹介します。

セミナーや講演をやりたい方、社内講師、営業でのプレゼンテーションなどで、プレゼンテーションをしたい方に役立って欲しいと思います。

ところで、あなたはお気づきでしょうか、あなたの周りはプレゼンテーションだらけだということを。**プレゼンテーションとは、相手に何かを提案し、受け入れてもらうこと**ですから、伝えるのが上手へタにかかわらず、常にプレゼンの場があるのです。

例えば、お客様に向けて、投資家に向けて、業者に向けて、社内の人に向けて、会合に向けて、転職する時、冠婚葬祭、等々。あなたがちょっとしたアイデアを披露する場面も加えたら、人前で話す機会はいくらでもあります。

さらにプレゼンテーションの現場はビジネスだけではありません。考えてみると、人生はプレゼンテーションだらけです。人生の節目では必ずプレゼンテーションをする場があります。入学して卒業して、就職活動して、プロポーズでも、住む場所選びでも、旅行プランでも、新年会でも、お呼ばれしても、どこでもプレゼンテーションする機会が待っているのです。

そんな時に、プレゼンを習ったことがない人は、ソワソワと落ち着きがなく、しどろもどろ、顔は真っ赤か、真っ白、言葉は発するけど、何を言いたいのか分からない。そのまま話し続け、拷問のような時間が終わってからは反省と後悔ばかり。このような話し方では人生を大きく損をしていると言えます。

ここで、しっかりと**自分の考えを、自分の言葉で、自分の表現**をもって伝えることができたら、人生のシナリオの分岐点でまったく違う道へと進むことができるでしょう。

片方の道は、自由に表現し影響力を発揮し人生を謳歌(おうか)する道です。もう片方は、なんの影響力もなく、反応的に生きる道です。哲学者のニーチェの言う通り、私達は、自己を表現した時に喜びを感じる生き物です。だから表現しないのはもったいないと言えます。

また、世の中は、所有する経済から、シェアをする経済へと移行をしています。これから求められる働き方は、個人でもさまざまなネットワークに参加し、自分は誰で、何が得意なのか、何を求めているのかを明確に発信することが大事です。

「いつかお金がたまってから何かをやる」と待っているのではなく、「これをやりたいから、お金を誰か出してください」とアイデアをプレゼンテーションしたら、すぐに必要な資源が集められる時代です。

ですから、何を所有するかより、積極的に情報を発信し、周囲に影響力をどれだけ高めることができるのかが重要な鍵となります。

これからはますます、誰もが簡単に情報発信ができるようになります。ちょっと思い出してみてください。ほんの少し前まで、インターネットに実名を出すことや、顔を出すことには抵抗感がありましたよね。ましてや、自分の動画をネットに投稿するなんて考えられないという世界でした。しかし、どんどん常識は変わり、今や情報を発信しない人は遅れているとすら思われています。誰もがスマホ片手にあっという間に情報を発信できるのです。回線がますます高速化し、ＡＩまで小説を書いています。

そのような中、情報を発信し、影響力のある人に不可欠なものが、まさにプレゼンテーション力です。逆に言うと、影響力の高い人で、プレゼンテーションが下手な人はいないと言えます。

例えばYouTuberを見れば分かりますが、人気のある実力者は一見適当に話しているように見えますが、キッチリと影響するポイントをおさえ構成を守っています。

一流のビジネスマンである孫正義さんや、故スティーブ・ジョブスも、プレゼンテーションが上手なことで知られていますよね。

忙しかったジョブスが、最も時間をかけていたのが、プレゼンテーションの練習です。スタッフにも、たったの5分間のプレゼンテーションの準備に、合計４００時間もかけさせたこともあります。彼は分かっていたのです、同じ商品でもプレゼンテーション一つで、まったく評価が変わり、売れ行きだけでなく、株価にまで影響することを。事実、彼がiPhoneを発表した時は、５０００億円の広告効果があったそうです。もちろん、ここでは彼らのように話せとは言いません。あとで理由を言いますが、いきなり彼らのマネをしても大コケします。しかし、そのようなプレゼンテーションではなかったとしても、プレゼンのもつ威力と大切さはご理解いただけたでしょうか。

日常の会議室や喫茶店でのプレゼンテーションをする時に「そう、iPhoneならね」などと大げさなプレゼンテーションをやっていたら、笑われてしまいます。説得力のある良いプレゼンテーションには、立て板に水を流すような話し方をすることよりも、伝える話の構成と筋道がしっかりとしていることの方が大事なのです。あなたもポイントをおさえて、順序を守って話せば、説得力のあるプレゼンテーションが可能となります。ここでは、そのような日常で決まるプレゼンテーションに不可欠な要素について、お伝えします。

なぜ日本人はプレゼンテーションが苦手か

私がプレゼンをすると言ったら、誰もが笑った、でも私が話しだすと……

なんと**〝目の前で人が寝てしまった〟**のです。これは今でこそ笑い話ですが、最初のウチは悲惨なものでした。自分が**「イケてる」**と思っていた私は、自信たっぷりに引き受けて、5人を前に、見よう見まねで商品のプレゼンテーションを開始しました。

ところが話し始めて、間もなく、目の前の人が、アクビをして、腕時計をチェックしはじめるではないですか。

これはマズイと思って、一生懸命説明していると、今度は、その人だけでなく別の人まで、うつむき加減になり、ついには目を閉じてコックリコックリしはじめました。

あなたはこのシュールな状況をイメージできますか。もう一度言います。部屋の中にはたったの5人です。私が声を張って一生懸命話している眼の前で、次々と寝ていくのです。

もし私が不眠症の治療家なら、神業のすごい先生と喜ばれたかもしれませんが、商品プレゼンテーションをしているのです。寝られてはこまります。

また、ある時、50人の経営者を前にして、緊張して手が冷たく汗ばみ、脚は震えて、頭は真っ白、何を言おうとしていたのか、吹っ飛んでしまい、同じことだけ繰り返し言って、最後まで焦ったまま終了。話が終わってから、**「うわぁ、やってしまった！　なんであれを言わなかったのだろう」**と猛反省。

なぜ、一生懸命話しているのにかかわらず、そんな残念なことになるのでしょう？

●あなたは、プレゼンでこんな間違いをしていませんか？

- **パソコンとスライドに向かって話しかけている**
- **おどおどしている、手がブラブラしている**
- **一人暴走して止まらない**
- **いきあたりバッタリで、話が脱線しまくる**
- **「えー」「あのー」「あー」という言葉を言っている**
- **専門用語やカタカナ用語を使っている**
- **説明しているつもりなのに納得されない**

- **原稿を用意しなければならないと思っている**
- **原稿があったら棒読みする**
- **資料を配れば理解してくれると思っている**
- **なぜか上から目線**
- **話の冒頭から「買ってください」という**

これらの間違いのいくつかをやると、相手は寝てしまうか、イラ立ってしまいます。私はまさに、上ずった声で、焦って、これらの間違いをやっていたのです。

今でこそ、どこの国に行っても、何千人を前にしても、楽しみながら会場を盛り上げることができるようになりましたが、プレゼンを始めたてのころは、まったく余裕がありませんでした。

だから、あなたが、もしプレゼンをする時に、何を話してよいのか分からなかったり、緊張してしまっても問題ありません。

なぜなら、プレゼンテーションはとても大事なスキルであるにもかかわらず、どういうわけか日本の教育では、小学校・中学校・高校・大学と教育がある中で、正しいプレゼンテーションについて教わっている人は、ほとんどいないからです。

私が講演する時には毎回会場で、あるアンケートを行っています。「この中で、子供の頃から大人になるまで、プレゼンテーションを習った方は手を挙げてもらえますか？」という質問です。かれこれ何年もやっていますが、日本と海外では全然反応が違います。日本では決まって、プレゼンを習った人がいないため、手が挙がらないのです。大きな会場で聞いても手を挙げるのは数人です。100人くらいの会場だと0人ということも珍しくありません。

たまに手を挙げている人がいるので、どこで習ったのかを聞いてみると、たいていインターナショナル・スクールの出身者であったり、海外で習った帰国子女であったりします。

そうです、海外ではプレゼンテーションのトレーニングは必須科目なのです。欧米では特に、**自分の考えを、自分の言葉で主張できなければ知的階級とみなされない**のです。

だから彼らは小さな子どものころから〝show and tell〟（展示と説明）といって日常的にプレゼンテーションを練習して育ちます。いろいろな民族、文化や言語、宗教がある中で、「私はこう思う。なぜならば」と主張をしなければならないのです。

ざっと計算すると大人になるまで数百時間のトレーニングをしています。そんな彼らが、**自分はどうも人前で話すのが苦手**だと言って、さらにプレゼンテーションのトレーニングを受けるのです。

ですから外国人が話す様子を見て、「やっぱり外国人は話すのが上手いなあ」などと思うのは間違いです。

彼らは、子供のころから大量の練習をしているから上手になったのです。当然、私達も練習をしたら同じように上手になります。

私がスティーブ・ジョブスのような流暢なプレゼンテーションを、日本人がいきなり真似しても、大コケするといった一番の理由はこれです。

F1ドライバーのようなトレーニングを積んでいる人の一流の技を、これまでまったくの未経験だった人が、ちょっと数時間練習しただけでやれるワケがありません。

ガッツリと自己主張をしなくても、なんとなく空気を読んで伝わってしまう日本は、ある意味とても素晴らしく、幸せな国だとも言えるでしょう。

しかし、インバウンドがますます盛んになり、海外から人が多く集まる中、相手に「空気を読んでください」などとは言っておられません。AI翻訳が言語の壁を取り払おうとしている今、適切なプレゼンテーションができないのは死活問題です。

このままでは日本がマズイと危機感を持った私は、これまで人前で話すことを習ったことのない人でも、加速学習を使い短時間で自分の考えを、**自分の言葉で表現するプレゼンテーショ**

ンの指導をすることにしたのです。

ですので、この時点で、あなたがプレゼンテーションに自信がなくても問題ありません。習ったことがないのですから、できなくて当然です。基本構造を知らないまま、見よう見まねで頑張るしかなかったワケですから、よく頑張ったと言えます。

忙しい方でも、ピンポイントで適切な練習をすることで、周囲からはすぐに「話すのが上手ですね」と評価されるようになります。私はよく講演中、参加者の一人に壇上に上がってもらい、3分でガラリと話し方と影響力を変えるというデモを披露します。

何しろ、周囲の人も、習ったことがない人だらけですから、ちょっと練習するだけですぐに際立ち上手く話せるようになります。

さらに、もう一歩踏み込み、しっかりと練習をしたら、国内でのスピーチ・コンテストで優勝し、さらには海外でも堂々と通じ、話が終わった時に物凄(ものすご)いスタンディング・オベーションを受けるようになることは、私や指導した生徒の実績からも証明済みです。

そもそもプレゼンテーションとは？

プレゼンテーションという言葉は、カタカナ語として、もはや日本語化しているくらいなじみのある言葉ですが、せっかくですから、もともとの語源を考えてみましょう。

ちょっと理屈くさい話なのですが、これを知っておくと、何をすべきなのかが分かるだけでなく、トリビアとして飲み会の席でウケル？　かもしれません。

プレゼンテーションは、英語で、**Presentation**と書きますが、似た言葉に、プレゼント（贈り物）〝present〟と、プレゼンス（存在する）〝presence〟という言葉があります。〝Pre〟プレとは、あらかじめ、という意味で、〝esse〟エッセとは、存在するという意味です。エンス〝ence〟は、状態です。

つまり、語源から考えると、**プレゼンテーションとは、プレゼンス（存在する状態）が、プレゼント（贈り物）をする様**という意味になります。

ハイ、ウンチクは終わりです。

ようするに、聴き手が話を聞き終わった時に、

1．誰が話していたのか？

2．何をプレゼントしてくれたのか？

この2つがなければ、プレゼンテーションとしては今ひとつということになるわけです。あなたの行ってきたプレゼンテーションには、存在感がありましたか？　プレゼントはありましたか？

ではまず、ポイントの1、**プレゼンス（存在感）**というものから考えてみましょう。

これは目に見えないものですし、プレゼンスという言葉も、あまりなじみがないと思いますが、演劇などの世界では、**「あの人は、舞台プレゼンスがあるね」**といった使い方をします。話し手が、ボソボソと話したり、心ここにあらずといった状態では、存在感が薄くなります。このように存在がハッキリしないような人が行うプレゼンテーションは、誰も聞きたがりません。

プレゼンスに地位や肩書、性別、年齢などは関係ありません。たとえ伝える言葉がつたなくても、技術が乏しかったとしても、確実に伝わります。

このプレゼンスというものは、**目的意識と連動します。**「絶対にこれを伝えるんだ！」という、使命感を持って、メラメラと燃えるような意志を持って立っていたら、それだけで聴き手の目を引きつけます。

ですから、あなたがプレゼンテーションをする時は、まず**「自分は誰なのか」「何を伝える意図があるのか」「何のために話をするのか」**を明確にしましょう。「そんなの、決まってる。仕事なんだから」などと言っていると、プレゼンスが薄くなります。これは、見えるというよりい。
感じるものです。ですから、見えないものと侮らず、この目的はしっかり毎回確認してください。

そして、ポイントの2、プレゼンのもうひとつの語源は**「プレゼント」**です。意味はそのまま**贈り物**です。つまり、**プレゼンテーションでは、聴き手に何かをプレゼントしていなければなりません。**

プレゼントは提供されて、①機能的で役立つものであったり、②経済的に良くなるものであったり、③情動的に良くなるようなものが必要です。例えば、価値ある情報・知識・学び・体験・気づき・チャンス・良い感情などといったものです。

たまに、価値がないもの、相手が欲しくもないものを、口八丁手八丁で売りつけることをプレゼンテーションだと勘違いしている方がいますが、それは違います。

プレゼンテーションは、聞く人をごまかしたり、まるめ込んだりするために行うものではありません。もし、そのように人から奪うようなマネをしたら、次からそのプレゼンターは、二度と信用されなくなります。

例えば、こんな経験はありませんか。

「知人に誘われて、話を聞きに行ったけれど、自分にとって得るものがなかった」

「変なビジネスの勧誘を受けて、時間の無駄だと感じた……」

このような時は、プレゼントを受け取るどころか、逆に「時間を奪われた」「来て損をした」という気持ちになります。これでは、**プレゼントを渡すプレゼンテーション**ではなく、**奪っていくプレゼンテーション**になってしまいます。

本物のプレゼンテーションは逆です。

例えば、良い例として、デパートの地下で展開されている試食を考えてみましょう。あれはとても公平なプレゼンだと思いませんか。買い物に来ているお客様に、試食品を出しながら声をかけます。

「どうですか。美味(おい)しいでしょう?」

「美味しいわね」

「これは今日入ったばかりの新鮮な商品なんですよ。定価は1パックで○○円だけど、今日は2個で同じお値段! お子さんも喜びますよ。どうですか?」

「じゃあ、買ってみるわ!」

こんな感じで、買った経験はありませんか。

最初に**「美味しい」**ものを試食してもらいます。相手が気に入ったなと思った時に、**「お得に買える」「子供を喜ばせることができる」**という、相手に**①機能的に②経済的に③情動的にプラスになる情報**をプレゼントしています。得するものがあるから、お客様は購入に踏み切っています。あなたのプレゼンテーションも、このような要素が含まれているのかを、チェックしてみてください。プレゼントがなければ、それはプレゼンではありません。

あなたは誰で、何をプレゼントしようとしているのかを考えましょう。

正しい準備と、話の材料集めのルール

暗闇でプレゼンをするな

　プレゼンで何を話したらいいのか分からないという人は、相手を漠然と考えていることが原因です。このように相手が誰か分からず、もやもやした状態で話すことを、**暗闇でプレゼンをする**といいます。真っ暗な部屋で、相手の顔が見えないままプレゼンをする場面を想像してみてください。困りますよね。どんな人が、何人いて、どういうテーマに興味があるのかを知りたいと思いませんか。**彼を知り己を知れば百戦殆(あや)うからず**とは孫子の有名な言葉ですが、相手も見定めずにプレゼンに挑んではいけません。

　まずは誰に話すのかを決めましょう。この誰にというものは、男性向け、女性向け、などといったザックリしたものではなく、もっと具体的な顔が浮かぶくらいに人物像を明確にしましょう。そうしなければ、発するメッセージは平凡なものになってしまい、毒にも薬にもならず、成果も上がらず、時間のムダとなります。

これは、コメディアンの名言ですが、的を射ているので紹介します。**「僕は笑いの成功の秘訣（ひけつ）は分からないが、失敗する方法は分かるよ。全員にウケようとすることさ」**

欲しいのはあなたのプレゼンテーションを聞く会議室の50人に、刺さるメッセージです。しかし、50人全員が満足するような、万人受けをねらったメッセージを考えていると、個性がなくなり、どこかで聞いたことがあるような弱いメッセージになります。

メッセージは、なるべく具体的な一人を思い浮かべ、実際に目の前にいると思い浮かべて考えましょう。面白いことに、逆にそうやって一人に絞り込んだ方が、50人に影響を与えます。鋭いメッセージには、人に影響し動かすパワーがあるのです。

相手が決まったら3つの質問でより明確にしよう

相手が興味関心を持っていることは何か。これを、事前の準備段階でしっかりと確認をしておく必要があります。聴き手が知り合いなら、相手に聞いてしまうのが一番です。何かの会合で、誰かに頼まれて話すのなら、その会の主催者に確認をしましょう。

①聴き手は何を知っている?

プレゼンするテーマに対し、聴き手はどのくらいの知識があるのかを把握しましょう。立場を変えて考えてみると、あなたは、自分が百も承知のことを、長々と話されると、退屈になるか、イライラしたり、腹を立てたりしませんか? それは相手も一緒です。

また、**釈迦に説法**という言葉がありますが、自分では良いつもりでプレゼンをしたら、実は相手の方がずっと知識も経験も豊富で、突っ込まれても答えられず、赤っ恥をかいてしまうこともあります。

②聴き手は何を知らない?

聴き手の知らないことが教える内容となるわけですが、人は自分が知らないこと、理解できないことばかりを聞かされても困惑してしまいます。多くの人にとって、知らないという状態が続くのは、不安定な感覚がして嫌がります。聴き手の前提知識はどれぐらいあるのかを確認しましょう。その上で、凄いプレゼンターは、**「相手が知らないということを、知らないことは何か?」**といった話を入れたりします。例えば、相手は業界の常識だと思っていることが、実は違っていたなどです。

「知っていましたか?」と意外性のある話を入れることで、ぐっと身を乗り出して話を聞くようになります。

③聴き手は何を知りたい?

どんなにいい話でも、自分が興味のないことは聞きたくありません。ですから、聴き手が興味や関心のある話から入らなければ、最初から聞く耳を持ってもらえないのです。いくら正しいこと、良いことを主張しても、聞く耳を持ってない人に言っても、ノイズとして聞き流されるだけです。

私達はビックリするほど、自分に関係のあることばかり注意をしています。

例えば、ガヤガヤとうるさいパーティー会場の中でも、誰かが自分の名前を言ったら、パッとそちらに気がつきます。たとえ、名前を呼ばれていなくても、似たような発音だったら、同じくパッとそちらを見てしまいます。これは**カクテルパーティー効果**と呼ばれる有名な心理効果です。だから、相手の興味のあること、関心のあることを最初に言わなければなりません。相手が知ってること、知らないこと、知りたいことを混ぜて話すことで興味がずっとつづきます。

この3つの質問に答えられるように準備をすれば、話をする時に迷うことはありません。

専門用語は禁止です

私達はつい、**賢くみられたい、馬鹿だと思われたくない**という心理に動かされ、人前に立つと急に普段使わないような難しい言葉を使いがちです。しかし、使い慣れない言葉遣いをすると、不慣れでカミカミになってしまったり、緊張してしまいます。また、逆にそのことに詳しすぎて、理解するには、専門知識が必要な話を、あたかも常識のように語ってしまったりします。専門用語・カタカナ語などは、極力使わないようにしましょう。

例えば、あなたがいきなりこう言われたら、どう思います？

「これからの高度化された機械との調和については、離散事象システム理論に基づき、デッドロック回避をスケジューリングすることや、人間機械系の解析からモードコンフュージョンを正確に検出し、オートメーションサプライズを検証することが必要です」

「なるほどね」と思えるのは、専門家か工学科の人ぐらいなのではないでしょうか？　その他の人は全員「ポカーン」という感じだと思います。

もちろん、研究者や専門家の集まりなら、専門用語を使って話した方がいいでしょう。むしろ使わなければ、話が進みません。しかし、そういう情報に触れたことがない人を相手に話す場合には、専門用語を使ってはいけないのです。先の例で言えば、

「機械は人間と情報の処理の仕方がぜんぜん違うので、一緒に何かをする時は、機械側の理屈でイキナリ動いて、人間をビックリさせてしまうことがあり得ます。だからちゃんとした理論を基に計算して考えることが必要です」

といった話し方をすれば専門知識のない人でも「なるほど」となるのです。

日常から話の素材を集めましょう

自分の考えを、自分の言葉で伝えることが大事だと言いましたが、自分なりの意見を持っている人は魅力的に映ります。主張が単なる思い込みではなく、さまざまな観点からその考えが矛盾なく論理的に構成されていたら、聴き手は感動し、素晴らしいプレゼンテーションだと思

います。しかし、そのようなプレゼンテーションをするには、日頃から話の材料をためておく必要があります。

話の材料とはテーマにそった、説明で使えそうなエピソードや、資料、スライドの素材に使えそうな写真やデータ、参考URLなどのことです。このような情報を集めておけば、プレゼンテーションをする時に困ることはありません。

また、日常の中で、ふとした時に思う、不条理さや「業界あるある」などの話は、プレゼンテーションの冒頭に入れたりすると、共感されて話しやすくなります。あなたがもし、インスタグラムや、フェイスブック、ブログなどをやっているなら、おそらく、日頃から投稿するネタを探していると思います。基本的にはそれと同じことです。小さな材料でも、組み合わせると、プレゼンテーションのネタになります。

注意点は、短期記憶というものは、すぐになくなってしまうので、ふと思った疑問や、感情が動いたこと、好奇心が湧いたこと、面白いことなど、アイデアは**その場で**記録しておきましょう。ノートやメモに書くのもいいですが、後の利用を考えると、スマホで記録をした方が便利です。私の場合はiPhoneユーザーなので、メモ、写真・ビデオ・録音機能、Evernote、Doropboxなどを使い、ネタをためています。

メモは標準アプリのものですが、自動的に登録してあるメールアドレスに転送させることができるので、後の検索に便利です。パワーポイントを作る時に、すでにある程度文章が入力されている状態なので、コピペをするだけでさっと作れます。メモの書き方は、後から検索をしやすくするために、#ハッシュタグを付けて、保存しておきます。**#使えるネタ#マーケティング**、などといった具合です。

このように日頃から、話題の材料、「話材」をためておき、まとまったら話題へとします。

プレゼンテーションの現場で困らない7つのポイント

①会場設定をあなどるなかれ

会議室でも、どこでも会場の設定には気を配りましょう。

以前、私はプレゼンテーションの講座をする時に、机と椅子をセットにしていました。しかし、机ありのバージョンと、椅子だけのバージョンの両方を実験してみた結果、机がない方が集中して参加していることが分かったのです。それ以来、プレゼンテーションの講義では、机を外して指導をしています。

これは一概に、机がないのがいいというわけではありません。パソコンを使ったり、模造紙に書くグループワークなどでは机があった方がいいので、目的によって変える必要があります。

②プロジェクターの接続チェック

パワーポイントやKeynoteを使う場合、パソコンとプロジェクターとの相性があり、映らないことがあるので、事前に必ずテストをしましょう。

本番でいきなりパソコンをつないで話そうとしたら、スクリーンが映らなくて、真っ青なスクリーンが映し出されてしまい、真っ青になって慌てる担当者、早く始めろとイラつく雰囲気の会場、という光景をよく見かけます。

パソコンからプロジェクターにつなぐ時には、ほとんどのパソコンは、アナログ形式のVGA端子か、デジタル形式のHDMI端子に分かれるはずです。自分のパソコンで確認して欲しいのですが、VGA形式なら、3列15ピンの指し口で、HDMIなら大きなUSBの差し口みたいになっています。プロジェクターによっては、デジタルのHDMI形式が最初から使えないというものがあります。その場合、アナログに変換するアダプターも売っているのですが、これが、何故か機種によって映らないことがあるのです。ですから、慌てないで済むように事前にテストをして、パソコンとプロジェクターの相性を確認しておく必要があります。

③映像・音響・照明

動画を流したりする時も要注意です。画像は出るのですが、音が鳴らないということもよくあります。接続したスピーカーから全然音が鳴らず、耳を澄ませてみたら、プロジェクターの方から小さな音が鳴っていた、などということもあります。プロジェクターとの設定チェックと同様に、事前にパソコンの設定をして、音が出るように確認しておきましょう。

また、機種によってはプロジェクターのルーメン（明るさ）が低すぎて、部屋の明かりを暗くしないと見えない場合もあります。できれば部屋の明かりをつけてもちゃんと見える、別のプロジェクターに変えましょう。

まれに暗い部屋のまま、プロジェクターの明かりを頼りに、プレゼンテーションをする人がいますが、やめた方がいいです。まるで懐中電灯で下から顔を照らしたような顔になり、お化け屋敷プレゼンになってしまいます。表情は大きなコミュニケーションツールなので、なるべく電気をつけるようにしましょう。

④部屋の温度

見落としがちなのが、部屋の温度です。私達は高い温度の中にいると、イライラしたり、ボーっとして集中力が散漫になります。そこに、話が少しでも難しかったり、退屈な状態になると、ウトウトしはじめます。

部屋のエアコンの調整ができるなら、温度は低めに設定をしましょう。参考までに私の場合は20度から22度です。内容と時間によっては、18度にすることもあります。施設によっては、全館一斉空調管理で、調整できない場合があるので、注意が必要です。私の場合は、空調が効かない会場は、たとえ値段が安くても、会場選びの段階から候補から外しています。

⑤スライドの文字は32ポイント以上

小さな文字でコチョコチョ書いてあると、後ろの方の人は読めません。また、文字がたくさんあるスライドは、映し出された時点で、「うげ……」となります。一番小さい文字でも32ポイントにしましょう。

小さな文字サイズを許してしまうと、アレコレたくさん文字を書きたくなります。しかし、プレゼンテーションでは、**情報量＝価値**ではありません、**相手の納得＝価値**です。もしたくさんの情報を出したいのであれば、スライドでやるのではなく、配布資料にまとめましょう。

⑥一貫性のあるデザインにする

スライドにたくさんの色を使うと、雑然とした印象になります。また、ページによってフォントや色使いが違うと、一貫性のないプレゼンテーションに見えてしまうので、統一感のあるデザインを心がけましょう。

デザインのセンスに自信がない人でも、簡単に解決する方法があります。それはスライドのテンプレートをダウンロードして使うことです。無料のものと有料のものがありますのが、無料のもので充分素晴らしいものがたくさんあります。目的に合わせて利用するといいでしょう。

⑦資料の配るタイミング

できるだけ資料は必要なタイミングで、必要なだけを渡しましょう。先に配ってしまうと、当然、あなたを無視して資料を読み始めます。例えるなら、紙芝居の絵とオチまで渡してしまい、さあ今から、紙芝居をします、というようなものです。

聴き手は、「もう話は分かったからいいや」と休眠モードに入るか、「では、見せてもらいましょうか、あなたのプレゼンテーションとやらを……」と、審査員のようになってしまいます。

プレゼンテーションのセオリー

伝わる話し方にはセオリーがある

単に経験を積み繰り返すだけでは、上手になりません。将棋や囲碁には、定石と言われる手筋があるように、上手くいくための法則があります。プレゼンテーションの8つのセオリーを学んで、メキメキと上達しましょう。

【セオリー1】ロゴス・パトス・エトスを高める

紀元前4世紀に、アリストテレスはプレゼンテーションに説得力を生むものは何か、3つの要素にまとめました。キリストが生まれるよりも400年も前に、今の時代でもそのまま通じる弁論術が出来上がっていることに驚きを隠せません。

①ロゴス：論理性がある話になっているのか。

三角ロジックで用意する

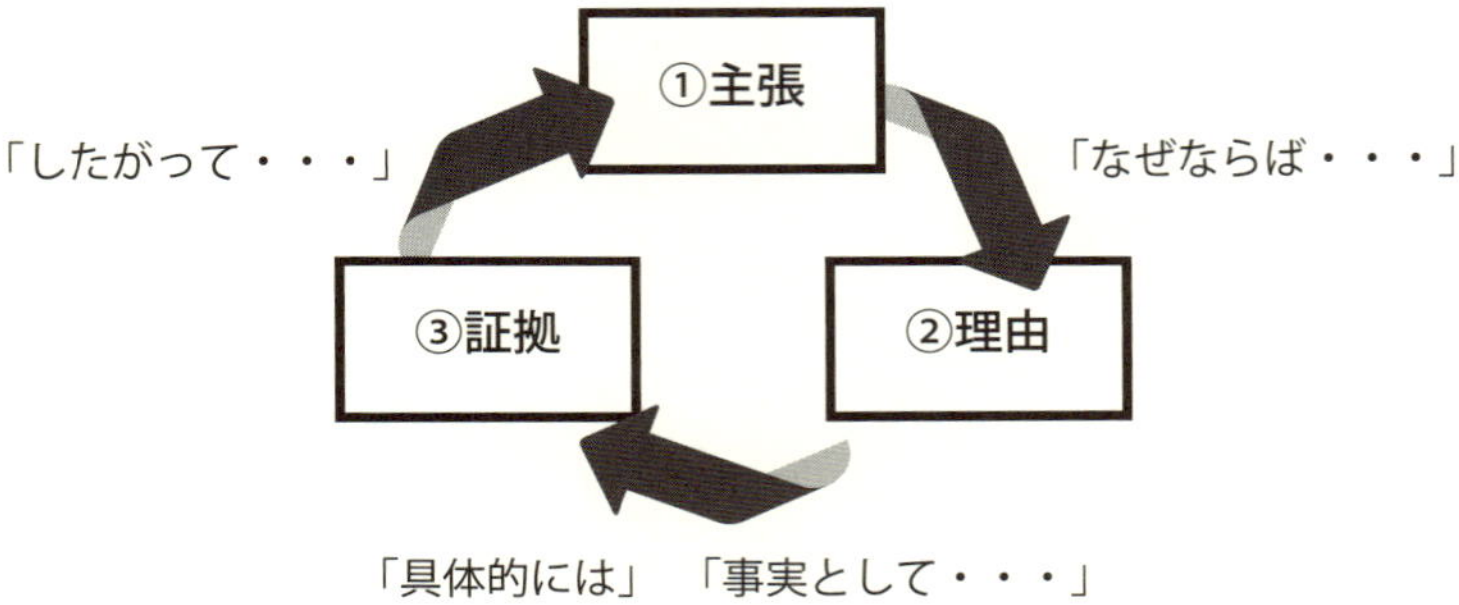

主張を支える、理由と証拠の三点で伝えることで、論理性のある話となります。

②パトス：感情があり、情熱をもって語っているか

③エトス：信頼感があり、語り手の人格・徳といったものが伝わるか。

確かに、どれか一つだけでは良いプレゼンテーションにはならないでしょう。

例えばロゴスだけで話されたらロボットみたいですよね。パトスだけで訴えかけられても、「気持ちは分かるけど。まぁ落ち着け」と言いたくなります。エトスだけでは、語り手は素晴らしいかもしれなませんが、納得感がありません。つまりこの3つを高めてプレゼンテーションをすることが大事になります。

ロゴスを高めるには？

三角ロジックで構成すると、論理的に納得できる構成になります。
①主張：結論として、何を言いたいのか。
②理由：なぜ、その主張が正しいと言えるのか。
③証拠：理由を支える証拠は何か。
と、3つの要素で考えるのです。

ほとばしる熱いパトスはどうやったら出るのか？

棒読みで語られても、興味はわきません。

感情＝エネルギーです。

心構えの基本は紙芝居のおじさんをイメージしてください。言うなればパワーポイントは電子紙芝居ですよね。つまり、紙芝居をしているように、聴き手をドキドキさせたり、ワクワクさせるように話せばいいのです。

と、このように言われてできる人は、それでOKです。しかし、昔から表現するのが自然と上手だった人や、演劇の経験者でもなければ、なかなかできないのではないでしょうか。

中には、感情を表現することが苦手という人もいます。その場合は、無理に感情表現をする必要はありません。その代わりに、自分のプレゼンテーションが受け入れられ、相手がより良い状態になった、最も良い場面を想像してください。
ワクワクしてくる感覚があれば、それがパトスとして伝わります。

エトスはどうやって高めるのか？

信頼感を高めるには、服装や身なり、言葉遣いや態度が大きな要素となります。エトスには人柄が大きな影響を持つわけですが、実はこれはプレゼンテーションの大本の意味を、実践すれば自然と高まっていきます。**プレゼンスからのプレゼント**でしたね。つまりどんなあり方の人が、どんなプレゼントをするのかということを突き詰めることで、信頼感が増していくのです。より良いプレゼンテーションのための準備をするということは、より良い人柄を磨くことになります。

【セオリー2】3の法則でまとめる
話は、ホップ・ステップ・ジャンプと、なるべく3点でまとめるようにしましょう。見回してみると、世の中は3の法則で溢(あふ)れています。

例えば、運動の3法則、正・反・合、三本の矢、世界三大通貨、金・銀・銅、身・口・意、フリ・ネタ・オチなど、3つにまとめる法則の例をあげたらキリがありません。

3はバランスが良く強いので、安定感があります。また、リズムが良く覚えやすいので、プレゼンテーションでも大変重宝します。あなたも、会議の席でぜひこう言ってみてください。

「私の考えは3点あります」

日頃から、不可欠な要素を3点でまとめる練習をしてみましょう。思考が整理され、自分でも頭がスッキリとした感じがしてきます。それは聴き手にとっても同じです。

【セオリー3】ストーリーを語る

「飽きたよ、何か物語をくれ!」私達は、古代から物語を通じて、知識を伝承してきました。文字が伝わる前から、語り部という人達が物語を語って、教育をしていたのです。ストーリーは大きく2つに分かれます。模範と教訓です。やって良い事、やってはいけない事。これらをストーリーで語ることで、民族を脅威から守ってきました。ビジネスは、より良いストーリーを持つ者が勝ると言えます。このストーリーというものは、プレゼンテーションのどこの部分にでも入れられます。例えば、ちょっとしたエピソードを開発の秘話として伝えたり、教訓となる話を伝えたり、お客様とのやり取りから学んだ話など、どこでもストーリーを語ることができます。これにより臨場感を感じる立体的プレゼンテーションになるのです。

【セオリー4】始めと終わりが肝心

あなたが頑張って話をしても、聴き手は驚くほど、話を覚えていません。せっかく話を用意しているにもかかわらず、内容で覚えていてくれるのは、1つか2つあったらいい方です。覚えて欲しい項目をキャッチフレーズ化させるのは、聴き手に覚えやすくしたり、興味を引くためです。

これは立場を変えて考えてみたら、思い当たると思います。例えばあなたが学校で受けていた授業や、誰かの話を聞いている場面を思い出してみてください。

話し始めは注目して聞いているけど、その後はよく覚えていない、そして、終わりが近づいてきたら、急に意識がハッキリする。そんな経験があるのではないでしょうか。これも本能的に仕方のないことで、新しいものや、動きのあるものは危険がないのかよく注意をします。

プレゼンテーションの中身を考えている人も、終わりの部分、終わり方を準備していない人が多くいます。ところが、そこが注目をされている場所なので、終わりもしっかり、何の話だったのかを言って、締めましょう。

例としては、このような言い方をするといいでしょう。

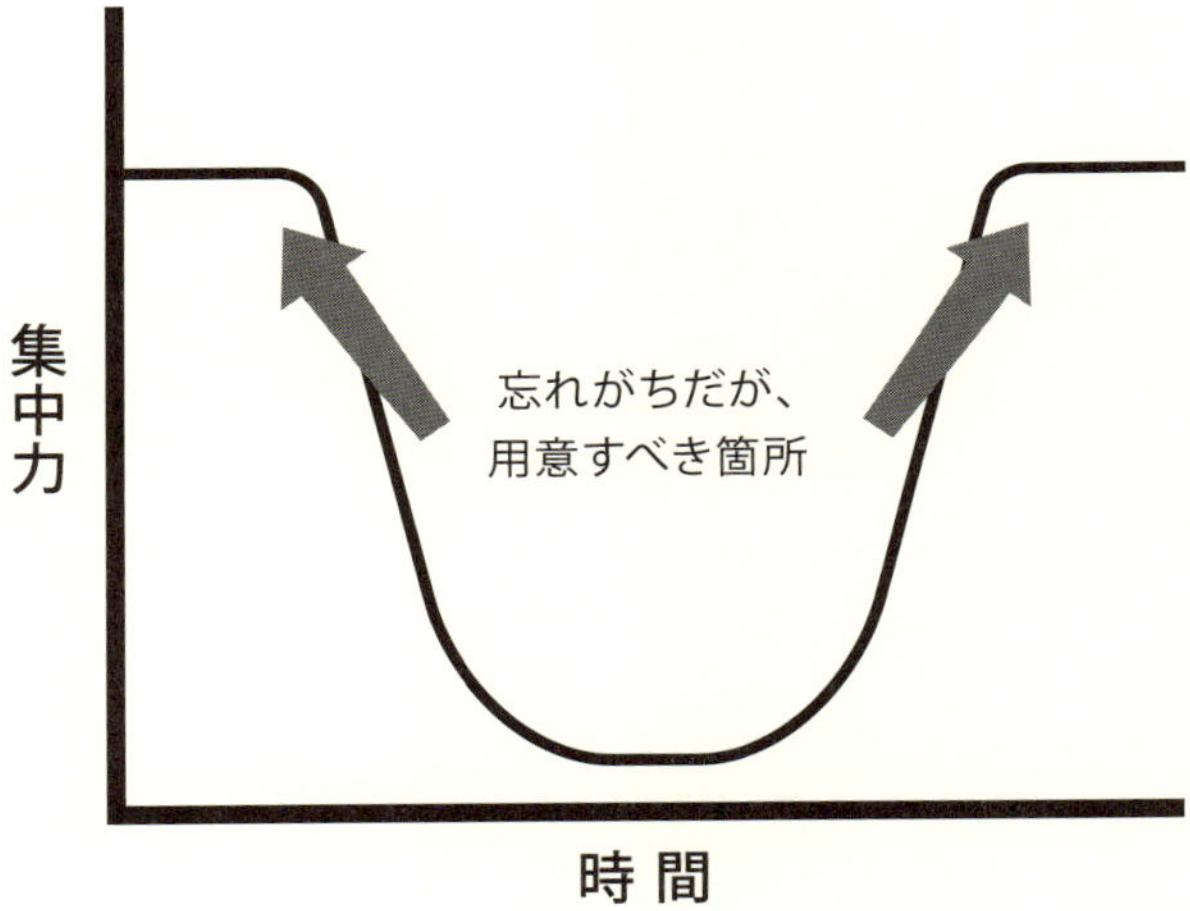

「以上が、○○がなくても、××になれる方法でした。ぜひ、試してみてください。ありがとうございました」

【セオリー5】SDS法なら、無茶ぶりされても大丈夫

別名サンドイッチ話法です。始めと、終わりと同じ言葉にするという方法です。セオリー4の「始めと終わりが肝心」にも対応できる話し方です。

SDSはこのような構造になっています。

Sumary（サマリー）概要：これからどのような話をするのかを伝えます。

Detail（ディテール）詳細：話の中身を伝えます。

Sumary（サマリー）概要：再び、概要を伝

えて完了します
このように、始めと終わりを同じことで、伝えると、**情報がパッケージ化**されます。聞いている人は一貫した内容で整理した話だと理解できるのです。実際に話す時には、プレゼンテーション全体を**大きなパッケージ**の中に、いくつかのパッケージが小分けして入っていると思うと分かりやすいでしょう。

【セオリー6】ボディーランゲージ

ボディーランゲージは、相手に大きな影響を与えます。基本的な姿勢は、両足を軽く開いて立ちます。女性の方でよく、モデル立ちのような立ち方をしている人を見かけますが、影響力が低いことと、バランスが悪いので、長時間のプレゼンテーションには向きません。コンパニオンがモデルのようにアナウンスするのではなく、主役としてプレゼンテーションをするのであれば、男性と同様、軽く脚を開いて立ちます。

自信がないと、無意識に身体(からだ)がぐらぐらしたり、前後にステップしたりします。なので、両足で土台を作っていると思って、しっかりと立ってください。

話をする時は、基本的な姿勢は、両手をだらりと垂らします。そして聴き手に向けて、ゆとりをもって握手をするように手を差し出します。この握手をするような動作は、本能レベルで、友好の印と受け取ります。相手はあなたが武器を持っていない、自分を害するものではないと。無意識でメッセージを受け取ります。そして、プレゼントを渡すつもりで相手を見てください。表情がゆるみ、相手から笑顔が返ってくるようになります。

【セオリー7】アイコンタクト

天井やパソコンやスライドをずっと見ながら話す人がいます。人は本能的に注目されるのが怖いと感じるものです。意識したら見ることができるのですが、すぐに目線を空中に浮かべたり、パソコンを見たりする。しかしこれは印象が最悪です。まずは、人間に向かって話していることを思い出しましょう。誰に何を届けるのか？　この原則に立ち戻るのです。視線はZ字を書くように、会場の奥の両角をスキャンするように横に動かし、斜めに前方へきて、前列の両端を見ます。全体を見渡すのですが、話をする時には、全体に向けて話すのではなく、一人ひとりの目を見て話すようにしましょう。

【セオリー8】「ありがとうございます」

感謝を示す言葉ですが、これは何度も使ってください。まずは、「お集まりいただきありがとうございます」や「お時間をとっていただきありがとうございます」を冒頭で言いましょう。

デモやワークで、相手に何か動いてもらったら、毎回必ず「ありがごうございます」と伝えましょう。例えば、手を挙げてもらう、質問されるなど、ちょっとした動きや、ワーク時に、2人1組を組んだり、指示通りにやってもらったり、席をもとに戻った時などにも、必ず「ありがとうございます」と感謝を伝えてください。

たまに、指示を出すことで、自分がエライと勘違いして上から目線で話す人を見かけますが、プレゼンターは、聴き手がいなければ意味のない存在です。ですから何事も当たり前とせずに毎回、感謝を伝えましょう。

表現をワンランクアップをさせるために

目を養うために、うまい講演会に出かけましょう。評判の良い先生や、イベントがあれば積極的に出かけましょう。私のオススメは、世界的に評価の高い先生のイベントです。彼らは一回のイベントで、参加者の人生を変えてしまうくらいの特別な影響力を持っています。

また、あなたが話している様子を、動画に撮ってみるといいでしょう。自分の話している姿は恥ずかしいから見たくないという方もいますが、プレゼンテーションでは聴き手にその姿を見せているわけです。人前に立つ前に鏡を見るのと同じように、マナーだと考えるといいでしょう。

視覚的な要素が多いプレゼンテーションを文字だけで伝えるのは、やはり限度があります。より深く学びたい人は、本書でお伝えしたセオリーを実践している解説動画を用意しましたので、こちらのアドレスから視聴してください。

http://hyper-omori.com/pt/

練習！　練習！　練習！　スモールトークを上手くなろう

上達のためには、量稽古という要素を、欠かすことができません。

毎日がプレゼンテーションのチャンスです。待っていては、チャンスはありません。話ができる機会があれば、積極的に挑戦をしましょう。私達は不慣れなことをすると、冷や汗をかいたりするものです。緊張に対して場馴れすることは、とても大きな力となります。

プレゼンテーションは、たかが話し方だと思うには、あまりに惜しい能力です。この持って生まれた能力を、ちょっと伸ばすだけで、まるで違う世界へのパスポートとなります。

私は、これから日本から世界に羽ばたくスピーカーが必要だと考えています。世界は思ったよりも狭く、カンタンにアクセスすることができるのです。

もし、水槽の中にいたら、魚は自分が水槽にいることを理解できないように、ずっと国内にいるだけでは分かりません。外に出て初めて分かるような素晴らしい魅力、強みがあります。

自分の考えを、自分の言葉で、自分の表現をすることは重要です。プレゼンテーションの力が一つあるだけで、信じられないような人生の発展を遂げることができるようになるのです。私はそれをアウトスタンディング（桁違い）な人生と呼んでいます。

あなたにはさまざまな知識や経験があります。それを語ってもらうことを待っている人がいます。楽しんでプレゼンテーションできるように練習をしましょう。最後にプレゼンテーションの重要性と可能性に気づき、ここまで読んでくれたあなたに感謝をします。

アウトスタンディングな人生を！

仕事の教科書

人間関係を築きながら、仕事をうまく進める方法

岸見一郎

仕事で成果を上げるには、上司と部下の協力関係が欠かせない。では、どうすれば良好な関係を構築できるのか。オーストリアの心理学者、精神科医アルフレッド・アドラーは、「対等の対人関係を縦の関係から横の関係にすべきだ」と提唱している。職場での上下関係を崩して、横の関係、つまり対等な関係を築く「勇気」を持つことが、対人関係をよくする要諦(ようてい)である。

ICHIRO KISHIMI

哲学者。1956年京都生まれ、京都在住。京都大学大学院文学研究科博士課程満期退学。1989年からアドラー心理学を研究。精力的にアドラー心理学や古代哲学の執筆・講演活動、そして精神科医院などで多くの「青年」のカウンセリングを行う。日本アドラー心理学会認定カウンセラー・顧問。著書『嫌われる勇気』『幸せになる勇気』(ダイヤモンド社)は日本で合計238万部、全世界では約500万部の大ベストセラー。

人間の悩みは、すべて対人関係の悩みである

人は、一人で生きることはできません。必ず他者とのつながりの中で生きているのです。私たちの言動は、誰もいない真空の中で行われているのではなく、その言動は「相手役」である他者に向けられます。

他者と関われば、どんな形であれ、摩擦を避けることはできません。嫌われたり、憎まれたり、裏切られたりして傷つくこともある。対人関係の煩（わずら）わしさから逃れようと考えて、初めから誰とも関わらないでおこうと考える人がいても、不思議ではありません。

アルフレッド・アドラーは、

「人間の悩みは、すべて対人関係の悩みである」

といっています。

孤独ですら、他者がいるからこそ生まれる悩みです。人が一人で生きているのであれば、孤独を感じることはないでしょう。

あらゆる問題は、対人関係に行き着きます。しかし、傷つくことを恐れて人を避け、家に閉じこもっているわけにもいきません。なぜなら、生きる喜びや幸せも、対人関係の中でしか得ることはできないからです。

対人関係は、悩みの源泉であると同時に、生きる喜びや幸せの源泉です。誰とも関わらなければ悩むことはないかもしれませんが、その代わり、喜びもないことになります。

叱らない

職場でも家庭でも、自分と関わりのある人が、理想的に従順な存在であれば、対人関係の煩わしさを感じることはありません。

例えば、子どもが夜早く寝る。朝も早く起きる。宿題もする。好き嫌いなく食べる。成績もいい。そして、親のいうことを素直に聞くのであれば、子育ての悩みはなくなります。

また、部下が一切口答えせず、従順に指示を守り、高いパフォーマンスを発揮してくれるのであれば、上司の悩みはなくなります。

しかし実際には、子どもも部下も、決して思い通りにはなりません。子どもは親にとって、「理想的で従順な存在」ではありませんし、同じように、部下は上司にとって、「理想的で従順な存在」ではありません。

子どもや部下が問題行動を起こした場合、親や上司は「叱る」ことで、相手を正そうとします。

しかし、アドラーは、罰したり叱ったりすることを否定しています。私たちが犯す間違いは、叱ることで対人関係の距離を遠くしておきながら、その上で何かを教えようとすることです。叱ると、相手との距離が遠くなるので、正しいことをいっても聞いてくれなくなり、援助することができなくなります。

必要があれば言葉で教えればいいのです。それなのに叱ってしまうと、相手の心の中に「叱られた」という感情だけが残って、関係性が悪くなります。

「叱る」という方法が、人の行動を改善する上で有効なのであれば、一度叱れば、相手は二度と同じ問題行動はしないはずです。ところが、相手は同じ失敗を繰り返しますから、また叱るのですが、もう少し強く叱れば行動を改めるという希望を捨てられないので叱り続けます。叱っても同じことが続くのであれば、叱り方が足りないからではなく、叱るという方法そのものが教育の方法として適切ではないと考える方が論理的なのです。

そもそも小さな子どもでなければ、自分が叱られることをしているのを知っているはずです。叱っているのに行動を改善しないのではなく、叱るから行動を改善しないのです。

あらゆる対人関係は、「対等の横の関係」である

「相手が失敗したら叱るべきだ」と考える人は、対人関係を「他者を支配する縦の関係」と見なしています。

アドラー心理学は、あらゆる「縦の関係」を否定し、すべての対人関係を「横の関係」にすべきだと提唱しています。

- **縦の関係**……上下の関係。対人関係に上下の関係を持ち込み、上に位置する人間が賞罰などを通じて、下の人間を操作しようとする関係のこと。
- **横の関係**……対等の関係。他者と自分との違いを積極的に認め、「同じではないけれど対等」であることを認め合って築かれる関係のこと。

アドラーは、一九二〇年代に、著書『人はなぜ神経症になるのか』の中で、「一緒に仲良く暮らしたいのであれば、互いを対等の人格として扱わなければならない」と述べています。あらゆる人間関係は、年齢、性別、職責に関係なく「対等」であるとアドラーは考えます。

しかし、対等という考え方は、まだ実現できているとはいえません。今でも、「男性が上で、

女性が下」「上司が上で、部下が下」「大人が上で、子どもが下」と信じて疑わない人は多いです。

アドラーが「縦の関係」を否定したのは、「縦の関係」を基本とする社会では、人は互いに「敵」となって優劣を競い、他者から承認されるために生きることになり、幸せになれないからです。

一方、「横の関係」では、人間は競争から解放され、他者は「仲間」となり、協力関係を結ぶことができます。

職場での対人関係において、職責の違いは人間関係の上下を意味してはいません。上司と部下は役割が違うだけです。知識、経験、取るべき責任の量に違いがあるだけで、人間としては対等です。

対人関係を「対等な横の関係」で見ている人は、相手を叱ったり、怒鳴ったり、罰したりすることはないはずです。

失敗した時は責任を取る

相手が失敗をしても、叱らない。しかし、「叱らない」からといって、「放任」を認めているわけではありません。相手が失敗した時は「責任」を取らなければなりません。失敗した時の責任の取り方は、次の三つです。

①可能な限りの原状回復
②感情的に傷ついた人へ謝罪
③同じ失敗をしないための話し合い

子育てを例に考えてみましょう。私の息子が二歳の時、ミルクの入ったマグカップを持って歩きはじめたことがありました。子育ての経験のある人であれば、次の瞬間、何が起こるかわかるでしょう。

多くの親は「座って飲みなさい」と注意をうながします。ガラスコップだったり、中に熱い液体が入っていて火傷（やけど）することが予想できる時はただちに止めなければなりませんが、この時は声をかける間もなくミルクをこぼしてしまいました。わざわざ失敗をさせることで何かを学ばせようと考えるのは間違いです。私は息子に、

「どうしたらいいと思う？」

とたずねました。もし息子が「わからない」と返事をしたら答えを教えるつもりでしたが、彼はこう答えました。

「雑巾（ぞうきん）で拭く」

ミルクをこぼしたままにしておくのは、無責任です。彼は雑巾で畳を拭いて、「可能な限りの原状回復」をしました。「可能な限り」というのは、こぼれたミルクはもはや元には戻らないからです。

これが失敗の責任の取り方の第一点です。

責任の取り方の二点目は、感情的に傷ついた人がいれば、謝ることです。この件では、誰も傷ついてはいないので、息子が謝罪する必要はありませんでした。きょうだい喧嘩をして怪我をした子どもがいれば、怪我をさせた子どもは謝らなければなりません。

失敗したからこそ、学べることがある

誰でも、「できれば失敗をしたくない」と思います。しかし、失敗したからこそ学べることもあります。人間は、成功した時には意外に学べないものです。

それでも同じ失敗を何度も繰り返すのは問題です。

そこで私は息子に聞きました。

「これからミルクをこぼさないためには、どうしたらいいと思う?」

息子はしばらく考えてから、答えました。

「これからは座って飲む」

この間、まったく感情的になっていないことがわかると思います。しかも、叱っておきながら子どもの責任を肩代わりもしていません。

子どもは、自分が置かれている状況を理解する力があります。だから、叱る必要はありません。叱ってしまうと、子どもは感情的に反発するだけです。

こぼれたミルクを親が叱りながら拭くということもあります。しかし、そうしてしまうと、子どもは自分が何をしても親が尻拭いをしてくれるということを学ぶ、つまり、無責任を学ぶことになってしまいます。

上司と部下の関係も、親子の関係と同じです。部下が失敗した時、叱っても意味がありません。（可能な限り）原状回復、謝罪をした上で、今後同じ失敗をしないためにどうすればいいかを上司は部下と共に考えなければなりません。

部下の失敗を頭ごなしで叱りつける上司は自分の指導や対応が十分ではなかったことを棚に上げているのです。部下の失敗はすべて上司の責任です。

自分を安全圏に置いて部下を叱るだけの上司はやがて部下の信頼を失うことになります。それだけなら、上司だけの問題ですが、上司が威圧的に叱るようであれば、部下は失敗することを恐れ、自発的に仕事に取り組むことができなくなり、さらには、もしも何か問題が起きた時に隠蔽（いんぺい）しようとすることもあります。そうなると、組織全体の信頼が失われることになります。

人をほめてもいけない

叱らないという話をすれば、ではほめるのはいいのかという人は多いです。子育てだけでなく部下の育成にも「ほめて伸ばす」ことは必要だと考えるのです。しかし、ほめることにも問題があります。一番大きな問題は、ほめられた人が自分には価値がないと思うことになるということです。

ほめるというのは、能力のある人が能力のない人に上から下に評価するということです。何らかの意味で相手が自分よりも劣っていると思っているからほめるのです。

ほめたら喜んでいるではないかという親も多いですが、子どもといえども対人関係の下に置かれたいとは思っていません。

また、適切な行動をさせようと思ってほめるのは子どもを操作したいからです。部下を「ほめて伸ばす」というのも同じです。上司の、あるいは組織の都合のいいように部下を育成しようとしているのであり、部下の成長のためではありません。

このような発想は対等の関係では出てくるはずはありません。

以前、三歳の子どもを連れて、カウンセリングに来た母親がいました。いつもは自分の問題で相談に来られていたので一人だったのですが、その日は子どもを預かってくれる人が見つからず、娘さんと一緒でした。私は娘さんにも椅子を用意して、母親の隣に座ってもらいました。

カウンセリングは一時間くらいです。一時間もじっとしていられないと思っていた母親は、子どものリュックサックに、おもちゃやお菓子、お気に入りのぬいぐるみを入れてきました。

「もしも子どもがぐずぐずいったら、それであやそう」と思っていたのでしょう。

三歳の子どもは、「今、自分がどういう状況にいるのか」を理解できます。この子どもは、母親がカウンセリングを受けている間、一度もぐずることなく、静かに待つことができました。

母親は、帰りがけに、子どもにこういいました。

「ちゃんと静かに待つことができて、偉かったね」

母親が子どもをほめたのは、「子どもは待てない」という前提があるからです。待てないはずなのに思いがけず待てたから「偉かったね」とほめたのです。

そんな時こそ、子どもをほめてあげないといけないと考える人は多いです。

「対等な横の関係」を築いている人は、相手をほめない

では、カウンセリングに同席したのが、小さな子どもではなく、大人だったらどうでしょうか。

ある時、男性が、妻と一緒にカウンセリングに来たことがあります。一時間のカウンセリングが終わったあと、夫が妻に「静かに待つことができて、偉かったね」と声をかけることはありません。もしも夫に「偉かったね」とほめられたら、妻は「バカにされた」と思うでしょう。当然、待てるのに、待てて偉いといわれ嬉しいはずはありません。

子どもも大人と同じです。対人関係の下に置かれることを嫌がるので、「偉いね」とほめられると、「バカにされた」と感じます。

こんな話もあります。子どもがとても複雑な「プラレール」をつくりました。それを見た親が「すごいね」といったところ、子どもは「大人から見たら難しいように見えるかもしれないけど、子どもには難しいことではないんだ」といって、作業をやめてしまったのです。親はほめたつもりはなかったでしょうが、自分は難しいと思っていないことに対して、「すごいね」といわれたことで、子どもは評価されたと思い、そのことを嫌がったに違いありません。

大人が「偉いね」といわれて嫌な思いをするのと同じように、子どもも嫌な思いをする。対等な関係を築いている人は、誰に対してもほめたりはしません。もしも誰か一人でもほめる人がいれば、その人が築く対人関係はすべて縦だといっても間違いありません。

叱ってはいけないし、ほめてもいけない

ほめられて育った子どもは、「ほめてくれる人」がいる時だけ適切な行動をして、「ほめてくれる人」がいない時は、適切な行動をしなくなります。

例えば、小学校の廊下にゴミが落ちているとします。この時、ほめられて育った子どもは、「ゴミを拾っているところを見てくれる人がいるか」を確認して、いればゴミを拾ってゴミ箱に捨てますが、まわりに人がいなければ、素通りします。ゴミを捨てたところで、ほめてもらえないからです。

叱られても、ほめられても、部下は上司の、子どもは大人の顔色をうかがうようになります。その結果、自分がこれからすることが「叱られないこと」なのか、「ほめられること」なのかを常に気にして、「自分で判断する」ことがなくなります。

ほめられたいと思っている人、あるいは、叱られないようにしている人は、「従順でいい人」にはなるのですが、自分で何も決められないため、独創性を発揮できません。

叱ってはいけないし、ほめてもいけない。それがアドラー心理学の立場です。

自分に価値があると思える時にだけ、「勇気」を持てる

人を叱ってはいけないし、ほめてもいけない。では、どのような言葉をかければいいのかといえば、相手の貢献に注目した言葉を使います。貢献に注目した言葉とは、「ありがとう」と「助かった」です。

子どもが一時間、静かに待ったのであれば、

「あなたが静かにしていたので、先生とゆっくり話ができてすごく嬉しかった。ありがとう」と声をかけます。「ありがとう」といわれた子どもは、「自分が静かにしていることで、大人の役に立てた」と貢献感を覚えます。

人は、「誰かの役に立っている」という貢献感を覚えると、自分に価値があると思えます。そして、自分に価値があると思える人は、さまざまな課題に立ち向かうことができるのです。

「勇気」には、二つの意味がある

アドラーは、「自分に価値があると思える時にだけ、勇気を持てる」と述べています。

ここでいう「勇気」には、「①仕事に取り組む勇気」と、「②対人関係の中に入っていく勇気」の二つの意味があります。

①仕事に取り組む勇気

なぜ、課題に取り組む時に勇気が必要なのかというと、「結果」が明らかになるからです。

例えば、子どもが親に、「あなたは、本当は頭のいい子どもなのだから、やればできるんだよ。頑張って勉強すればいい成績が取れるのよ」といわれた時、子どもは本気を出して勉強するかといえば勉強しません。

なぜ勉強をしないのか。「本気を出して勉強をすれば……」という可能性の中に生きることを選ぶからです。勉強をしたのによい結果を出せないという現実と直面したくないからです。

成績がよくなければ、できないという現実を受け止めなければなりません。しかし、そこから始めるしかないのです。

また、上司との折り合いが悪く、「今は上司に認められていないが、私だって本気を出せば、すぐに出世できる」という人も本気を出しません。なぜなら、「本気を出したけれど、出世できなかった」という現実に直面するのが怖いからです。

どんなことでもたやすいことはありません、自分の課題を達成するのは難しいかもしれない。しかし、努力して成し遂げた時の達成感が、生きる喜びにつながります。現実を知ることを恐れず、自分の置かれている現実から出発する勇気を持ってほしいと思います。

②対人関係の中に入っていく勇気

対人関係の中に入っていくと、必ず摩擦が起こります。人から嫌われたり、憎まれたり、裏切られたりして、傷つくような経験をしてしまいます。ですから、「対人関係を避けたい」と考える人がいても、不思議ではありません。子どもであればいじめられているからといって学校に行かなくなるかもしれませんし、大人でもあの上司の顔を見たくないと会社に行きたくないと思った人はいるに違いありません。

しかし、生きる喜びも幸せも対人関係の中でしか得ることはできません。長く付き合っていた彼や彼女と結婚しようという決心をしたのはこの人とならば幸せになれると思って結婚に踏み切ったはずです。幸せになるためには対人関係の中に入っていく勇気を持たなければなりません。

「他の人の役に立っている」と感じられる時、自分に価値があると思うことができる

「仕事に取り組む勇気」と「対人関係の中に入っていく勇気」を持てるようになるには「自分に価値がある」と思えなければなりません。

しかし、叱られたり、ほめられたりした時に、「自分に価値がある」と思えなくなるということを見てきました。「おまえは、こんなこともできないのか！」と叱責された時、「自分に価値がある」とは思えません。これはパワハラ以外の何物でもありません。

他方、「できないと思ったけど、よくできたね」とほめられた時も、「嬉しい」とは思えず、「バカにされている」と感じるので、その場合も自分に価値があるとは思えません。

それでは、どうすれば人は「自分に価値がある」と思えるようになれるのでしょうか。アドラーは、先に引用した「自分に価値があると思える時にだけ、勇気を持てる」という言葉に続けて、次のようにいっています。

「私に価値があると思えるのは、私の行動が共同体にとって有益である時だけだ」

つまり、「自分が他の人の役に立っている」と感じられる時に、自分に価値があると思えるのです。

「ありがとう」「助かった」と声をかけると、いわれた相手は「自分のしたことは、他の人にとって有益だった。自分は、他の人に貢献することができた」と感じ、「自分には価値がある」と貢献感を持てます。そして、「自分に価値がある」と思えると、対人関係の中に入っていく勇気、あるいは、仕事の中に入っていく勇気を持てるようになるのです。仕事によっては、対人関係が仕事そのものです。

「ありがとう」や「助かった」は、相手に適切な行動を取らせるためのほめ言葉ではありません。「ここで『ありがとう』といっておけば、次の機会もきっと適切な行動をするに違いない」と、下心があって使う言葉ではなく、相手が貢献感を持てるように援助する言葉です。こうした「勇気を持てる援助」をアドラー心理学では「勇気づけ」と呼んでいます。

行動のレベルではなく、存在のレベルで貢献を見る

アドラーは、「私に価値があると思えるのは、私の行動が共同体にとって有益である時だけだ」と述べています。しかし、「行動が共同体にとって有益である」という見方は、十分ではあ

りません。赤ちゃんや病気の人など、行動では他者に貢献することはできないからです。

赤ちゃんは、何もできません。では、何もできないからといって周りの人に貢献していないかというと、もちろん、そんなことはありません。生きているだけで周りの人に貢献しているからです。仕事で疲れて帰った時に、子どもの寝顔を見たら心が癒されます。この時は、「親を癒す」という貢献をしているわけです。

私が父の介護をしていた時のことです。食事以外の時間は寝てばかりいるようになった父に「寝てばかりいるのなら、来なくてもいいだろうね」というと、父は、「そんなことはない。おまえがいるから私は安心して寝られるのだ」といわれ、不明を恥じたことがあります。

行動のレベルではなく、存在のレベルで貢献を見る。行動面では何もできなくても、存在によって生きている他者に貢献できるのです。生きていることに「ありがとう」というのであれば、誰にでもいうことができます。

知識も経験も足りない部下でも、出社してくれば「ありがとう」ですし、退社時には「今日も一日ありがとう」といえます。

さらには、可能性にまで注目しなければなりません。即戦力が今は重視されますが、すぐには大成しない人もいるはずです。パソコンのアプリを自在に使いこなせるようなことではなく、誰でも代われる即戦力のある人材ではなく、可能性まで見極め、他ならぬあなたを取りたいといえる上司がいる職場でなければ伸びていかないでしょう。

同じ行動の適切な面に注目する

問題行動に注目して、叱ることであれば誰でもできます。

行動に注目する時は、「同じ行動の適切な面に注目することが、同時に、同じ行動の不適切な面に注目しなくてすむような注目のしかたをする」ようにします。

例えば、朝、九時過ぎに子どもが起きてきても、「何時だと思っているの？　早く起きないと学校に間に合わないでしょう！」とはいわないで、「九時」という時間に注目しないで、起きてきたことに注目すればいいのです。起きてきたことにだけ注目すれば、起きてきた時間には注目しなくてすみます。

ベッドの中で冷たくなっていたのではなく、起きてきたことは「ありがたい」ことなので、「生きていてありがとう」と声をかけたら、子どもはとまどうかもしれませんが、実際、生きていることがありがたいのですから、その思いで「おはよう」と声をかけましょう。

「おはよう」をリップサービスにしてはいけません。今日かける「おはよう」という言葉は、宇宙でただ一回きりの「おはよう」なのです。

承認欲求よりも大切なのは「貢献感」

「ありがとう」は、相手に貢献感を与えるために「自分が相手にかける」言葉です。自分が承認されるために、相手から「ありがとう」をいわれることを期待してはいけません。

私は、看護学校で教えていたので、折に触れて、人の命を預かる看護師になろうとする学生になぜ看護師になりたいのかとたずねました。

「患者さまが退院される時に、患者さまやご家族から『ありがとう』といってほしいからです」

私はこの答えを聞いて、驚きました。なぜなら、看護師になったからといって、「ありがとう」といってもらえるとはかぎらないからです。

看護師免許を取得して病院に就職したとしても、配属部署を自分で選べるわけではありません。もしもＩＣＵ（集中治療室）や手術室に配属されたら、ＩＣＵや手術室に運ばれてくる患者の多くは意識がないため、「ありがとう」の言葉を期待できません。

「ありがとう」の言葉を期待して看護師になった人は、「ありがとう」をいってもらえないという現実に直面すると、「自分の貢献を認めてもらえない」と感じて、仕事に対する意欲を失ってしまうことがあります。

看護師に必要なのは、「患者から感謝されたい」という承認欲求ではなく、患者が病気に向き合う時に力になりたいという気持ちです。その気持ちがあれば、「ありがとう」といわれなくても、貢献感を持てるはずです。

承認を求めてはいけない

他者からの承認を求めたり、他者からの評価ばかりを気にし、他者の期待を満たすために生きる人は、他者の人生を生きることにもなります。

自分の価値は他者に承認されなくても、自分で認めることができなければなりません。

夕食が終わったあと、食器を洗ったり、後片付けをしたりするのは大変です。他の家族は後片付けのことなど全く考えずに、ソファに横になってテレビを見て歓声をあげているとします。

このような時「どうしていつも、私だけが洗わなければいけないのか」と嫌だ嫌だというオーラを漂わせながら食器を洗っていたら、誰も手伝おうとはいってくれないでしょう。食器を洗うことは苦行、あるいは犠牲的な行為だと見せつけているからです。

考え方を変えるしかありません。後片付けをすることは家族に貢献する行為である。食器を洗えば貢献感を持てる。貢献感を持てれば、対人関係に入っていく勇気を持て、幸せになれる。「こんなことを本当に私だけがしてもいいの」と鼻歌交じりで楽しそうに食器を洗い始めたら、他の家族が「そんなに楽しいのなら手伝おうか」といってくれるかもしれないし、いってくれないかもしれないし、たぶん、いってくれないでしょう。

しかし、貢献感があれば承認欲求はなくなります。

対等の横の関係の中で相手を尊敬する

アドラー心理学では、望ましい対人関係の条件として、次の四つを挙げています。

①相互尊敬
②相互信頼
③協力作業
④目標の一致

ひとつ目の条件は、「相互尊敬」です。

尊敬とは、縦の関係（上下関係）ではなく、横の関係の中で相手を敬うことです。私と相手が「対等の関係に立った上で、相手を尊敬する」ことがよい対人関係をつくる条件です。

「相互」という言葉を使っていますが、「相手が私のことを尊敬してくれるのであれば、私も相手を尊敬する」のではありません。相手が私のことを尊敬してくれなくても、私が先に、相手を尊敬します。

尊敬には、二つの意味があります。ひとつ目の意味は、「ありのままの相手をそのままで受け入れる」ことです。

人が人を尊敬するのに、理由はいりません。何か理由があるから尊敬するのではなく、その人の存在そのものが尊敬に値するのであり、大切な友人、仲間として尊敬をします。

尊敬とは、「この人と仲良く生きていく」と日々決心すること

尊敬の二つ目の意味は、「この人と仲良く生きていく」と決心することです。

尊敬という言葉は、英語で「リスペクト（respect）」ですが、「リスペクト」の語源は、ラテン語の「レスピキオ（respicio）」＝「振り返る」です。

では、何を振り返るかというと、「今、私とこの人は一緒に生きているけれど、いつまでも一緒にいられるわけではない。いつか必ず、別れの日がくる。そうであれば、別れの日がくるまで、毎日毎日を大切にして、この人と仲良く暮らしていこう」ということを振り返る。こうした振り返りから、尊敬は生まれるのです。

ある時、私の母が「舌がもつれるし、半身に麻痺がある」というので、診察を受けたところ、ただちに入院することになりました。脳梗塞でした。入院後、容態も安定してすぐにリハビリをはじめましたが、一ヶ月後に再び発作が起き、母の症状は急激に悪化していきました。やがて母は意識を失い、三ヶ月間の闘病のあと、亡くなりました。四十九歳でした。

まだ意識があった時は、感情的になったこともありました。しかし、母が意識を失い、喧嘩さえできなくなった時、「意識があった時に、どうしてもっと話をしなかったのか。喧嘩などしないで、一緒に過ごす時間を大切にすべきだった」「母が倒れる前は、こんな日がくるとは思いもしなかったので、大切な時間を無駄にしてしまったのではないか」と、何度も考えました。

死別でなくても、大切な人との別れは、いつか必ずやってきます。別れの日がきた時、「もっと仲良くしておけばよかった」と後悔しても、遅すぎます。たとえ相手が自分の理想と違っても、理想を頭の中から消し去って、「この人と仲良くして、心から尊敬して一緒に生きていこう」と日々決意を新たにする。こうした姿勢のことを「尊敬」というのです。

自分から先に相手を信頼する

対人関係をよくする二つ目の条件は、「相互信頼」です。

ここでも「相互」という言葉を使っていますが、「相互」とはいっても、まず自分から先に相手を信頼することです。「もしあなたが私を信じてくれるのであれば、私もあなたを信じる」という関係は、信頼ではありません。

アドラー心理学では、便宜上、「信頼」という言葉と、「信用」という言葉を区別します。

- **「信頼」**……無条件に相手を信じること。
- **「信用」**……条件付きで相手を信じること。

「信用」は条件付きです。たとえば、銀行と預金者の関係は、信用関係です。銀行でお金を借りようと思ったら、「担保」という条件が必要です。以前の私は、銀行の預金残高が15万円くらいでしたから（笑）、銀行は私のことを信用していなかったと思います。『嫌われる勇気』が売れて、出版社から印税が振り込まれるようになると、「昨日、口座に振り込みがありましたが、心当たりはありますか？」と銀行から電話がかかってきたくらいです（笑）。

対人関係は条件付きではいけません。信用ではなく「信頼」の関係を築く必要があります。信頼とは無条件のものです。信じる根拠がない時でも、あえて相手のことを信じることを「信頼」といいます。

今まで不登校だった子どもが、「明日から学校に行く」といい出したとき、親は、「どうせ、一週間もしたら、また行かなくなるんでしょ」と問い詰めてはいけません。「じゃあ、頑張って」と声をかける。友人が、「明日からまたダイエットする」といったら、「そんな言葉は聞き飽きた」と突き放してはいけません。「じゃあ、頑張って」と声をかける。

これまでの実績から考えるとにわかには信じられないことでも、相手が「する」「しない」といっているのであれば、その言葉はその時点において、信じるに値します。

相手が自分の課題を解決できると信頼する

よい対人関係を築くためには、無条件で相手を信頼することが前提です。ここでいう信頼には、二つの側面があります。

ひとつ目の側面は、「相手が自分の課題を自分で解決できると信頼すること」です。「あることとの最終的な結末が誰に降りかかるか、あるいは、あることの最終的な責任を誰が引き受けなければならないかを考えた時に、そのあることが誰の『課題』であるかがわかる」という言い方をします。

例えば、勉強する、しないは誰の課題でしょうか。勉強をしなかったら困るのは、誰か。勉強をしなかったことの「勉強する、しない」は、「子どもの課題」です。勉強をしなかったら、その責任は子どもが自分で取るしかありません。

あらゆる対人関係のトラブルは、人の課題に土足で踏み込むこと、踏み込まれることから起こります。それが悪意ではないとしても、です。例えば、まわりから、そろそろ結婚したほうがいいのではないかとか、早く子どもをつくったほうがいいのではないかといわれたとしたら、「それは私の課題であり、私が自分で決めることだ。余計なお世話だ」と思うのでしょう。

子どもも同じです。勉強する、しないは自分の課題なので、親にいわれたくない。子ども自身、「勉強をしなくていい」とは思っていないはずです。それなのに、親から勉強を強要されると子どもは反発します。ですから、相手の課題については踏み込まないで、相手が自分の課題を解決できると信頼する。それは勇気のいることですが、子どもは、自分で必要だと判断すれば勉強するはず、親は口を挟まなくていいと信じて見守ればいいのです。

相手の言動には、よい意図があると信じる

信頼のもうひとつの側面は、「相手の言動には、よい意図があると信じること」です。相手からどんなに理不尽なことをいわれても、相手の言動には必ずよい意図があると信じることが、信頼のもう一つの面です。

母が亡くなってから、私は父と二人で暮らしました。当時私は25歳でしたが、それまで料理をつくったことがありませんでした。父も料理ができないので、毎日外食をしていましたが、だんだん飽きてきて、お金もかかります。ある時、父がいいました。「誰かがつくらないといけない」と。父が「誰か」の中に自分を含めていないことがわかったので、私が料理をつくることになりました。

行き当たりばったりで書店に駆け込んで、料理の本を買ったのですが、「男の料理」というような本を買って失敗しました。お腹（なか）が空（す）いて、今すぐに食べたいのに、「これから二日間煮込む」と書いてあるのです。

ある日、カレーライスをつくろうと思って本を開くと、「小麦粉を炒めてルーをつくる」と書

いてありました。フライパンから目を離すことができなくて、三時間もかかりました。やがて帰宅した父は、私がつくったカレーを口にして、こういいました。「もう作るなよ」。私は、父のこの言葉を「こんなまずい料理は作るなよ」という意味だと解釈して、「父のためにはもう料理は作らない」と思ったのですが、それから十年ほど経って、父の言葉には別の意味があったのでは、と思い至りました。

当時、大学院生だった私に、父は、「おまえは学生だろ。学生だったら勉強をしなければいけないのだから、こんなに手の込んだ料理は、もうつくるなよ」と伝えたかったのではないか、と思ったのです。父の言葉の中によい意図を見つけて以来、父との関係が変わったと思います。

他の人が、自分の言動のよい意図を的確にこちらにわかるように示してくれる保証はありません。ですから、「これはひどい」と思うようなことをいわれても、言動の表面的なところにとらわれず、「必ずよい意図がある」と信じることが大切です。自分は誤解されないように言葉を尽くしてきちんと話さなければならない、しかし、他の人が言葉少なく話し、傷つくようなことをいわれてもそこによい意図を見出すよう努めなければならないということです。

自分ひとりでどうにもならないのなら、他人と協力して解決する

対人関係をよくする三つ目の条件は、「協力作業」です。

自分でできることは自分で解決していかなければなりませんが、自分の力だけではどうにもならないこともあります。そんな時は、自分一人で解決しようと思わないで、人の協力を得ることが必要です。

以前、知人の女性から、こんな相談を持ちかけられたことがありました。

「朝九時に三人の子どもたちを保育園に送り届けないと、仕事に遅れてしまいます。でも、子どもたちは、時間になっても動こうとしません。どうしたらいいでしょうか」

私の答えは、こうです。

「子どもにたずねましょう、どうしたらいいか」

彼女は、「そんなことをしていいのですか」と半信半疑ながら、後日、子どもたちに、

「あなたたちが九時に保育園に行ってくれないとお母さんは困るんだけど、どうしたらいいと

思う?」

と聞きました。すると、子どもたちは即答したそうです。

「お母さん、そんなの簡単だ。朝早く起きたらいい」

この答えを聞いた彼女は「そもそも、あなたたちが、朝早く起きないのが問題なんでしょ!」

といいたくなりましたが、さらにこういいました。

「それでは、朝早く起きるためには、どうしたらいいと思う?」

子どもたちは、今度も即答しました。

「お母さん、そんなの簡単だ。前の晩、早く寝たらいい」

その日、子どもたちはいつもは遅くまで起きているのに、夜8時に寝て、翌朝5時に目を覚まし、「お母さん、保育園に行こう」といったそうです。

自分の力だけでは解決できないのであれば、他の人に相談して、他の人の援助を請い、協力して問題を解決する。自立というのは、何が何でも自分の力で成し遂げるという意味ではありません。できないことをできないということも、自立の要件です。

援助を申し出る時は、土足で踏み込まない手続きを踏む

相手の課題に土足で踏み込むと、相手との対人関係が悪くなります。

逆にいうと、土足で踏み込まないで手続きさえ踏めば、比較的、相手の問題を解決する糸口を見出すことができます。

では、土足で踏み込まないためにはどうすればいいかというと、

「何かできることはありますか？」

と聞いてみることです。

子どもが勉強をしなければ、その結末は子どもにのみ降りかかり、責任は子どもしか取ることはできません。勉強は子どもの課題です。子どもは「勉強をしたほうがいい」ことくらい、わかっています。しかし、親に、「勉強しなさい」といわれると、素直に「はい」とはいえない。たとえ親のいっていることが正論でも、子どもは親に反発したくなるものです。

勉強をしない子どもがいたら、「勉強しなさい」と頭ごなしに叱るのではなく、こういってみてください。

「最近のあなたの様子を見ていると、あまり勉強をされているようには見えませんが、そのことについて一度話し合いをさせていただきたいのですが、いいでしょうか」

と。子どもが「とくに話し合う必要はない」といってきても、怯(ひる)まずに、こう続けてください。

「あなたが思っているほど楽観できる状況だとは思いませんが、またいつでも相談に乗るので、その時はいってください」

こうした手続きを踏めば、相手の課題に土足で踏む込むことはありません。「子どものほうから相談を持ちかけられたら、いつでも援助する」という距離を保つことが大切です。

以上のことは職場の上司、部下の関係には当てはまりません。部下の失敗は部下の課題では済まされないからです。「今のままだったらどうなると思う」というようなことをいわないわけにはいきません。その時、部下との関係がよくなければ、部下はその上司の言葉を皮肉や威嚇や挑戦と受け止めるでしょう。

反対にいえば、そういういい方をしても、皮肉、威嚇、挑戦とは受け取られないような関係を普段から築いておかなければならないということです。

そもそも部下の成績が伸びないのは上司の責任なので、何かできることがあるかともたずねることはできません。上司の指導がダメだということなのですから。

「これからどう生きるか」という目標を一致させる

対人関係をよくするためには、目標が一致していなければなりません。「自分は何をしたいのか」「相手は何をしようとしているのか」という目標が一致していなければ、対人関係はよくはなりません。

例えば、子どもが「中学を卒業したら、仕事をしたい」と思っていて、親は、「高校に行ってほしい」と思っていた時、親と子どもの目標は一致していません。この場合、親にできることはひとつしかありません。

子どもの人生に合わせることです。

仮に親が「高校に行かないで中卒のまま社会に出ても、うまくいかない」と思っていたとしても（これは親の考えにすぎず、事実ではありませんが）、親が子どもの進路を勝手に決めてはいけません。中学校を出てすぐに働くか、それとも進学するかは、親の課題ではなく、子どもの課題です。

中学校を卒業して仕事をはじめたものの、「うまくいかなかった」と本人が感じれば、高校に行きたいと思うようになるかもしれません。子どもがそういう決断をしたら、その時、親はできる援助をすればいいのであって、親が先回りをして追い詰めてはいけません。

私は学生から本当にたくさんの相談を受けます。その大半が恋愛相談です。「今は同じ学校に通っているけれど、卒業したら遠距離恋愛をすることになる。このまま付き合いを続けてもいいのか」「あの人よりも、もっと自分にふさわしいパートナーがいるのではないか」「付き合いも長いので、このままこの人と結婚をしたほうがいいのか」といった相談です。

卒業、入学、就職を控え、「二人の関係をどうすればいいか」の決断を迫られた時、相手の考えを知らずに動くことはできません。

自分と相手が「これから、どう生きていきたいのか」という目標を一致させなければ、よい関係を続けることは難しい。お互いの意見をすり合わせて、「これからどう生きるか」という目標を一致させることが、対人関係をよくする四つ目の条件です。

対人関係を変える努力は、「苦痛の努力」ではなく「喜び」の努力

「傷つく体験をするくらいなら、人と関わらなくてもいい」と考える人がいます。

たしかに対人関係は、手放しで喜べるほど、いいことばかりではありませんが、かといって、悪いことばかりでもありません。

対人関係は、自分の努力によって変えることができます。そして、対人関係が変われば、それにともなって、生きる喜びも感じられるようになります。

ただし、「じっと待っていれば、自動的に対人関係が変わる」わけではありません。

対人関係をよくするには、自分で動いて、自分で変えていくしかない。「この人との関係を継続したい」と思うのであれば、自分から努力をしていくしかありません。

しかし、その努力は、決して、苦痛の努力ではありません。対人関係をよくするために必要な喜びの努力です。

他者を変えることはできないのですから、「どうすればあの人を変えることができるか」と考

えるのをやめる。そして、自分に何ができるかを考えて努力をする。そうすれば、対人関係は変わります。

ただし、これは相手を変えるということではなく、変えられるのは自分だけで、自分が変わることで、対人関係もそれに伴って変わることがあるという意味です。相手を変えるために自分を変えるという意味ではありません。

過去も未来も手放して、「今ここ」を生きる

「これからの人生をどう生きていこうか」を考えた時に、大切なのは、過去と未来を手放すことです。過去をいつまでも引きずって後悔しない。未来を思って不安にならない。ただ、今日という日を今日という日のためにだけ生きるということです。

過去には戻れないのですから、過去のことは問題にすることはできません。過去につらい経験をしたとしても、つらい過去は今はもうないのですから、過去を手放す。

そして、未来はまだ来ていないのですから、先のことを思い煩う必要もない。明日のことは、明日が来てから考えればいい。まだ起きていないことを今考えなくていいのです。未来はまだ来ていないのではなく、ただ「ない」のです。

人間関係を築きながら、仕事をうまく進める方法
岸見一郎

認知症だった私の父は、現在形で話をすることがありました。過去は思い出せないし、未来にも考えが及ばない。父には、「今ここ」しかなかったわけです。そんな父は、人間の生き方の理想を体現していたといえます。父は、過去や未来を生きるのではなく、「今ここ」を生きることの大切さを身をもって私に教えてくれたのです。

過去のことも、未来のことも考えず「今ここ」を生きる。

今日という日を今日という日のために生きることができたら、自分が幸福であることに気づけるでしょう。

これからの人生を生きる上で、過去と未来の両方を手放す勇気を持ってください。そして、今日という日を大切にして、今日できることをしっかりやっていく。それだけです。

仕事の教科書

発行日　2019年3月31日　初版第1刷発行

著　者　原田 隆史　神田 昌典　井上 裕之　マツダ ミヒロ
中谷 彰宏　赤羽 雄二　岩田 松雄　遠藤K. 貴則
鳥原 隆志　大森 健巳　岸見 一郎

発行者　平野健一

発行所　株式会社徳間書店
〒141-8202
東京都品川区上大崎3-1-1目黒セントラルスクエア
電話　03-5403-4350（編集）　049-293-5521（販売）
振替　00140-0-44392

印刷・製本　大日本印刷株式会社

ISBN978-4-19-864787-2